KUWEI
**酷威文化**

图书　影视

[奥] 斯蒂芬·茨威格 著　　张晖 译

# 人类群星闪耀时

Decisive
Moments
in
Histroy

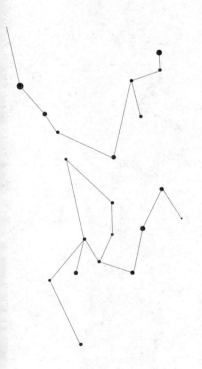

江苏凤凰文艺出版社
JIANGSU PHOENIX LITERATURE AND
ART PUBLISHING

# 目录

# 序言

　　没有一位艺术家全天候二十四小时都是艺术家。一切重要的、恒久的艺术杰作，都是在极其罕见的灵感迸涌之时创作出来的。历史是一切时代以来最伟大的作家和演员，我们或许会歆羡她，但她并非持续不断地保持着创造力的。歌德曾虔诚地称历史为"上帝的神秘作坊"①，然而在这个作坊里，发生了许多无关宏旨、平淡无奇的琐屑之事——正如在生活和艺术中一样，难忘而崇高的时刻少之又少。历史是位编年史家，总是漠然而执拗地将事实一一罗列，一环接一环地镶嵌到一条绵延千年的巨大链条中。绷紧所有的链条需要准备时间，真正意义深远的每一件事都需要酝酿铺垫。对于一个民族而言，往往几百万人中才能孕育出一个天才；同样，往往必须经过漫长而乏味的光阴流逝，我们才能在天空中看到一颗真正具有历史意义的人类星辰的闪耀。

　　可是，一旦艺术天才真的出现了，他们必将超越其时代，流芳百

---

① 上帝的神秘作坊：参见艾克曼《歌德谈话录》1830 年 8 月 2 日的谈话内容，原文意思为"自然（史）的神秘作坊"，茨威格将自然史的意涵扩展到整个人类历史。

世；一旦历史上出现了这样的群星闪耀的重要时刻，就将决定未来数十年、数百年的进程。犹如整个大气层的电流汇聚到避雷针的尖端，难以估量的丰富事件会在极短时间内凝聚迸发。平常优哉游哉、按部就班发生的事情，会汇聚到一个决定一切、确定一切的时刻——一个简单的"行"或"不行"，"太早"或"太晚"的决定，都会对之后的几百代人产生难以逆转的影响——这个时刻决定一个人的生死，决定一个民族的存亡，甚至决定全人类的命运。

如此具有戏剧性的时刻，如此命运攸关的时刻，不但在个人生活里很罕见，置之历史语境中也是很罕见的。这种时刻往往发生于某一天、某一小时，甚至某一分钟内，但是其影响却是超越时光的。在本书中，我企图铭记这些不同年代、不同地域的群星闪耀的时刻——之所以如此称呼它们，是因为它们照亮了历史，璀璨而辉煌，犹如星光照亮了黑夜。我不会试图面壁虚造，去强化或夸大这些事件内在或外在的真相。在这些事件完全成形的崇高时刻，历史无须任何援手。历史是真正的诗人和戏剧家，没有一位尘世作家能够超越她。

# 逃向不朽的亡命之徒

发现太平洋

1513 年 9 月 25 日

## 一艘整装待航的船

　　哥伦布①发现美洲大陆后首次归来，凯旋的队伍穿过塞维利亚和巴塞罗那熙熙攘攘的街道，他们展示了无数的稀世奇珍：不为人知的红皮肤人、前所未见的珍禽异兽、不停尖叫的花斑鹦鹉、走路笨拙的貘，还有很快在欧洲落地生根的植物和水果——印第安玉米、烟草、椰子……欢呼雀跃的人群对这些东西感到好奇，但最令西班牙国王夫妇和臣子们激动不已的，是几个装着黄金的箱子和篮子。哥伦布从新印度洋群岛带回来的黄金并不多，他与当地土著以物易物，或是从他们那里连偷带抢地弄来了一些精美的东西、几根小金条，还有几把松散细碎的充其量只能算是金粉的东西。这些金子统共只值几百个杜卡特金币②而已。但是欢欣鼓舞的哥伦布是个妄想狂，在任何时候都狂

_____

① 哥伦布：克里斯托弗·哥伦布，意大利探险家和航海家。他在西班牙王室的资助下，四次横跨大西洋的航行为欧洲人对美洲的探索、开发和殖民开辟了道路。他长期以来一直被称为新大陆的"发现者"，尽管莱夫 - 埃里克森等维京人早在五个世纪前就已经访问过北美洲了。

② 杜卡特币：意大利威尼斯共和国铸造的金币，12 世纪至 13 世纪时在威尼斯共和国开始使用，由于便于铸造、携带、整理，价值又高，杜卡特金币在中世纪欧洲各国广泛使用，深受欢迎。

热地相信他想相信的东西，并且他开辟的通往印度①群岛的海上航路被光荣地证明是正确的。他兴高采烈，大肆吹嘘这只是一次小小的尝试。他说自己已经得到可靠的消息，这些印度岛屿上遍地是黄金，而且这些黄金就藏在薄薄的地表土层里，只用一把普通的铁锹就可以轻而易举地挖出来。他还补充说，在更远的南方，有一些王国的国王用金杯饮酒，那儿的黄金还不及西班牙的铅值钱。向来贪得无厌的西班牙国王听后，陶醉于这个现在属于他的新黄金国②。当时的人为哥伦布的崇高地位所蛊惑，没有人怀疑他夸夸其谈的承诺其实是欺世的谎话。于是，一支庞大的舰队立刻装备齐全，准备第二次航行。这时，舰队根本就不需要费心招募军官和鼓手，因为人人都可以在黄金国里徒手捡拾到金子的消息，使整个西班牙都疯狂了，成百上千的人一拥而来，都想去黄金国淘金。

来自每一个城市、每一个村庄的贪婪掀起了一股多么令人沮丧的人性浊浪啊！不仅尊贵的名门望族来了——他们希望给自己的家族盾形纹章镀金，胆大包天的冒险家和英勇无畏的士兵也闻风而来。西班牙肮脏的人类渣滓冲到帕洛斯③和加的斯④，被打上烙印的窃贼、拦路抢劫的强盗，都希望在黄金国大显身手发横财。有些欠债人想甩掉他们的债主，有的丈夫则希望借此逃避喜欢吵架的妻子。所有走投无路、郁郁不得志的人，被打上烙印的前科犯和正在被大法官追捕的嫌疑人，都志愿加入舰队。这群乌合之众下定决心大干一场以求暴富，为此他们不惜作奸犯科，干出更多暴力与罪恶的勾当。他们对彼此讲述着哥伦布的荒诞幻想，说在那些土地上，只要把铲子插进地里，面前就会

---

① 印度：哥伦布至死都认为自己所发现的地方是印度。

② 黄金国：原文为俄斐，一个未被确认的地区，在《旧约》时代因其黄金而闻名。《创世记》第十章的地理列表将它定位于阿拉伯，但在所罗门时代（公元前920年），俄斐被认为在大西洋外，盛产黄金、檀香木、象牙、猴子和孔雀。

③ 帕洛斯：位于西班牙东南部的一个港口，哥伦布首次航海探险的出发地。

④ 加的斯：位于西班牙南部的一个港口，从1492年起，它成为西班牙美洲探险船队的总部。

出现闪闪发光的金块，而移民中的富人需要雇佣奴仆和骡子才能运走大量的贵金属……诸如此类的不实之词不胫而走。那些没有被探险队接纳的人则独辟蹊径：他们胆大包天，根本不想费心去获得皇家许可，而是自己去装配船只，只求尽快穿越大洋，掠取黄金、黄金、黄金！西班牙竟然一举摆脱了惹是生非的捣乱者和最危险的那类暴徒。

埃斯帕尼奥拉岛<sup>①</sup>的总督眼看着这些不速之客侵占了这个由他督管的岛屿，惊恐不已。年复一年，这些船带来了新货物，也带来了越来越多粗鲁不文、无法无天的船员。反过来，新来的人对这里的景象也失望透顶，因为他们一路上并没有看到任何黄金存在的迹象，这些野蛮之人甚至没有办法从那些不幸的土著居民那里榨取到一粒玉米，更别说是金子了。于是，这帮不法之徒成群结队地四处游荡，为非作歹，掠夺财物，让倒霉的印第安人胆战心惊，也让总督非常不安。总督试图让他们成为安分守法的殖民者，给他们土地，给他们牛，而且为他们供应充足的"人畜"——每个人会分配到六七十个印第安土著，这些奴仆会为他们干各种各样的活计。但所有的措施都徒劳无功。无论是原来出身贵族的士绅，还是拦路抢劫的强盗，都从来没把做农民当成自己的理想。他们越洋来到这里，可不是为了种植小麦和饲养家畜的。因此，他们从不把心思放在耕种和收获上，而是到处为非作歹，折磨欺凌不幸的印第安人。不出几年，当地的土著就被他们消灭殆尽。于是他们开始在酒馆消磨时光。很快，他们中的大多数人就变得负债累累、身无分文。在把随身带来的物品卖光之后，他们不得不卖掉帽子和外套，甚至连最后一件衬衫也落入了商人和高利贷者的手中。

1510 年，这些待在埃斯帕尼奥拉岛上的失意者听到了一个让他们欣喜若狂的消息——岛上一位德高望重的人，绰号"学士"的律师

---

① 埃斯帕尼奥拉岛：海地岛，位于现今的古巴东南部，波多黎各的西部，意为"西班牙岛"。1492 年，哥伦布探险队首次涉足该岛，并将其命名为"西班牙岛"，并于次年在该岛建立了欧洲人在美洲的第一个殖民地。

马丁·费尔南德斯·德·恩西索①，正带着新的船员装备一艘船，以援助他陆上的殖民地。1509 年，两位著名的冒险家，阿隆佐·德·奥赫达②和迭戈·德·尼库萨③，从西班牙国王斐迪南那里获得特权，在巴拿马海峡和委内瑞拉海岸附近建立了一个殖民地。仓促之间，他们将它命名为"黄金卡斯蒂利亚"。这位律师为这个响亮的名字陶醉，被荒诞的建立殖民地的传奇故事所迷惑，尽管他对这个世界知之甚少，却把几乎全部资财都投入到了这块土地上。然而，这块在乌拉巴湾④的圣塞巴斯蒂安新建的殖民地现在送来的不是黄金，而是紧迫的呼救声：一半船员在与当地土著的战斗中丧生，另一半则将活活饿死。为了挽救他的投资，恩西索索性耗尽剩余的资产，装备起一支探险援助队，准备去帮助先前的那一支队伍。一听说恩西索需要士兵，埃斯帕尼奥拉岛上所有的亡命之徒和游手好闲者都想抓住这个机会，和他一起上船去冒险。他们只想逃离这个失意之地，逃离他们的债主和严厉总督警惕的眼睛。不过，他们的债主也提高了警戒，因为这些债主意识到自己的负债人们打算远走高飞，从此不会再在岛上露面。于是，债主们围攻总督，要求未经总督的特别许可，任何人不得擅自离开这个岛屿。总督满足了债主们的愿望，命令恩西索的船待在港口外，同时安排政府的船只在港口一带巡逻，防止任何人未经许可偷偷溜上船。一位严厉的警卫被指派执行此令。因此，这些死也不愿意踏实工作、偿还高额债务的亡命之徒，只能满怀怨恨地眼睁睁看着恩西索的船扬帆起航，开始冒险事业。

---

① 马丁·费尔南德斯·德·恩西索：西班牙地理学家、探险家和征服者，他带领探险队建立了美洲第一个大陆城市——安提瓜达里安圣玛丽亚，他用西班牙语撰写了第一本新世界地理学著作。

② 阿隆佐·德·奥赫达：西班牙探险家、总督和征服者。他与著名的委内瑞拉的命名者阿梅里戈·维斯普奇一起航行，委内瑞拉是他最初两次探险的目的地。他是第一个访问圭亚那、库拉索岛、哥伦比亚和马拉开波湖的欧洲人，后来创建了圣克鲁斯殖民地。

③ 迭戈·德·尼库萨：西班牙征服者和探险家。

④ 乌拉巴湾：哥伦比亚北部海岸的海湾，靠近北美大陆与巴拿马地峡的连接处。

# 藏在箱子里的人

恩西索的船张满风帆，从埃斯帕尼奥拉岛驶往美洲大陆。岛屿的轮廓已经隐入蓝色的地平线。这是一次安静的航行，起初并没有什么大事发生，唯一显得有点儿异样的是，有一条身形壮硕、力气很大的寻血猎犬<sup>①</sup>一直不安地在甲板上走来走去，到处嗅闻着——它是著名的寻血猎犬小牛<sup>②</sup>的儿子，日后也以"小狮子"的名字闻名于世。没有人知道这条壮硕的猛犬属于谁，以及它是怎么上船的。最后，人们注意到，它寸步不离地守着一个特别大的食品储存箱，这个大箱子是在启航前的最后一天才搬上船的。突然，这个大木箱子竟匪夷所思地自动打开了，一个男人从里面爬了出来：他约莫三十五岁，全身披挂，腰佩宝剑，戴着头盔，手执盾牌，俨然卡斯蒂利亚地区的守护神——圣地亚哥。此人就是瓦斯科·努涅斯·德·巴尔沃亚<sup>③</sup>，他以这种出场方式，首次向人们展示了他惊人的胆识和聪明的才智。

他出生于赫雷斯·德·洛斯·卡瓦列罗斯<sup>④</sup>的一个贵族家庭，曾作为普通士兵追随罗德里戈·德·巴斯蒂亚斯<sup>⑤</sup>航行到新大陆。经过多次迷航，他们的船最终搁浅在埃斯帕尼奥拉岛的海滩。岛上的总督企图让努涅斯·德·巴尔沃亚成为老实本分的殖民者，但徒劳无功。没过几个月，巴尔沃亚就将分配给他的土地抛弃了，还因此破了产，都

---

① 寻血猎犬：一种大型的嗅觉猎犬，最初被培育用来猎捕鹿和野猪，自中世纪以来，被用来追踪人类。它被认为是曾经饲养在比利时圣休伯特修道院的猎犬的后代。

② 小牛：原文为西班牙语 Becericco，意思是"小牛"，它是胡安·庞塞·德莱昂（西班牙著名探险家，追随哥伦布前往新大陆，发现了佛罗里达）心爱的寻血猎犬。下文的"小狮子"，原文为西班牙语 Leoncico。

③ 瓦斯科·努涅斯·德·巴尔沃亚：西班牙探险家、总督和征服者。最为人所知的是在 1513 年穿越巴拿马地峡到达太平洋，成为第一个带领探险队从新大陆到达太平洋的欧洲人。

④ 赫雷斯·德·洛斯·卡瓦列罗斯：西班牙南部的一个小镇。

⑤ 罗德里戈·德·巴斯蒂亚斯：西班牙探险家，哥伦比亚和巴拿马的发现者，并于1525 年建立了圣玛尔塔殖民地。

不知道如何才能打发掉自己的债主。

但当其他负债累累之人在海滩上握紧拳头，眼睁睁地看着总督的巡逻船（这是为防止他们逃到恩西索的船上而设的）一筹莫展时，努涅斯·德·巴尔沃亚却胆大包天地绕过迭戈·哥伦布<sup>①</sup>设置的警戒线，藏匿在一个储存食物的大空箱子里，让其同伙将他抬上船。船启航前到处扰攘混乱，没有人能识穿这个厚颜无耻的伎俩。待到他确信船已经远离海岸，不可能为了他而返航时，这位偷渡者才现身。现在，轮到他登场了。

学士恩西索是法律界人士，和大多数法学家一样，他素来与浪漫无缘。作为执法者、新殖民地的警长，他不能容忍自己的辖区有诈骗犯和见不得光的人存在。因此，恩西索粗暴地对努涅斯·德·巴尔沃亚宣布，自己绝不会带他一起走，等船到了下一个岛屿时，就会把他送上岸，不管那里是否有人居住。

不过，事情并没有到发展到这一步，因为这艘船向"黄金卡斯蒂利亚"驶去的时候，遇到了另一艘配备了大量人手的船。当时，在这片人们尚不熟悉的海域上航行的只有几十艘船，所以这次相遇堪称奇迹。船上人员众多，船长的名字是弗朗西斯科·皮萨罗<sup>②</sup>，这个名字很快就会在全世界回荡——他们来自恩西索要去的殖民地，圣塞巴斯蒂安。恩西索起初把这些人当成主动脱离岗位的叛变者，但他随即便得知了一个令人惊恐的消息。他们告诉恩西索，现在在圣塞巴斯蒂安已经不存在了，他们是那个殖民地的最后一批殖民者。殖民地的指挥官奥达赫已经带着一艘船先行离开了该地，剩下的人只有两艘小帆船。他们一直等到死得只剩下七十个人后，才终于挤上了两艘小帆船。然而，其中一艘帆船出了事故，皮萨罗的三十四人是黄金卡斯蒂利亚的最后

---

① 迭戈·哥伦布：发现美洲的著名探险家克里斯托弗·哥伦布的长子，葡萄牙探险家。作为卡斯提尔国王和阿拉贡国王的封臣，他担任了印度群岛的第二海军上将、第二总督和第四总督。

② 弗朗西斯科·皮萨罗：西班牙探险家，开启了西班牙征服南美洲的时代，也是现代秘鲁首都利马的建立者，1541 年 6 月 26 日在秘鲁利马，他被敌对派系的成员暗杀。

幸存者。事已至此，现在他们该驶向何方？听完皮萨罗讲述的故事，恩西索的部下已经兴味索然，不想再去那个废弃的殖民地承受沼泽气候并被土著人的毒箭折磨了。

对他们来说，返回埃斯帕尼奥拉岛似乎是唯一的选择。正在这个危险的时刻，瓦斯科·努涅斯·德·巴尔沃亚突然站了出来。他解释说，在与罗德里戈·德·巴斯蒂亚斯一起进行第一次航行后，他对中美洲的整个海岸都了如指掌；还记得在那次航行中，他们在一条盛产黄金的河流附近发现了一个叫达连①的地方，那里的土著人对他们很友好。他提议去那里建立新的定居点，而不是回到那个令人不开心的鬼地方。

全体船员立刻站到了努涅斯·德·巴尔沃亚一边。按照他的提议，他们的船驶向了巴拿马地峡的达连港。在那里，他们首先大肆屠杀土著人，由于在抢劫的物品中发现了一些黄金，这批亡命之徒决定在这里建立一个城镇。他们怀着虔诚的感激之情，将这个新的城镇命名为"古老达连的圣玛丽阿城"②。

## 危险的晋升

不走运的殖民地投资者、学士恩西索很快就会后悔自己没有把装着努涅斯·德·巴尔沃亚的大木箱子扔到海里，因为几个星期后，肆意妄为的巴尔沃亚已经将所有的权力都牢牢地掌握在了自己手中。作为一个从小就信奉秩序和纪律的律师，恩西索试图以（现在还没有到任的）总督辖下的警长身份，代表西班牙王室管理这块殖民地。他在印第安人简陋至极的棚屋里严厉地颁布他的法令，就好像他坐在塞维利亚的律师室里。在这片文明人从未涉足过的荒野中，他禁止士兵向

---

① 达连：加勒比海的一个宽阔海湾，位于巴拿马东部和哥伦比亚西北部之间。欧洲人在 1501 年首次到达达连，克里斯托弗·哥伦布在他的最后一次航行中看到了达连。
② 古老达连的圣玛丽阿城：原文为 Santa María de la Antigua del Darién。

土著人勒索黄金，因为黄金属于西班牙国王。他试图强迫这些桀骜不驯的乌合之众遵守法律和秩序，但冒险者们本能地支持一个操刀剑的强力之士，而不是握笔杆子的书生。很快，巴尔沃亚就成了这块殖民地真正的主人。为了保住性命，恩西索不得不离开这个地方。而当国王委派的总督尼库萨来此执法时，巴尔沃亚拒绝让他登陆。于是，倒霉的尼库萨被赶出了国王给他的封地，还在返航归国的途中溺死海中了。

努涅斯·德·巴尔沃亚，那个藏匿于大木箱的人，现在掌管了这块殖民地。他虽然取得了成功，却并不感到十分自在。因为他公然造西班牙国王的反，致使国王任命的总督死于非命，这很难得到国王的宽恕。巴尔沃亚也清楚，已经逃走的恩西索正带着投诉状前往西班牙，而他迟早会因为造反而受到审判。不过，西班牙远在天边，他还有充裕的时间，因为一艘船横渡两次大洋①所需的时间不会短。他既聪明又胆大包天，决定利用这机会谋个出路，以尽可能长久地确保他篡夺来的权力不会离自己远去。他知道，在这个时候，只要他取得成功，就可以证明他所有的罪行都是正当的，向皇家国库交付大量黄金很可能会减轻或推迟对他的任何惩罚。所以，他必须先拿到黄金，因为黄金就等于权力！他和弗朗西斯科·皮萨罗联手，一起征服并大肆掠夺附近的土著居民，就在这寻常的大屠杀中，他取得了至关重要的成功。其中一个名叫卡雷塔的土著酋长表示，自己的部落愿意与巴尔沃亚结盟，而且卡雷塔将女儿的手交给了巴尔沃亚，作为自己诚信的保证。努涅斯·德·巴尔沃亚立即认识到了在当地结识一位值得信赖的强大的朋友的重要性。他接受了卡雷塔的提议，而且更让人惊讶的是，他一直钟情于这位印第安情人——直到他生命的最后一刻。他和卡雷塔一起打败了当地所有的印第安土著人，在他们中间树立了至高的权威，以至于最强大的酋长科马格雷也毕恭毕敬地邀请巴尔沃亚到自己的家

---

① 横渡两次大洋：船从殖民地越过大洋回到西班牙，又从西班牙带着国王的判决横跨大洋来到殖民地，这一回一来需要一段时间。

中去。

　　努涅斯·德·巴尔沃亚对这位最具权势的印第安酋长的访问，成为一个对国际历史以及对瓦斯科·努涅斯·德·巴尔沃亚本人的生命都具有重大意义的事件。迄今为止，他只是一位亡命之徒，是肆意妄为的西班牙王室叛逆者，注定要被卡斯蒂利亚的法院判死刑，被斧头或绞索处死。科马格雷在一幢有着宽敞房间的石头大宅里招待了他，这幢大宅的富丽堂皇令瓦斯科·努涅斯惊诧不已，还没等他问起，酋长就向这位客人赠送了四千盎司的黄金。接下来，轮到科马格雷大吃一惊了，因为这些天堂之子们，这群他以恭恭敬敬的态度招待的强大而神气的陌生人，一看到这些黄金，就把尊严抛到九霄云外了。他们就像被解开锁链的狗一样，互相攻击，拔出刀剑，紧握拳头，大喊大叫，怒目而视，每个人都想分到自己的那份黄金。印第安酋长既惊讶又鄙弃地注视着这一场狗咬狗的大混乱，他对他们的惊讶，是全世界的自然之子对文明人永恒的惊讶。对这些文明人来说，一把黄色的金属似乎比他们的文明获得的所有智慧和技术的成就还要珍贵。

　　最后，这位土著酋长走上前对他们讲话。听到被翻译过来的讲话内容，这群西班牙人因为贪婪而激动得浑身发抖。科马格雷说，各位为了这么没有价值的东西吵个不停，为了这么一种普普通通的金属而让自己的生命置于不愉快和危险之中，实在匪夷所思。不瞒他们说，翻过这些高山，有一个巨大的湖泊，河水挟带着黄金一起流入其中。居住在那边的一个民族，也有着像他们一样带帆和桨的船，他们的国王用金杯盛酒，用金碗盛肉。在那里，这样的金属要多少有多少。然而，这将是一场危险重重的旅程，因为沿路的酋长们肯定不会让他们通过。不过，路程不长，仅需短短几天。

　　瓦斯科·努涅斯·德·巴尔沃亚一听，喜不自胜，心脏都快要停止跳动了。多少年来，他梦寐以求着这样的黄金国，现在，他终于要踏上传说中的土地了。他的前辈们曾经走南闯北，想要找到黄金国。眼下，倘若这位酋长讲的是实情，那他只需几天的路程便可到达那里。同时，他也找到了证据，证实了另一个大洋的存在，哥伦布、卡博托①、科尔特-雷亚尔②等大名鼎鼎的伟大航海家们，都曾试图寻找通向另一个大洋的道路，但全都无功而返。一旦找到这条道路，就意味着发现了环游地球的通路。谁第一个看到那个新的大洋，并且为自己的祖国占领它，谁的名字必将闪耀寰宇，流芳百世。现在，巴尔沃亚知道他必须做些什么来免除自己犯下的罪责，并且赢得永久的荣耀：他必须第一个穿过巴拿马地峡，到达通往印度的南海，然后为西班牙国王征服新发现的黄金国。在科马格雷酋长家的短暂逗留，已然决定了他的命运。从现在开始，这位出来碰运气的冒险家的生命有了更高的意义，这个意义将超越时间，被历史铭记。

## 逃向不朽的事业

一个人一生中最大的幸运，莫过于在他生命的中途，也就是他最富于创造力的岁月里，找到了自己的人生目标。努涅斯·德·巴尔沃亚知道他面临着孤注一掷的命运，要么悲惨地死在绞刑架下，要么永垂不朽。首先，他必须找到钱来与王室媾和，使王室追认他罪孽深重的篡夺权力的行为是合理和合法的。因此，这位昨日的叛逆者，成了今日最热心的臣民。他给埃斯帕尼奥拉岛上的西班牙王家司库帕萨蒙特送去了从科马格雷那儿得到的黄金的五分之一（依法应属于王室）。而且巴尔沃亚比那个不谙世事且枯燥乏味的律师恩西索更通晓人情世故，他自掏腰包，私下送了帕萨蒙特一笔资金，要求这位司库在办公室里确认他为殖民地的总司令。实际上，帕萨蒙特并没有权力这样做，但看在收到对方黄金的分儿上，他还是给努涅斯·德·巴尔沃亚寄去了一份实际上并没有任何价值的临时认命文书，以作为回报。同时，

---

① 卡博托：意大利航海家和探险家，后移居英国，改名约翰·卡伯特，他通过 1497年和 1498 年的航行为后来英国对加拿大的主权奠定了基础。

② 科尔特·雷亚尔：全名加斯帕·科尔特-雷亚尔，葡萄牙探险家，他与父亲若昂·瓦兹·科尔特-雷亚尔和兄弟米格尔一起参加了由葡萄牙王室赞助的各种探险航行。他们被认为是第一批到达纽芬兰和加拿大东部其他地区的欧洲探险者。

巴尔沃亚为了寻求各方面的保证，还派出了两位最可靠的亲信到西班牙去，向王室禀告他为王室所做的丰功伟绩和自己诱使印第安酋长支持他的重要消息。瓦斯科·努涅斯·德·巴尔沃亚告诉塞维利亚的西班牙当局，他只需要配备一支一千人的队伍，就可以为卡斯蒂利亚做出比之前的任何西班牙人所做的都要宏伟的功业。他将致力于找到新的大洋，并占领那个现在终于被发现的黄金国。哥伦布曾许诺找到黄金国，但从未实现；而他，巴尔沃亚，现在将会征服它。

对于这个曾经的反叛者和亡命之徒来说，现在的一切似乎时来运转了。但是一艘从西班牙返回的船带来了坏消息。巴尔沃亚派亲信去了西班牙，试图把遭遇抢劫的恩西索的控诉压下来，然而这些和他一起造反的同伙却带回消息：事态的发展对他来说很危险，甚至是致命的。学士恩西索已向西班牙法院起诉了夺去自己权力的人，巴尔沃亚被判必须为此付出代价。这时候，可能会救他一命的关于他已接近南海的消息，还没有到达西班牙。所以下一艘海船只会带来一个律师，责令巴尔沃亚为他弄出的乱子负责——要么当场处决他，要么给他套上镣铐带回西班牙。

瓦斯科·努涅斯·德·巴尔沃亚意识到自己失败了。在关于南海和黄金海岸的消息到达王室之前，他一定会受到处决。很显然，在他人头落地的时候，这一消息会被人利用——别人会代他完成他梦寐以求的伟大壮举。他现在也不指望从西班牙得到什么了。他驱逐了国王任命的合法总督并导致其丧生，他亲自把警长赶出了办公室——对此罪行，就算是判他监禁，也够得上宽大仁慈了，至少他不必为自己胆大包天的行径付出应有代价。他现在毫无权力和地位，因此不能再指靠有权有势的朋友，而他最好的支持者——黄金，其声音又过于柔弱，不足以确保他得到宽恕。现在，只有一件事能让他免于因为胆大妄为而受到惩罚，那就是做更胆大妄为的事。假如在律师到来并命人给他戴上脚镣之前，能发现一个新大洋、找到黄金国的黄金，那他就能自救了。在这个人类居住的世界尽头，只有一种逃亡方式向他敞开：逃向丰功伟绩，逃向永垂不朽。

　　因此，努涅斯·德·巴尔沃亚决定，不再等待自己向西班牙政府要求的同他去征服未知大洋的千人队伍，更不会等待律师的到来。他准备和几位志趣相投的人冒险去做一件顶天立地的大事，宁可光荣地为有史以来最大胆的冒险之举而身死，也不要束手就缚、羞耻地被拖上断头台。于是，努涅斯·德·巴尔沃亚将殖民地的全体人员召集在一起，解释了他穿越地峡的意图，毫不隐瞒其中会遭遇的困难，然后问谁愿意跟随自己去闯荡。他的勇气给其他人注入了新的活力。一百九十名士兵，几乎是整个殖民地所有能够携带武器的防御人员，都自愿跟随他。他们没有找到太多的装备，因为这些人生活在持续不断的战争状态中。1513 年 9 月 1 日，努涅斯·德·巴尔沃亚，英雄兼大盗，冒险家兼叛逆者，决心逃离绞刑架或地牢，踏上了他通向不朽的道路。

## 不朽的时刻

　　他们开始穿越科伊巴省的地峡，这是酋长卡雷塔的小王国，他的女儿是巴尔沃亚的伴侣。后来，人们发现努涅斯·德·巴尔沃亚并没有选择地峡最窄的地方，他的无知使这段危险的穿越延长了几天。但对于这种进入未知领域的大胆冒险，他最关心的是能够得到一个友好的印第安部落的安全保障，给他们提供补给或保护他们撤退。他和部下分乘十条大独木舟从达连港穿越到科伊巴，一百九十名士兵手持长矛、刀剑、箭矢和弓弩，随行的还有一群令人恐惧的寻血猎犬。他的盟友——印第安酋长提供了向导和搬运工。9 月 6 日，著名的穿越地峡的行军开始了，对这些久经考验的冒险家而言，这次冒险对他们的意志力提出了严峻的要求：西班牙人不得不在令人窒息的赤道高热中穿越低洼地区，这消耗了他们的体力；沼泽地上充满了热病感染源，几个世纪后，这些感染源使修建巴拿马运河的成千上万的工人丧命。从一开始，他们就必须用斧头和刀剑在无人涉足、布满有毒植物的丛林中砍出一条路来。先头部队犹如在一个巨大的绿色矿山中工作，在灌木丛中为后续部队开辟出一条狭窄的通道，然后征服者大部队的人马一个接一个地通过。这是一条无尽的长龙，他们手中始终拿着武器，日夜警惕，以击退土著印第安人发起的突然袭击。巨大树木构成的穹窿之下，是一个潮湿、闷热、迷蒙的黑暗世界，无情的太阳在他们头上炙烤。全副武装的士兵汗流浃背、口干舌燥，他们拖着沉重的身体一公里一公里地往前挪。有时，倾盆大雨会突然如飓风一般降落，小溪顿成滔滔大河，他们不得不涉水而过，或者从印第安人用棕榈纤维临时搭建的摇摇晃晃的桥上穿过。除了随身携带的一把玉米，西班牙人没什么其他东西可吃。由于缺乏睡眠，他们疲惫不堪，饥渴难耐。周围还遍布无数吸血和蜇人的小虫。他们穿着被荆棘撕裂的衣服，步履沉重、眼睛发热，脸颊被呼呼作响的蠓虫蜇得肿胀，白天不休息，晚上不睡觉，很快就筋疲力尽了。只走了一个星期，大部分士兵就已经承受不住压力了。努涅斯·德·巴尔沃亚清楚，真正的危险还在前头等着他们，于是他下达了命令，让所有发热生病、疲惫不堪的人留下来。他的想法是，只带上最优秀的人进行至关重要的冒险。

最后，地势开始上升。丛林渐渐变得不那么茂密了，因为热带植物只有在沼泽地带才能长得茂盛。现在，没有树荫保护他们了，高悬中天的赤道烈日炙烤着他们的甲胄。疲惫的士兵们迈着缓慢的步伐，一段段地攀爬丘陵地，登到了山上，这些蜿蜒不断的山脉犹如石头的脊梁，将两个大洋之间的狭长陆地分隔开来。渐渐视野开阔了，夜晚的空气也清新起来。经过十八天的英勇跋涉，他们似乎克服了最大的困难，山脉的顶峰已经在他们面前升起。印第安向导说，他们可以从峰顶上同时看到大西洋和尚不为人所知的无名大洋，即后来的太平洋。他们似乎已经战胜了大自然顽强而邪恶的抵抗，然而又遭遇了一个新的敌人：本地酋长率领数百名战士阻挡了这些陌生人的去路。努涅斯·德·巴尔沃亚有着击败印第安人的丰富经验，他所要做的只是让手下人一齐发射火绳枪，然后这人为制造出来的雷鸣电闪的景象会再次对这里的土著人展现其神奇的魔力。果不其然，这些吓坏了的土著战士尖叫着逃跑，西班牙人带着寻血猎犬四处追逐他们。然而，巴尔沃亚并没有满足于这种轻易取得的胜利，而是像所有西班牙征服者一样，用可怕的残暴行为使胜利蒙羞：他让饥饿的寻血猎犬去撕咬手无寸铁的、被捆绑的俘虏们，直至将他们的身体撕成碎片，这是一种代替斗牛和角斗游戏的表演。这可怕的大屠杀使努涅斯·德·巴尔沃亚在成就不朽之日的前夜蒙羞。

这些西班牙征服者的性格和行为举止中确实有一种独特、令人费解的混合特质。他们像任何基督徒一样是虔诚的信徒，他们从自己的灵魂深处呼唤上帝，同时又以上帝的名义犯下历史上最令人发指的非人罪行。他们英勇无畏、敢于牺牲和承受苦难，从而做出惊天动地的英勇壮举，但他们又尔虞我诈、无耻争斗。然而，在他们可鄙的行径中，又有一种强烈的荣誉感，以及一种奇妙的、确实令人钦佩的、对他们历史使命的重要性的意识。努涅斯·德·巴尔沃亚也具有这种复杂性。前一天晚上，他把无辜、被捆绑、手无寸铁的俘虏扔给嗜血的寻血猎犬，也许在猎犬们的嘴里尚滴着人血的时候，他还满意地爱抚着它们的下颚。但他明白自己的行为在人类历史中的确切意义，并在至关重要的时刻找到了一个令自己名垂千古的伟大姿态。他知道，在世界历史上，9月25日这一天会被人铭记。这位冷酷无情的冒险家带着真正的西班牙人的情绪向世人宣告，他充分理解其使命具有的永恒意义。

巴尔沃亚的姿态是这样的：大屠杀之后的那天晚上，一个土著人指着附近的一座山峰告诉他，从它的顶峰可以看到另一个大洋——当时不为人知的太平洋。巴尔沃亚当即做出部署，他把受伤的和筋疲力尽的人员留在这个被掠夺的村子里，命令那些仍然有能力行军的人——总共六十七人，而他从达连港开始探险时带了一百九十人——去攀登那座高山。早上十点时，他们已接近那高峰，只有一个光秃秃的小山顶尚待攀登，很快那个新大洋就将展现在他们眼前。

就在此时，巴尔沃亚命令手下所有人停止前进。谁也不能跟着他，因为他不想和任何人分享第一眼看到新大洋的荣耀。在穿越了这个世界上的一个巨大海洋——大西洋之后，他将成为最早见到未知的另一个大洋——太平洋的第一位西班牙人，第一位欧洲人，第一位基督徒。他的心怦怦直跳，他深深地意识到这一时刻的意义。他缓缓向上攀登，左手拿着一面旗帜，右手举起一把剑，在浩瀚的球体中出现了一个孤独的身影。他慢慢地爬上山顶，从容不迫，因为真正的工作已经完成了。只有几步之遥，更少的几步，再少的几步……一旦他登上顶峰，一片伟大的景观将展现在他面前。群山之外，树木葱茏；群山之下，是一望无际的巨大水域，水中有金属般的倒影。大海，从前未知的大海，迄今为止只被人梦想过却从未被见过的大海！多少年来，哥伦布和所有后来人曾苦苦寻觅着的传奇的大海，它的波浪拍打着美国、印度和中国的海岸。瓦斯科·努涅斯·德·巴尔沃亚望了又望，看了又看，满怀喜悦和自豪，因为他知道，自己将是第一位看到那片蓝色汪洋的欧洲人。

　　瓦斯科·努涅斯·德·巴尔沃亚久久凝视着远方，欣喜若狂，之后他才把所有人叫上来分享他的喜悦和自豪。他们迫不及待、兴奋难耐，喘着气，大声喊叫，边爬边跑地登上最后一座小山。他们惊奇地凝视着，眼睛里充满惊讶。突然，和他们一起上来的安塞姆·德·瓦拉神父吹响了《天主，我们赞美您》①，一时间，所有的喧嚣和吵闹声立刻消失了，那些发出刺耳的声音的士兵、冒险家和强盗们在虔诚的圣歌声中团结了起来。印第安人惊讶地看着，只见牧师说完一句话，西班牙人就砍倒了一棵树，立起了一个十字架，在木头上刻下西班牙国王名字的首字母。当十字架升起时，就好像它的两个木制手臂伸向了两个大洋——大西洋和太平洋，伸向了浩渺远方。

　　在令人敬畏的沉默中，努涅斯·德·巴尔沃亚走上前，对他的士兵们发表讲话。他说，他们感谢上帝是对的，因为上帝赐予他们这样的荣誉，他们还祈祷上帝继续帮助他们征服大海和所有这些土地。他

--------

①《天主，我们赞美您》：*Te Deum laudamus*，即拉丁文"上帝，我们赞美您"，是对上帝和基督之子的赞美诗，传统上在欢乐的公众场合演唱。

继续说道，如果他们继续忠实地追随他，等他们从这些新印度群岛上回家时，将成为有史以来最富庶的西班牙人。他庄严地向四面八方举起他的旗帜，代表着风吹拂的土地都被西班牙占领了。然后，巴尔沃亚召来办事员安德烈斯·德·瓦尔德拉巴诺，请他起草一份文书，将这一庄严的行为永远地记录下来。安德烈斯·德·瓦尔德拉巴诺打开一张羊皮纸（他把羊皮纸、墨水瓶以及羽毛笔放在一个封闭的木制容器里，一路携带穿过丛林），命令所有的贵族、骑士和士兵——"在国王陛下的总督、尊贵的瓦斯科·努涅斯·德·巴尔沃亚船长发现南部海域时在场的人们"，确认"这位瓦斯科·努涅斯·德·巴尔沃亚先生是第一个看到这片海域并向其追随者展示的人。"

然后，这六十七个人爬下了山。1513 年 9 月 25 日这天，人类发现了迄今为止地球上最后一个从前未知的大洋。

## 黄金和珍珠

他们终于确信了。他们看到了大海。现在，他们还要到海岸去，触摸、品尝流动的海水，拾起海滩上的战利品。他们用了两天时间才从山下爬下来，为了知道从山脉到大海的捷径，努涅斯·德·巴尔沃亚把手下分成了不同的小组。在阿隆佐·马丁的带领下，第三组人马成为最先到达海滩的一群人。这群冒险者，包括当中的普通士兵，全都如此渴慕虚荣，如此渴望不朽，连阿隆佐·马丁自己也不例外。这位憨厚老实的普通人，也立刻唤文书白纸黑字地写下，他是第一个把脚和手伸进那还未命名的水域的人。在为自己渺小的自我换来一粒不朽的微尘后，他才让巴尔沃亚知道他已经到达了大海，并且用自己的手脚触摸了海水。巴尔沃亚立即设想了另一个宏大的姿态。第二天，也就是日历上的米迦勒节 ①，他在二十二名手下的陪同下出现在海滩

---

① 米迦勒节：也称"圣米迦勒节"，是纪念天使长米迦勒的节日，西方教会定于 9 月 29 日，东正教会定于 11 月 8 日。其日期恰逢西欧许多地区的秋收季节，节日纪念活动往往十分隆重。

上，像圣米迦勒①本人一样全副武装，举行了一个占领新的大洋的庄严仪式。巴尔沃亚并没有立刻大步流星地踏进海水，而是像它的主人一样傲慢地等待着，在一棵树下休息，直到涨潮的海浪涌到他身边，像一只听话的狗一样舔着他的脚。这时，他才站起身来，将盾牌甩在背后，盾牌在阳光下像镜子一样闪闪发光。他一手持剑，另一手拿着印有圣母玛利亚像的卡斯蒂利亚旗，大步走进水中，直到深入那片广阔而陌生的水域。海浪拍打着他的腰部，努涅斯·德·巴尔沃亚——这位曾经的叛逆者和亡命之徒，现在是国王忠实的仆人和胜利的将军——这才挥舞着旗帜，大声呼喊："卡斯蒂利亚、莱昂和阿拉贡的高贵而强大的君主斐迪南和胡安娜②万岁！我要以他们的名义并以卡斯蒂利亚王室的名义，真正、真实和永久地拥有所有这些海洋、土地、海岸、港口和岛屿的所有权。我发誓，无论是任何王子还是船长，无论是基督徒还是异教徒，只要他们声称对这里的陆地和海洋拥有权利，我就以卡斯蒂利亚国王的名义捍卫它们——只要世界还存在，直到到审判日那一天。它们现在和将来，都是卡斯蒂利亚国王的财产。"

所有的西班牙人都重复着这个誓言，一时间他们的话淹没了海浪的咆哮。每个人都用海水湿润自己的嘴唇，文职人员安德烈斯·德·瓦尔德拉巴诺又一次注意到了这种占有行为，他在文书的最后写道："这二十二个人及文书安德烈斯·德·瓦尔德拉巴诺，是第一批踏进南海的基督徒。他们都用手触摸过海水，还用海水湿润了自己的嘴唇，看看这里的水是不是像另一片海域一样咸。他们见证了它确

①圣米迦勒：天主身边的首席战士，天使军最高统帅。《圣经》里称其为"大君（王子）中的一位"。在基督教文化中，米迦勒是最耀眼、最著名的天使长，他不仅有着凡人所没有的勇气与无可比拟的威力，还拥有最美丽的容姿。他性情勇猛果敢，虽然好战，但是充满慈悲心，对于罪恶的事抱持着绝对的否定，是"绝对正义"的化身。
②胡安娜：史称"疯人胡安娜"。1504年起任卡斯蒂利亚女王，1516年起任阿拉贡女王，现代西班牙就是由这两个王位结合发展而来的。尽管胡安娜是卡斯蒂利亚的执政女王，但她在位期间对国家政策几乎没有什么影响，因为她被宣布为疯子，并被其父亲关在托尔德西利亚斯的圣克拉拉皇家修道院。1516年，她的儿子查理一世作为国王开始实行统治，她成了名义上的共同君主，但仍然被囚禁，直至去世。

实是咸水，他们一齐向上帝感恩。"

伟大的事业完成了，现在他们还没有从他们的英雄事业中获得世俗的利益。西班牙人只掠夺或与一些土著交换了少量黄金。但是一个新的意外之喜在等待着胜利的他们，因为印第安人给他们带来了大把宝贵的珍珠，这些珍珠在邻近的岛屿上随处可见。其中有一颗珍珠被称为"佩莱格里纳"，连塞万提斯①和洛卜·德·维加②都曾称颂，因为它是所有珍珠中最可爱的一颗，后来被装饰在了西班牙国王和英国国王的王冠上。西班牙人用这些珍珠装满他们所有的口袋，在这里，它们并不比贝壳和沙子值钱。当他们贪婪地询问对他们来说世界上最重要的东西——黄金时，其中一个土著人指向南方，那里的山脉缓缓地向地平线延伸。土著人说，那里有一片有着数不尽的宝藏的土地，统治者用黄金制的器皿进餐，还有大型四足动物——他指的是美洲驼——将贵重的货物驮进国王的宝库。土著人还告诉他们大海南部山那边的国家名字。它听起来是"比鲁"，一个奇怪而悦耳的声音。

瓦斯科·努涅斯·德·巴尔沃亚凝视着那人所指的方向，一直到远处群山在苍白天空中消失的地方。那个柔和而充满诱惑的词——"比鲁"，立刻烙印在了他的心里。他的心怦怦直跳，在他的一生中，这是他第二次发现了伟大而出乎意料的机会。第一个机会，即科马格雷透漏的关于南海的消息，被证明是真实的，他还发现了珍珠海滩。也许第二个情报也将同样成真，也许他会成功地发现并征服印加帝国③——这个地球上的黄金之国。

---

## 上帝只授予一次不朽的行为

努涅斯·德·巴尔沃亚一直用渴望的目光凝视着远方。"比鲁"这个词，即"秘鲁"，就像一个金钟在他的脑海里晃荡。但是，他痛苦又无奈地认识到，这一回他再不能去冒险和发现更多了，因为他无法率领二三十个疲惫的人去征服一个王国。所以，他必须先回到达连港，然后带着他所能召集的所有力量，踏上他现在发现的道路去寻找新的黄金国。但是，往回行军就像当初出来寻找海洋一样困难重重：西班牙人必须再次在丛林中奋力前进，再次击退土著人的攻击。此时，他们不是一支战斗生力军，而是一小群人，他们因发烧而身体虚弱、步履蹒跚。巴尔沃亚本人也濒临死亡，必须由印第安人用吊床抬着。在经历了充满压力和紧张的四个月后，他终于在 1514 年 1 月 19 日回到了达连港。但毋庸置疑，历史上最伟大的行动之一已经完成了。巴尔沃亚实现了他的诺言，所有和他一起冒险进入未知世界的人现在都变得富裕；他的士兵们从南海海岸带回了哥伦布和其他征服者从未见过的珍宝，剩下的其他殖民者也得到了属于他们的一份财富。巴尔沃亚将五分之一的战利品送给了国王。像对待他的士兵一样，他给了他的寻血猎犬小狮子一份同样的奖赏——五百比索金币，作为对它从倒霉的土著人的骨头上撕下皮肉的奖励，没人对此有异议。巴尔沃亚取得了如此伟大的成就，现在殖民地已经没有人敢对他作为总督的权威提出异议。这位冒险家和叛逆者得到了上帝般的尊敬，他可以自豪地向西班牙传达这样一个消息：他为卡斯蒂利亚国王完成了自哥伦布以来最伟大的壮举。他的好运如太阳，冉冉升起，冲破了笼罩他一生的所有乌云，他现在如日中天。

但是，巴尔沃亚的幸运并没持续太久。几个月后，在阳光明媚的 6 月的一天，惊讶不已的达连人涌向了海滩。地平线上出现了一面船帆，在这个被遗弃的世界角落里，这是一个奇迹。瞧，第二面船帆出现在它旁边，紧接着出现了第三面、第四面、第五面……很快就出现了十艘；不，十五艘；不，二十艘帆船——整整一支舰队驶向港口。很快，所有人就都清楚了：这一切都是努涅斯·德·巴尔沃亚的信招来的，但并不是那封宣告他的冒险获得了胜利的信——这封信还没有到达西班牙——而是更早之前发出的一封信，他在那封信里首次报告了当地酋长对附近的南海和黄金国的描述，要求派一支一千人的军队去征服那些土地。西班牙王室毫不犹豫地为这次探险装备了如此强大的舰队，但是塞维利亚和巴塞罗那当局可不会把如此重要的任务交给一个像瓦斯科·努涅斯·德·巴尔沃亚这样声名狼藉的叛逆冒险家。他们派出了自己选择的总督，此人名叫佩德罗·阿里亚斯·达维拉，是一位富有的贵族，六十岁，年高德劭，深孚众望，通常被称为佩德拉里亚斯。他随舰队而来，担任国王的总督，最终目的是要恢复殖民地的秩序，为迄今发生的所有罪行做出正义的判决，以及找到南海、征服黄金国。

对于佩德拉里亚斯来说，这是一个尴尬的局面。一方面，他的任务是要求叛逆者努涅斯·德·巴尔沃亚解释他早先赶走第一任总督之事，假如他被证明有罪，就给他戴上镣铐或者处决他。另一方面，佩德拉里亚斯必须找到南海。然而，船一靠岸，他就得知这位努涅斯·德·巴尔沃亚，他将绳之以法的人，已经完成了伟大的功业。叛军已经庆祝了佩德拉里亚斯所期望的胜利，并为西班政王室建立了自发现美洲以来最大的功勋。当然，他眼下不能把这样一个人当成普通的罪犯处决，并让其头颅在街上示众；他必须礼貌地问候并真诚地祝贺这个人。然而从这一刻起，努涅斯·德·巴尔沃亚已经失败了。佩德拉里亚斯永远不会原谅他的对手做了本应由他自己来做的大事，这将给他带来千古不朽的英名的大事。当然，他必须向殖民地的人隐藏自己对其英雄的仇恨，因为他害怕过早地处罚巴尔沃亚会惹恼他们。调查中止了，佩德拉里亚斯甚至将他留在西班牙的女儿嫁给了努涅斯·德·巴尔沃亚，以制造一种和谐的升平局面。但是，他对巴尔沃亚的仇恨和嫉妒丝毫没有得到平息，当西班牙的一项法令传来时，他的仇恨和嫉妒更加炽烈了。西班牙王室终于知道了巴尔沃亚的丰功伟绩，当局授予了这个从前的叛逆者一个合适的头衔，让他做了类似总督的长官，并告诉佩德拉里亚斯在每一件重要的事情上都需征求巴尔沃亚的意见。这个殖民地对两位总督来说实在太小了：一个必须让步，最后必须下台。瓦斯科·努涅斯·德·巴尔沃亚感觉到刀剑悬在他头上，因为军事权和司法权掌握在佩德拉里亚斯手中，所以他第二次尝试逃亡，希望能如第一次一样，逃向不朽。他请求佩德拉里亚斯允许他装备一支探险队去探索南海海岸，并在一段时间内征服这片土地。但这位从前的叛逆者私下打的小算盘是，摆脱海洋另一边的西班牙王室的控制，取得独立并建立自己的舰队，成为自己所在的殖民地的主人；如果可能的话，他还要征服传说中的比鲁，即新大陆的黄金国。佩德拉里亚斯狡猾地同意了。假如巴尔沃亚在行动中死去了，那再好不过了；假如巴尔沃亚成功了，他假以时日还是可以除掉这个野心勃勃的人。

因此，努涅斯·德·巴尔沃亚开始了新的不朽的逃亡之旅。第二次行动也许比第一次更加辉煌，但历史并没有赋予它同样的荣誉，因为历史只看重成功。这一次，巴尔沃亚不只带着他的人穿过地峡，还用木头、木板、帆、锚和滑轮建造了四艘双桅帆船，由成千上万的土著人拖着它们翻山越岭。一旦他在那里拥有一支舰队，他就可以占领所有的海岸，征服珍珠群岛和传说中的比鲁。然而，这一次，命运成为这位冒险家的对头，他不断遭遇新的阻力：他率领人马在潮湿的热带丛林中行进时，虫子蛀烂木头，木板腐朽，丝毫无法使用。巴尔沃亚并没有气馁，他在巴拿马湾砍伐了更多的树木，准备了新鲜的木板。他的力量创造了真正的奇迹——一切似乎都进行得很顺当，双桅帆船已经建成，准备开启在太平洋上的首次航行。然后，一场突如其来的龙卷风毁了这一切，帆船被撕毁，并在海里倾覆。巴尔沃亚必须第三次重新来过，最终设法建造了两艘双桅帆船。现在，他只需再多建两艘，不，三艘船，就可以出发去征服日夜梦想的土地了。那块土地就是比鲁——当那个土著人伸出手指向南方，说出这个名字时，他立刻就被吸引了。只要再为舰队招募一些勇敢的军官和优秀的后备军，他就能找到他的王国！只要再过几个月，只要再给他一点点运气，加上他与生俱来的胆识，世界历史上印加征服者和秘鲁征服者的名字将不会是皮萨罗，而是努涅斯·德·巴尔沃亚。

然而，命运对它最宠爱的人也不总是慷慨大方的。上帝只会给予一个凡人一次不朽，不会给予更多了。

# 垮台

努涅斯·德·巴尔沃亚用钢铁般的力量为他的伟大事业做准备，但恰恰是他的大胆造就的成功将他置于危险的境地，因为佩德拉里亚斯怀疑的眼睛一直焦虑地盯着自己的下属们。也许消息已经通过背信弃义者传到了佩德拉里亚斯的耳朵里，说巴尔沃亚想要建立自己的统治王国；也许只是佩德拉里亚斯出于嫉妒，害怕这位之前的叛逆者取得第二次胜利。总而言之，他突然给巴尔沃亚写了一封非常友好的信，请巴尔沃亚在踏上征服之旅前回达连港附近的阿克拉镇进行商讨。巴尔沃亚希望佩德拉里亚斯以后备军的形式为自己提供更多的支持，于是接受了邀请，并立即返回了。巴尔沃亚到了城门外，看见一小队士兵向他走来，显然是为了迎接他；他兴高采烈地迎上去，拥抱这些人的领袖、他多年的战友、他发现南海时的伙伴、他伟大的朋友弗朗西斯科·皮萨罗。

但是，皮萨罗一手重重地按在他的肩膀上，宣布他已经被捕了。皮萨罗太渴望不朽了，太渴望征服黄金国了，所以他得知如此肆无忌惮的前任将会垮台时并不感到遗憾。总督佩德拉里亚斯对所谓的叛乱开始审判，审判进行得很快，无视正义。几天后，瓦斯科·努涅斯·德·巴尔沃亚和他最忠诚的伙伴们上了断头台，刽子手的刀光一闪，一秒钟后，巴尔沃亚的头颅滚落到地上——第一次同时看到环抱地球的两个大洋的眼睛，就这样永远地闭上了。

# 拜占庭的陷落

## 1453 年 5 月 29 日

## 发现了危险

1451 年 2 月 5 日，一位秘密信使前往小亚细亚去拜见苏丹 ① 穆拉德 ② 的长子——年仅二十一岁的穆罕默德 ③。信使给他带来消息说，他的父亲已经去世。于是这位既狡猾又精力充沛的皇子来不及跟他的大臣和顾问解释一句，便骑上最好的最剽悍的纯种马，一路挥鞭，疾驰了一百二十里，来到博斯普鲁斯海峡，之后他渡海经过加里波利 ④ 去了另一岸的欧洲。到了此时，他才向他最忠实的亲信公布了父亲的死讯。

---

① 苏丹：在伊斯兰教历史上原指类似总督的官职，后来抽象为名词"力量""治权""裁决权"，后来变为"权力""统治"。最后，它变为一个对特殊统治者的称号，被苏丹统治的地方，一般都对外号称拥有独立主权或完全主权。

② 穆拉德：穆拉德二世，奥斯曼苏丹，扩大和巩固了奥斯曼帝国在巴尔干地区的统治，在安纳托利亚推行克制政策。安卡拉之战后，奥斯曼帝国在帖木儿统治时期濒临灭亡，他通过努力恢复了帝国。

③ 穆罕默德：穆罕默德二世，别名穆罕默德·法蒂赫（土耳其语：穆罕默德征服者），1444 年至 1446 年，1451 年至 1481 年在位的奥斯曼苏丹。作为一名伟大的军事领袖，他攻占了君士坦丁堡，并在接下来的四十年里征服了构成奥斯曼帝国核心地带的安纳托利亚和巴尔干地区。

④ 加里波利：位于土耳其欧洲部分东色雷斯的南部，西临爱琴海，东临达达尼尔海峡。

为了粉碎他人登上皇位的非分之想，他迅速召集了一支由精兵强将组成的队伍，并带领他们去了亚德里亚堡 ①。在那里，他毫无异议地成了公认的"奥斯曼帝国的主人"。穆罕默德的第一个行动便显示了他作为统治者的坚定决心——为了防止嫡亲竞争对手争夺他的大位，他提前处置了自己未成年的亲弟弟，派人将其溺死在浴室里。随即他又将那位被雇佣去行刺的人处死，这再一次证明了他的深谋远虑和冷酷无情。

在拜占庭，人们惊悉这位年轻、狂热、热衷于名利的皇子穆罕默德已经接替了更老成持重的穆拉德，成了土耳其苏丹。派出去的一百名探子得到的消息：这位年轻人野心勃勃，誓要染指昔日的世界之都拜占庭，日夜都在筹划着这个他一生中最伟大的计划。与此同时，所有的报告都一致指出，这位新君主的军事和外交能力非凡。穆罕默德既虔诚又残忍，既热情又邪恶；他既是一位博学者，又是一位艺术爱好者；他阅读拉丁文写的《恺撒传》和其他罗马名人传记，同时他又是一位野蛮人，视流血如流水一般稀松平常。此人长着一双美丽而忧郁的眼睛和一个像鹦鹉嘴一般锋利的鼻子，他既是一位不知疲倦的工匠，又是一位英勇的战士，还是一位不择手段的外交家。所有这些危险的力量全都围绕着同一个理想：他要为自己建立远超祖父巴耶塞特 ② 和父亲穆拉德的赫赫功业。他首次向欧洲展示了这个新的土耳其国家的军事优势。而且众所周知的是，他最初争取更多权力的目的是为了夺取拜占庭——这是留在君士坦丁和查士丁尼皇冠上的最后一颗宝石。

这颗宝石暴露于一个近在咫尺、决心要攫取它的拳头之下。今天，我们可以轻易穿越拜占庭帝国的疆域——那曾经横跨世界的东罗马帝国的土地，从波斯到阿尔卑斯山，再到亚洲的沙漠，只需要三天时间

---

① 亚德里亚堡：现为埃德尔内市，是土耳其西北部埃德尔内省东色雷斯地区的一座城市，靠近土耳其与希腊和保加利亚的边界。从 1369 年到 1453 年，亚得里亚堡是奥斯曼帝国的第三个首都。
② 巴耶塞特：巴耶塞特一世，奥斯曼土耳其帝国的苏丹，他占领了东罗马帝国的各省并包围了君士坦丁堡，但在安卡拉战役中被帖木儿的军队打败并俘虏，最终死于监狱中。

就可走完。而在过去，走遍这些地方需要历时好几个月。遗憾的是，当时这个帝国只剩下一个没有躯体的脑袋——君士坦丁堡，意为君士坦丁之城——古老的拜占庭。此外，这个拜占庭只有一部分仍然属于皇帝巴西利乌斯①，那就是今天的伊斯坦布尔，而加拉塔②已经落入热那亚人的手中，城墙以外的所有土地也都已被土耳其人占为己有。最后一任罗马皇帝的王国只有一个盘子那么大，只是一堵巨大的圆形墙围绕着的一堆教堂、宫殿和乱七八糟的房子，所有这些统称为拜占庭。这座城市受到十字军的无情掠夺，瘟疫导致其人口不断减少，它经常为保护自己不被游牧民族侵犯而精疲力竭，民族和宗教的纷争使其四分五裂：它既无兵力又无胆识来主动抵抗一个长期以来努力将触手伸向它的敌人。拜占庭最后一任皇帝君士坦丁·德拉加斯③的紫袍是风中的斗篷，他的王冠是命运的玩具。然而，对欧洲来说，正是因为拜占庭已经被土耳其人包围，正是因为拜占庭对拥有共同文化的西方世界而言是神圣不可侵犯的，它才成为荣耀的象征。只有团结一心的基督教世界一同对这座已经摇摇欲坠的、东方最后的堡垒施以援手，圣索菲亚大教堂④才能继续作为信仰的大教堂，东罗马基督教最后、最壮丽的大教堂而存在。

君士坦丁皇帝立刻意识到了这种危险。虽然穆罕默德口口声声要和平，但他却怀着人们可以理解的疑惧，派了一个又一个的信使到意大利：去见罗马教皇、去威尼斯、去热那亚，请他们派出桨帆船和士

---

① 巴西利乌斯：一个希腊术语和名称，在历史上代表了不同类型的君主。在英语世界里，它被广泛地理解为"国王"或"皇帝"。使用这个头衔的有古代希腊的君主和其他权威人士、拜占庭皇帝和现代希腊的国王。此处指东罗马帝国最后一任君主君士坦丁十一世。

② 加拉塔：现为伊斯坦布尔金角湾北岸的一个区。加拉塔是拜占庭时代的热那亚人聚居地，直到 1840 年才正式并入君士坦丁堡（现在的伊斯坦布尔）。

③ 坦丁·德拉加斯：君士坦丁十一世，罗马和拜占庭的最后一任皇帝，从 1449 年开始执政，到 1453 年君士坦丁堡陷落时战死。

④ 圣索菲亚大教堂：君士坦丁大帝为供奉智慧之神索菲亚建造于公元 325 年，后在叛乱中受损。公元 537 年查士丁尼皇帝为标榜自己的文治武功，对其进行重建。九个世纪里，它一直是基督教的宫廷教堂。

兵来帮助他……但罗马犹豫不决，威尼斯也是如此。在东部的信仰和
西部的信仰之间，古老的神学分歧仍然难以逾越。而且希腊教会憎恨
罗马教会，它的牧首①拒绝承认教皇是上帝最伟大的牧师。诚然，此前
在费拉拉和佛罗伦萨举行的两次会议②上，鉴于土耳其人的威胁，两
个教会决定重新统一，并决议支持拜占庭对抗土耳其人。但是，一旦
危险不再那么严重，希腊教廷就拒绝执行这个协议。直到穆罕默德成
为奥斯曼土耳其苏丹，时势才使固执的希腊东正教会改正立场：拜占
庭在发出紧急求援的信息的同时也告诉罗马，它同意统一教会。现在，
罗马教皇的大帆船装备了士兵和弹药向拜占庭驶来。教皇的使节乘坐
一艘帆船先行到达，举行西方两大教会的庄严和解仪式，并且告诉世
界：谁要是进攻拜占庭，谁就是在挑战基督教世界的统一力量。

## 和解的弥撒

　　12月的一天，出现了一个壮观的场面：宏伟的圣索菲亚大教堂正
在庆祝一个伟大的和解节日。它从前的灿烂辉煌，可见之于它那大理
石雕镂、马赛克镶嵌，以及各种亮闪闪的珍贵材料组成的装饰。我们
很难想象，今日的它已经变成了清真寺。君士坦丁十一世戴着皇冠隆
重登场了，他身边簇拥着达官显贵，他要担任永恒和谐的最高见证者
和保证人。大教堂被无数的蜡烛照亮，里面人头攒动；在圣坛前，罗
马教皇的使节伊西多罗斯和希腊正教的大主教格列高里以兄弟般的和
谐主持弥撒，教皇的名字重新在祈祷词中被提及；第一次同时响起了
用拉丁语和希腊语演唱的虔诚圣歌，余音绕梁，长久地回荡于永恒的

---

① 牧首：早期基督教在一些主要城市如罗马、君士坦丁堡、耶路撒冷、亚历山大和安
条克的主教的称号。
② 两次会议：费拉拉 - 佛罗伦萨会议和罗马天主教的大公会议，在会议中，罗马教会
和希腊教会试图就他们的教义分歧达成一致，结束他们之间的分裂。会议以一致同意
的统一协议结束，但这个统一的时间是短暂的。

大教堂的拱顶上。圣斯皮里登①的遗体由两个教会的神职人员庄严地抬着，这意味着他们现在彼此达成和解，和谐相处了。东西两方的这两种信仰，似乎永远地联结在了一起。历经多年可怕的敌对后，欧洲的理念，即西方的精神，似乎终于得到了体现。

　　不过，历史上的理性与和解时刻是短暂易逝的。正当双方共同祈祷的声音还虔诚地回荡在教堂里时，教堂外的一间修士室里，学识渊博的修士盖纳蒂奥斯已经抨击起了拉丁语学者，认为他们背叛了真正的信仰。理智刚刚把和平的纽带编织好，和平就又被狂热撕成两半。正如这位希腊正教的神职人员认为和解无异于真正的屈服一样，在地中海另一端的朋友也不会记得他们承诺的帮助。他们确实派了几艘大帆船和几百名士兵来支援拜占庭，但随后这座城市就被他们弃之不顾，只能听天由命了。

## 战争开始

　　正如所有为战争做准备的专制者一样，穆罕默德在他还没有完全装备好军队的时候，一直以长篇大论地谈论和平作为掩饰。穆罕默德在其登基仪式上，接见了君士坦丁皇帝的特使团，对他们说尽了和平友好的甜言蜜语。他公开和庄严地向真主及其先知、天使和《古兰经》宣誓，他将最忠实地遵守与巴赛列斯②的条约。然而，与此同时，狡猾的苏丹又与匈牙利人和塞尔维亚人缔结了一项为期三年的双边中立协议——他要在这三年内不受干扰、没有后顾之忧地占领拜占庭这座城市。穆罕默德在说够了和平承诺并发誓将长期维护和平以后，这才打破和平，挑起战争。

　　到目前为止，博斯普鲁斯海峡只有亚洲一边的海岸属于土耳其人，东罗马帝国的船只能够畅通无阻地从拜占庭穿越海峡，抵达黑海和他

---

① 圣斯皮里登：在东西基督教都受到尊敬的圣人。
② 巴赛列斯：君士坦丁十一世。

们的粮仓。现在，穆罕默德根本无须找什么理由，就下令在茹梅利修建堡垒来切断这条通道。茹梅利堡垒<sup>①</sup>位于海峡最窄的地方，在古代波斯人统治时期，英勇的薛西斯<sup>②</sup>曾从这里穿过海峡去征讨希腊。一夜之间，数千——不，数万名劳力前往欧洲一边的海岸。按照条约，那里是禁止修筑防御工事的，但区区一个条约对要实施暴力的人来说又算得了什么呢？为了维持自己的生存，这些劳力不仅掠夺附近的田地，拆除房屋，还拆毁了著名的圣米迦勒古老的教堂，为他们建造的堡垒采取石料。苏丹亲自指挥建筑工作，日夜不休，而拜占庭却只能眼睁睁地看着它通往黑海的自由通道被切断，这是对法律和条约的蔑视和背弃。在和平时期，第一批试图通过当时还是公海的船只已经遭到攻击，于是在首次炫耀了武力的成功之后，再怎么伪装都是多此一举的。1452 年 8 月，穆罕默德召集他所有的官僚和宗教领袖，公开宣告：他打算进攻并占领拜占庭。宣告之后，行动就开始了：传令官被派遣到整个土耳其帝国，所有能够打仗的人都被征召，1453 年 4 月 5 日，一支庞大的奥斯曼帝国军队，像突然涌起的狂潮一样，席卷了拜占庭平原，抵达了拜占庭城的城墙之下。

苏丹身穿华丽的长袍，骑行在部队的前头，在吕卡斯城门对面安营扎寨。不过，在让其统帅的旗帜在风中自由飘扬之前，他命人在地上铺设祈祷用的席子。他赤脚站在上面，面朝麦加三次躬身行礼，额头触地；在他身后，数万士卒向同一个方向躬身行礼，以同样的节奏向真主献上同样的祈祷，祈求真主赐予他们力量和胜利，这实在是一个盛大的景观。行礼毕，苏丹这才站起身。他不再谦卑，再次发起挑战。此时，真主的仆人变成了指挥官和士兵，他的传令兵急匆匆穿过整个营地，在鼓角齐鸣声中宣告："开始围攻拜占庭。"

① 茹梅利堡垒：位于土耳其伊斯坦布尔的萨勒耶尔区，博斯普鲁斯海峡最狭窄处的欧洲一侧的小山上。它是全世界的军事建筑物中最美丽的杰作之一，又被称为"欧洲堡垒"，是本文中的苏丹穆罕默德征服伊斯坦布尔前（1452 年）仅用四个月就建造而成的。
② 薛西斯：薛西斯一世，波斯国王，大流士一世的儿子和继承人。他在公元前 480 年从赫勒斯滂海峡对希腊进行大规模入侵。

## 城墙和大炮

拜占庭只剩下一种可依靠的力量，那就是它的城墙。它曾经拥有盛极一时的伟大历史，但现在那个更美好、更幸福时光的遗留下来的遗产，就只有这城墙了。这个呈三角形的城区被三面屏障守护着，较低但仍固若金汤的石墙将这个城市划分为马尔马拉海和金角湾两边；而被称为"狄奥多西城墙"①的防御工事，则面向开阔的陆地和规模庞大的石墙。前代的君士坦丁大帝意识到未来的危险，便用层层石块围护拜占庭；查士丁尼大帝又进一步扩建并加固了城墙；然而，真正打造出坚固堡垒的是狄奥多西二世，他修建了长达七公里的城墙。时至今日，这些爬满常春藤的遗迹仍然见证着它坚固无比的力量。这座雄伟的城墙设有箭垛和雉堞，前有护城河保护，上有强大的瞭望角楼守卫，两道或三道长墙并列作为最后的防御。一千多年来，每一位皇帝都对其进行加固和翻新，使这座环绕城市的雄伟城墙被认为是坚不可摧的象征。它曾奚落着野蛮部落肆无忌惮的攻击，曾鄙夷穆罕默德时代好战的土耳其军队，这些装饰华丽的石墙还嘲笑着迄今为止发明的一切战争机器：攻城锤的冲击对它们无能为力，甚至新式投石器和臼炮的炮弹也会从直立的墙壁上弹开。由于有了狄奥多西城墙，欧洲没有哪一座城市比君士坦丁堡更坚固。

穆罕默德比任何人都了解这些城墙和它们的力量。月复一月，年复一年，无论在不眠之夜还是在梦中，他的脑海中只萦绕着一个念头：怎么才能攻克这些不可攻克的防御，怎么才能摧毁这些无法摧毁的城墙？他的桌上堆满了图纸，上面显示了敌人的防御工事及其范围；他对城墙内外的每一处突起、每一个洼地、每一条水道都了如指掌，他的工程师们和他一起讨论城墙的每一个细节。但他失望了：他们都告

---

① 狄奥多西城墙：拜占庭帝国首都君士坦丁堡的防御工事，最早建于狄奥多西二世统治时期，有时也被称为"狄奥多西长墙"，它们在早期防御工事的基础上进行了扩建，使这座城市在八百年的时间里坚不可摧。这些防御工事是古代或中世纪世界最大、最坚固的防御工事之一。

诉他，狄奥多西城墙还难以被现在正使用的任何火炮攻破。

　　那就必须制造出更强大的火炮！必须制造出比兵书上所说的炮筒更长、射程更远、威力更强的火炮！必须设计出比现在更重、更坚硬、更具杀伤力和破坏力的弹头！必须发明一种新火炮来摧毁那不可接近的城墙，除此之外，别无他法。穆罕默德宣布：自己决心不惜一切代价制造出这种新型的攻击武器。

　　不惜任何代价……这样的声明本身就是激发创造性的推动力。所以，在宣战后不久，就有人来觐见苏丹，此人被认为是世界上技艺最精湛和最富于经验的铸炮能手，名叫乌尔巴斯或奥尔巴斯，是匈牙利人。诚然，他是一位基督徒，而且已经向君士坦丁十一世提供过服务；但是，他理所当然地希望自己的手艺能得到更高的报酬，希望有更大胆的机会可以一展所长。他说，如果有无限的手段可供他使用，他会为穆罕默德铸造一门世界上前所未见的巨型火炮。对苏丹——就像对任何心心念念要干成一件大事的人来说，价钱根本不是问题，乌尔巴斯要多少劳力他给多少，同时还派出一千辆马车将矿厂运到亚德里亚堡去；三个月来，这位铸炮高手极其小心谨慎，按照其秘方，将一个黏土模坯打磨和硬化，然后再将红热的铁水倒入其中，令人激动的时刻出现了——火炮大功告成。这根脱出模坯并被冷却的炮管是有史以来世界上最大的炮管，在它第一次试射炮弹之前，穆罕默德派传令兵晓谕全城，提醒孕妇。伴随着阵阵雷鸣般的响声，闪电般发亮的炮筒随即喷出威力巨大的石弹，只此一发石弹就摧毁了目标城墙，穆罕默德立即下令按照同样巨大的比例，制造一整批这样的巨型火炮。

　　第一代伟大的"投石器"（正如希腊的文士在日后仍面有惧色地这样称呼这种火炮），现在已经成功铸造出来了。但是，还有一个更大的问题摆在苏丹面前：如何将那巨龙似的金属怪兽拖过整个色雷斯[①]，

_____

① 色雷斯：东南欧的一个地理和历史地区，现在分裂为保加利亚、希腊和土耳其，其北面是巴尔干山脉，南面是爱琴海，东面是黑海。它包括保加利亚东南部、希腊东北部和土耳其的欧洲部分。

带到拜占庭的城墙之下？一段漫长而艰难的旅程开始了，全国动员，全军出动，花了两个月的时间，才把这个僵硬的长脖子的人造怪物拖了过来。骑兵部队不断地在它的前方巡逻，保护这个珍贵的东西，不让它发生任何意外；在他们身后，成百上千的劳工用手推车工作，填平道路上的坑坑洼洼和崎岖不平之处，使这门无比沉重的火炮走得稳当。整平这些路花了几个月的时间，火炮过后，道路又将千疮百孔，一片狼藉。五十对牛被套在马车的两边，巨大的金属炮筒的力量被所有的车轴平均负载，就像历史上方尖碑从埃及运到罗马那样。当巨型火炮随着自身重量摇摆时，两百个人不断地在左右两边支撑着它，同时五十名车夫和木匠还在不间断地工作着，更换火炮下面的木质滚轮、上油、加固支架，以及搭建桥梁。所有参与其中的人都明白，这支庞大的车队只能慢如牛步，一步一步缓慢地向前经过草原和山林。惊奇的农民们走出村庄，看到这金属怪物犹如战神一般，由它的仆人和祭司护送着，被从一片土地带到另一片土地，他们不禁在胸前画十字。但很快，他们发现它那由同样的原始模坯铸造的金属兄弟们，被拖着跟在它后面。人类的意志力又一次使不可能成为可能，终于，二十或三十个这样的庞大怪物已经指向拜占庭，张开它们黑洞般的大口。重炮首次出现在战争史册上，一场大决战在东罗马皇帝的千年城墙和新苏丹的新式大炮之间展开。

## 唯一的希望

这些巨型火炮缓慢、吃力，但不可抗拒地碾压着拜占庭的城墙，它们嘴里喷吐着火舌，咬啮着城墙。起初，每门火炮每天只能发射六七发炮弹，但每天苏丹都会带来更多的火炮。每发射一炮，尘雾弥漫，碎石横飞，石墙上就会出现一个新缺口。虽然到了晚上，被围困的市民会临时用木栅栏和成捆的亚麻布堵住缺口，但他们现在已经不是在那个如铜墙铁壁的城墙后面战斗了，城墙内的八千人担心着那个至关重要的时刻——那时，穆罕默德的十五万人会对已经千疮百孔的防御工事发起最后攻击。现在，已经到了千钧一发的时刻，到了欧洲和基督教世界记住他们许下的承诺的时候了。成群结队的妇女和她们的孩子整天跪在教堂里满是圣人遗骨的神殿前，士兵们日夜在瞭望塔上瞭望，想看看在这挤满了土耳其人船只的马尔马拉海上，曾许下诺言的教皇和威尼斯派出的增援舰队最终是否会出现。

最后，在 4 月 20 日的凌晨三点，一颗信号弹升起了。远处已经看到了船帆——不是拜占庭梦寐以求的强大的基督教舰队，而是三艘巨大的热那亚帆船，此刻正随风徐徐驶来。第四艘较小的拜占庭运粮船紧随其后，三艘较大的船让它航行在它们中间，为它提供保护。顿时，君士坦丁堡全城的人都热切地聚集在博斯普鲁斯海岸的城墙边，迎接这些援军。但与此同时，穆罕默德跨上自己的马，以最快的速度，从他那深红色的帐篷向港口疾驰，土耳其的舰队就停泊在那里，他命令舰队不惜一切代价阻止那些帆船驶进金角湾，即拜占庭的港口。

土耳其舰队有一百五十艘船，虽然都是较小的船只，但它们得令后，成千上万的船桨立刻投入大海。这一百五十艘装备有铁抓钩、火焰喷射器和投石机的小船向那四艘大帆船驶去。但那四艘大船乘风疾驰，迅速追上并超过了那些向它们喷射炮弹并大喊大叫的土耳其小船。四艘大帆船威严地鼓起宽大的帆，无视攻击者，驶向安全的金角港。在那里，那条从斯坦布尔到加拉塔的著名铁链，应该能提供长期的保护，阻止攻击。那四艘帆船现在离它们的目的地很近了，城墙上成千上万的人辨认出了船上每个人的脸，男男女女都跪下感谢上帝的光荣拯救，港口的铁链哗啦一声放下，准备让增援船进来。

突然之间，一件可怕的事情发生了。风突然平息，四艘帆船仿佛被磁铁吸住了，突然停在了海中间，离港口只有一箭之遥。敌人整支舰队的船员们兴高采烈地叫喊着，向这四艘如巨塔一样岿然不动的耸立在水中的瘫痪帆船扑去。十六只小船用铁抓钩钩住大帆船的两侧，就像猎犬攻击一只十六个头的鹿，小船上的人用斧头砍向大船船身的木头，想凿沉它们，同时越来越多的人爬上锚链，向大船的船帆投掷火炬和火把，要把帆船烧了。土耳其舰队的司令驾驶着自己的旗舰，毅然决然地撞向运粮船——两艘船已经扭在了一起。热那亚的水手所在位置比土耳其的船高，而且有装甲前甲板的保护，一开始他们可以用斧子、石头和希腊火枪击退爬上来的攻击者。但战斗很快就会结束：以少打多，热那亚的船必败无疑。

对城墙上成千上万的人来说，这是一个惊心动魄的场面。他们就像观看竞技场里的嗜血搏斗一样观看近在眼前的战斗。不过，他们去竞技场是为了娱乐，现在他们却痛苦地目睹一场海战。肉眼可见，自己这一方的帆船显然不可避免地沉没；最多再过两个小时，四艘帆船就会在海上的竞技场上被敌军包抄打败。他们的救援者白来了，这一切都白费了！ 君士坦丁堡的城墙上站满绝望的希腊人，与他们的兄弟们只有咫尺之遥，他们站在城墙上大喊大叫，却只能无奈愤怒地握紧拳头，没法前去帮助他们的救援者。许多人激烈地打手势，以鼓励自己的正在海中战斗的朋友；另一些人则高举双手，呼唤基督和大天使长米迦勒，呼唤其教堂和修院里所有的圣徒们，祈求他们能创造一个奇迹，因为在这么多个世纪里，他们一直在守护拜占庭的安全。但加拉塔对岸的土耳其人也在注视着、呼喊着、祈祷着，同样热切地希望自己人获得胜利：大海已成为舞台，海战成为角斗场。苏丹本人已经策马飞奔过来。在他的大臣的簇拥下，他骑马涉入水中，以至于外衣都打湿了；他双手拢在嘴边卷成筒，似乎要把声音尽可能扩大，他愤怒地命令手下不惜一切代价夺取基督教的船只。一次又一次，当一艘艘小船被驱赶回来时，他怒气冲冲地用弯刀威胁他的上将："打不赢这一战，休想活着回来。"

四艘基督教船只仍在坚守阵地。但是战斗已经临近尾声，他们用来驱赶土耳其船只的石弹已经用完了，经过数小时的战斗，水手们已经疲惫不堪，因为敌人的数量是他们的五十倍。白昼就快结束，太阳正落下地平线，再过一个小时，即使到那时土耳其人没有攻上这些船只，它们也将毫无防御地被激流带到被土耳其人占领的加拉塔的海岸。他们完蛋了，真的完蛋了。

此时，又发生了出人意料的事情。这对拜占庭那些绝望、哭泣、悲叹的人们来说，实在是一大奇迹。人们突然听到一阵轻微的声响，突然起风了，四艘船瘫倒的船帆立刻鼓得又大又圆。基督徒们渴望和祈祷的风终于出现了。大帆船的船头胜利地扬起，随着一股巨大的推力，它们超过了追赶的船只。它们自由了，它们安全了！第一艘、第二艘、第三艘、第四艘，现在它们在成千上万人的欢呼声中驶进了安全的港口，被放下的铁链再次升起，叮当作响，在他们身后，四散在海面上的，是一群土耳其的小船——它们已经无能为力了。希望的喜悦，再一次像深红色的云一般，降临到这个阴郁绝望的城市。

## 舰队跨越山岭

　　被围困的市民整夜都沉浸于亢奋的喜悦之中。夜晚总是用幻想迷惑感官，用梦的甜蜜毒药迷惑希望。在那一夜的漫长时间里，被围困的人们相信他们已经得到拯救，安全无虞了，因为当那四艘船载着士兵和给养平安登陆时，更多的船将会出现，每周都会出现。或者这就是他们梦想的——欧洲没有忘记他们，而且他们怀着仓促的期望，认为围困已经解除，敌人已经气馁并被征服。

　　但是，穆罕默德也是一个梦想家，虽然他是人世间另一种更罕见的梦想家，一个知道如何将梦想变成现实的人。当热那亚人妄想着他们很安全，他们的大帆船在金角港很安全的时候，穆罕默德正在草拟一份极其大胆的计划。坦白地说，这个计划可以与战争史上汉尼拔[①]和拿破仑最大胆的行动相提并论。拜占庭就像一颗金色的果实摆在他面前，但他却无法摘下，主要原因在于有金角湾这个狭长的海湾，它深入陆地的海口护卫着君士坦丁堡的一侧。实际上，要穿过这个海湾是不可能的，因为穆罕默德发誓对热那亚保持中立，而该国的城市加拉塔就位于这个海湾的入口处，而从那里，铁链一直延伸到敌人的城

---

① 汉尼拔：迦太基将军和政治家，在第二次布匿战争期间，他指挥着迦太基的主要军队对抗罗马共和国。他被广泛认为是"世界历史上最伟大的军事指挥官之一"。

市拜占庭。因此，他的舰队无法直接向前推进到海湾，他只能从热那亚人领土尽头的内港进攻基督教徒的舰队。但是他如何能让一支舰队进入那个内港呢？当然可以在那里建造一支舰队，但需要花费几个月的时间，迫不及待的苏丹可等不了这么久。

就在那时，穆罕默德制订了一个绝妙的计划，他要让自己的舰队从对他而言完全无法施展的外海，穿过陆地的岬角，进入金角湾的内港。乍听之下，将几百艘船拖过一片山地的大胆计划是如此的荒谬和不切实际，以至于拜占庭人和加拉塔的热那亚人在他们的战略计划中几乎不会考虑到这一招，就像之前的罗马人和之后的奥地利人丝毫不曾料想到汉尼拔和拿破仑竟然会出其不意地迅速穿过阿尔卑斯山。所有的世俗经验都告诉我们：船只只能通过水路航行，而且一支船队永远也不可能越过一座山。但恶魔意志的真正标志就是它能把不可能变成现实，在战争中，军事天才蔑视战争法则，在特定的时刻转向充满创意的即兴发挥，而不是因循守旧，抓住老一套方法不放。一场大规模的行动开始了，历史上几乎没有能与之匹敌的例子。穆罕默德秘密地让木匠把无数的木滚轮装到滑板上，船只被拉出海面，固定在这些滑板上，就像固定在一个可移动的干船坞上一样。与此同时，成千上万的工匠正在平整佩拉山的狭长的山道，他们使道路尽可能地平整，方便拖船。为了不让敌人发现这么多工匠突然大量出现，苏丹每天晚上都下令在中立城市加拉塔上空进行可怕的炮击。炮击本身是毫无意义的，它的唯一目的是掩人耳目，掩饰船穿越山脉和山谷、从一个水域转移到另一个水域的行动。当敌人沉浸于土耳其人除了从陆路进攻，没有他法的这个想法时，数不清的圆形木制滚轮进行了良好的油脂处理后，开始移动。现在，一艘接一艘的船被这些木制滚轮拖过山，无数对牛在前面拉着滑板前进，水手在后面往前推。当黑夜笼罩一切，敌人看不见的时候，这神奇的旅程就开始了。大事成于沉默，智慧成于深思熟虑，奇迹之中的奇迹就是这样创造的：一整支舰队成功地穿越了山岭。

在所有伟大的军事行动中，决定性的因素总是找准时机，出其不意，攻其不备。在这一点上，穆罕默德非同一般的天赋尤其意义深远。没有人知晓他的真正意图——"要是我有一根胡须知道了我的想法，我会把它拔掉，"这位老谋深算之人曾经这样评价自己——并且实施起来井井有条，堪称完美。在火炮招摇地轰击城墙时，他的命令被周密地执行。在 4 月 22 日的那个夜晚，七十艘船穿越高山和山谷，穿过葡萄园、田野和树林，从一片海域转移到了另一片海域。翌日早上，拜占庭的市民简直以为他们在做梦：一支敌军舰队仿佛被幽灵般的手带到这里，航行在他们认为无法接近的海湾的中心，三角旗飘扬，船员全副武装。他们还在揉着眼睛，不知道这个奇迹是怎么发生的，而土耳其人的钹、鼓和号角已经在他们侧翼的城墙底下奏响了欢快的乐曲——这面一直被港口保护着的侧翼城墙，现在失守了。由于这次绝妙的奇袭，除了加拉塔占据的中立地带，整个金角湾都属于苏丹和他的军队了。他现在可以带领他的部队不受阻碍地越过一座浮桥，对较为薄弱的城墙发动攻击。城市防御较弱的侧翼因此受到威胁，而防守者的队伍本来就人少，现在每个人还不得不防守更大的空间。一个铁拳越来越紧地扼住了受害者的咽喉。

## 欧洲，救命！

被围困者已不再抱有任何幻想。他们清楚，要是他们的侧翼也被撕破，他们是无法在已经千疮百孔的破烂城墙后长期抵抗的。除非援军很快到来，否则八千人将无法抵抗十五万人的攻击。然而，威尼斯的执政官不是郑重其事地答应派遣船只吗？当西方最宏伟壮丽的圣索菲亚大教堂面临成为非信徒的清真寺的危险时，教皇还能无动于衷吗？难道陷入纷争、被无意义的嫉妒和猜疑弄得四分五裂的欧洲，还不明白西方文化面临的劫难吗？被围困者们只能这样安慰自己：也许，来援助他们的舰队早已整装待发，之所以迟迟不肯起航，是因为对方不知道他们面临的危急困境，只要有人让欧洲人意识到这种致命的拖延会造成的巨大后果，他们就会来救援了。

但如何将这个消息送给威尼斯舰队呢？土耳其人的船只分布在马尔马拉海的各个角落；假如整个舰队一起从拜占庭突围，就等于将其送上了毁灭的命运，同时若是减少了几百名士兵，也会削弱这座城市的防务，在这里，每一个人都很重要。他们决定只派一艘很小的船和极少的人去冒险。一共派出了十二个人——假如历史公正的话，他们的名字会因为这样的英雄行为而和阿尔戈①英雄的名字一样出名，但是没有一个名字流传下来。被派出的这条小帆船上挂起了一面敌人的旗帜。这十二个人穿上土耳其人的服装，头上戴着头巾或防水布，以免引起敌人注意。5月3日，关闭港口的锚链无声无息地被放下，在黑暗的掩护下，这大胆的帆船随着轻轻的船桨声向前划出。瞧，这是一个奇迹……这条小船未被敌人发现，它穿过达达尼尔海峡，进入了爱琴海。正是船员们的胆识蒙蔽了敌人，穆罕默德什么都想到了，就是没想到这件不可思议的事情——一艘载着十二名英雄的小船竟敢穿过他的舰队，进行这样一次阿尔戈式的英雄航行。

但英雄们的失望充满悲剧色彩：爱琴海上并不见威尼斯的船帆，并没有一支舰队准备去拜占庭。威尼斯和教皇都已经忘记了这座城市；他们全神贯注于教区内的政治，忽略了自己的信誉和誓言。这样的历史悲剧已经无数次地重演：当所有的团结力量最应当关注的是如何保护欧洲文化时，王公贵族和他们的国家却不能暂时放下他们鸡毛蒜皮的窝里斗。对热那亚来说，压威尼斯一头是更重要的大事；威尼斯也是这种态度，觉得头等大事是胜过热那亚，而不是互相团结起来对付共同的敌人。海面上空空荡荡。勇敢的船员拼命地划着他们的小船从一个岛到另一个岛，但各个港口都被敌人占领了，没有任何友邦的船会再冒险进入战乱地区。

现在该怎么办？毫不奇怪，十二人中有几个已经失去了信心，再走一趟危险的路程返回君士坦丁堡又有什么意义呢？他们已经不能给

---

① 阿尔戈：在希腊神话中，伊阿宋等希腊英雄在雅典娜的帮助下建成名为阿尔戈号的船，众英雄乘此船取得金羊毛。

这座城市带来任何希望。也许它已经陷落了；无论如何，如果他们回去，面临的命运要么是坐牢，要么是死亡。然而，这一切都要归功于那些无名的英雄们！多数人决定返回，因为他们既被派出来传递消息，也必须回家去报告结果，虽然结果很令人不快。于是，小船孤零零地冒险通过达达尼尔海峡，然后穿过马尔马拉海和敌人的舰队，踏上了归途。5 月 23 日，在他们出发二十天后，君士坦丁堡的人们对再见到他们的船只已经不抱希望，没有人期待他们的消息或他们的归来。而就在 5 月 23 日这一天，城墙上守望的几个人挥动着他们的旗帜，因为在急促划桨声中，一艘小船正向金角湾驶近。被围困城中的人群发出的雷鸣般的欢呼声惊醒了土耳其人，他们惊奇地发现这艘打着土耳其旗帜并大胆通过他们水域的小船是一艘敌船，于是他们驾船从四面八方赶来拦截它，不让其进入安全港口。一时之间，欢呼雀跃的拜占庭人还活在幸福的希望中，这艘船被派往前方作为信使，希望欧洲还记得他们。到了晚上，他们才知道了真相——他们得到的是坏消息。基督教世界已经忘记了拜占庭。被围困的居民只能孤军奋战，如果他们不能自救，他们就会完蛋。

## 总攻前夜

每天都在战斗，六个星期过去了，苏丹已经失去了耐心。他的火炮摧毁了许多地方的城墙，但每当他下令强攻这座城市时，攻击者都会被击退，流血不止。对于军事指挥官来说，只有两种可能的选择：要么停止围攻，要么在无数次小范围袭击后，来一次全面总攻。穆罕默德召集他的大臣召开作战会议，他的热情意志战胜了所有的保留意见。那场最终决定一切的大总攻将于 5 月 29 日进行。苏丹以他一贯的决心为此做准备。他宣布举行一个宗教节日：十五万战士，从上到下，都要执行伊斯兰教规定的所有教仪，一天七次洗礼，诵主祷文三次。他们剩下的所有弹药都被运上来加强火炮攻击，为大总攻做好准备，整支军队被分成抢占不同地带的小分队。从早到晚，穆罕默德一刻也不让自己休息。他策马沿着从金角湾到马尔马拉海的营地，一个帐篷一个帐篷地亲自鼓励所有将官，激励所有士兵。作为优秀的谙熟战争心理的高手，他知道如何把他的十五万人的战斗斗志提到最高点，他向他们做出了一个可怕的承诺，这承诺给他带来了名誉，也败坏了他的名誉。他的传令兵在号角声和鼓声中宣读了他的诺言："穆罕默德以安拉之名、教祖穆罕默德之名和四千名先知之名起誓，他以他父亲穆拉德苏丹的灵魂起誓，以他孩子的头颅和他的刀剑起誓，在他的军队攻入城市之后，在城墙内所获的一切——家什和财产，装饰品和珠宝，钱币和财宝，男人、女人和孩子，都将属于胜利的士兵；而他本人放弃所有这些东西，他只要征服东罗马帝国这最后一道堡垒的荣誉。"

士兵们听到这个诱人的公告，不禁欣喜若狂，欢呼雀跃。他们巨大的声音像暴风雨一样喧嚣，千万人一齐呼喊"真主"的宏大声音传到了惊恐的城市里。"抢劫！抢劫！"这句话变成了战斗的呐喊，随着鼓声、钹声和嘹亮的号角声轰鸣。到了晚上，整个营地变成了一片欢乐的灯海。被围困的人们战战兢兢地从他们的城墙上看去，只见无数的灯光和火把在平原和山丘上燃烧，他们的敌人甚至在胜利到来之前就用号角声、笛声、鼓声和铃鼓来庆祝胜利，这就像异教的野蛮牧师在献祭前举行的残酷而闹哄哄的仪式。但是，到了午夜，所有的灯都被穆罕默德下令熄灭了，从千万人的喉咙里发出的狂热的怒吼突然止息了。然而，对心烦意乱的拜占庭的听众来说，这突如其来的寂静和压抑的黑暗，甚至比狂热的灯火和噪音带来的欢乐更让他们恐惧。

## 圣索菲亚大教堂的最后一次弥撒

不需要任何人发布公告，也不需要任何从敌方营地逃出来的人告知，被围困的市民已经清楚，等着他们的将会是什么样的命运。他们知道敌方已经下达了总攻拜占庭的命令，土耳其人的可怕承诺和他们自己面临的可怕危险就像暴风雨一样笼罩着整座城市。尽管这些居民分属于因宗教冲突形成的不同的派系，但大家会在最后几小时聚集在一起——尘世大团结的景象通常只在最危急的时候才会形成。为了让大家都意识到他们必须捍卫什么——他们的信仰、他们过往的伟大历史、他们共同的文化——巴西利乌斯下令举行一次感人的仪式。在他的命令下，所有的人，包括东正教徒和天主教徒，神职人员和世俗之人，儿童和老人，聚集在一起，组成一个游行队伍。没有人可以待在家里，也没有人会待在家里，从最富有的人到最贫穷的人，他们虔诚地聚集在一起，诵起《垂怜经》①，穿过内城，然后沿着外墙走。圣像和圣遗物被从教堂里运出来，被抬在队伍的最前面；凡是城墙上有缺口的地方，都会挂上一尊圣像，人们希望它比人间的武器更能击退土耳其人的进攻。同时，君士坦丁皇帝将所有的元老院成员、贵族和指挥官召集在他身边，发表了最后一次演讲，鼓舞他们的士气。然而，他不能像穆罕默德那样向他们许诺无限制的掠夺，但他描述了如果他们能经受住这场最后的总攻，他们将为基督教和整个西方世界赢得荣誉。同时，他也提到了他们面临被那些烧杀掳掠的土耳其人征服的危险：穆罕默德和君士坦丁都知道这一天将决定几个世纪的历史进程。

最后一幕开始了，这是欧洲最感天动地的一幕之一，这是拜占庭陷落前最令人难忘的狂喜。那些注定要死亡的人聚集在圣索菲亚大教堂里，这个教堂仍然是当时世界上最宏伟的大教堂，自从两个教会建立起兄弟一般的联盟的那一天起，信徒们就抛弃了这个地方。整个宫廷的成员都聚集在皇帝身边，贵族、希腊和罗马教牧师、热那亚和威尼斯的士兵及水手，都穿着盔甲，全副武装；他们身后，是成千上万在无声的敬畏中跪在那里喃喃自语的影子——充满恐惧和焦虑的城中市民躬身行礼——而与拱顶的黑暗形成对照的蜡烛，照亮了跪着祈祷的人群，他们仿佛是一个人的躯体似的。拜占庭的灵魂在这里向上帝祈祷。现在，牧首提高了自己的声音，激励他们继续前进，唱诗班也

①《垂怜经》：也译为《怜悯颂》《求主怜悯》等，是基督教用于礼仪的一首诗歌，也是一般弥撒曲中的第一个乐章。全曲的歌词只有三句，其中第一句和第三句是相同，而第二句只是把开始的 "Kyrie" 改为 "Christe"，歌词的搭配反映基督教对祈祷的态度——先向主承认自己过往的过失并祈求得到宽恕。

呼应着他，再一次应和他的西方神圣而永恒的声音——音乐在这个大教堂回荡。然后，他们由皇帝带头，一个接一个地走上祭坛，去领受信仰的安慰。一阵阵的祈祷声在这个大教堂里回落，在拱顶上绵延不断。最后一次弥撒，东罗马帝国的葬礼弥撒开始了，因为这是基督教信仰最后一次在查士丁尼大帝建造的大教堂中存在。

在这场震撼人心的仪式之后，皇帝又一次匆匆回到他的宫殿，请求他所有的臣民原谅他一生中所犯的所有过失。然后，就像他的对手穆罕默德在同一时刻所做的一样，他骑上马，从城墙的一端骑到另一端，鼓励士兵们。现在是深夜。听不到人声，听不到武器的叮当作响声。所有人都在城墙内等待着，等待着白天和死亡的来临。

## 科克波塔，忘了关上的城门

凌晨一点，苏丹发出进攻信号。大旗一挥，随着众口一声"真主、真主"的呼喊，十万人拿着武器、云梯、绳索和铁抓钩冲向城墙，所有的战鼓同时擂响，号角和定音鼓齐鸣，铙钹和笛子将它们的高音与人类的哭声和大炮的轰鸣声混合成一个单一的声音，就像飓风的咆哮。在无情的命令下，那些非正规军军人冲向城墙——他们半裸的身体在一定程度上服务于苏丹的进攻计划，但只是作为缓冲器，为的是在主力部队进入最后的总攻行动之前使敌人疲惫，削弱对方的士气。在黑暗中，这些土耳其士兵迅速登上云楼，爬上城垛，一次又一次地冲击防御工事，因为他们身后无路可逃，他们是毫无价值的人类材料，只是作为牺牲品而存在。主力部队已经做好了准备，不断将这些牺牲品推向死亡边缘。守军仍然占据上风；他们的铠甲可以抵挡无数的箭矢和石头，但是他们真正的危险——而这正是穆罕默德算准的——是疲惫。他们不断地与向前推进的土耳其轻装部队作战，总是从一个攻击点移动到另一个攻击点，他们耗尽了大部分力量来进行被动的防御。

经过两个小时的小小交锋，天已破晓，现在由安纳托利亚人 ① 组成的第二支攻击梯队正在向前冲锋，战斗变得更加危险，因为安纳托利亚人是训练有素的战士，还身披铠甲；此外，他们人数众多，得到了充分的休息，而守军则必须先保护一个缺口然后再保护另一个缺口，以抵御敌人的入侵。但是，袭击者仍然被击退，苏丹必须求助于他最后的后备力量——苏丹禁卫军，一群精选的战士，奥斯曼军队的精锐卫队。一万两千名精心挑选的年轻士兵，当时欧洲最优秀的士兵，在苏丹的率领下，他们发一声呐喊，齐齐扑向筋疲力尽的对手。现在是千钧一发的紧急时刻，这座城市所有的钟都被敲响，召集最后一批具有战斗力的人到城墙上来，水手们被从船上召集来了，因为决定性的战斗正在展开。让守军崩溃的是，一颗落石击中了热那亚军队的首领、勇敢的骑兵康多蒂尔·朱斯蒂亚尼，他受了重伤，被带到了船上，他的倒下使守军的力量一时间发生了动摇。但是后来皇帝亲自前来阻止土耳其人的进攻，进攻者的软梯又一次被推下去了。在决心和最终的决心的较量中，拜占庭似乎得到了喘息，最危险的时刻已经过去，最猛烈的进攻已被击退。然而，一个悲剧性的意外事件打破了平衡，在历史按照它深不可测的意志带来的其中一个神秘时刻，拜占庭的命运一下子就被决定了。

完全不可想象的事情发生了：一些土耳其人已经穿过了外墙上的一个缺口，离真正的攻击点不远了。他们不敢直接攻击内墙，但当他们漫无目的和充满好奇地在第一道城墙和第二道城墙间摸索时，他们在内城墙上发现了一道小城门——它被称为"科克波塔"，由于某种不可思议的疏忽，一直开着。就其本身而言，它只是一个小小的后门，在和平时期，当其他大门仍然紧闭时，可以供城里人通行。可恰恰是因为它没有军事上的价值，所以在前一天晚上的大混乱中，拜占庭城中人显然忘记了它的存在。现在，令他们惊讶的是，苏丹禁卫军们发现这扇门在坚固的堡垒中间，对他们敞开着，这太有用了。起初，他们怀疑这是战争的

① 安纳托利亚人：土耳其人。

诡计，因为太荒谬了：防御工事的每一个缺口和空隙处，每一扇大门中，通常都会堆积成千上万具尸体，沸腾的热油和长矛会如雨点般落下；而这个小小的科克波塔门，仿佛是在星期天似的一派和平，悠悠然向城市的中心敞开着。为了安全起见，他们召集了增援部队，一整支部队畅通无阻地进入了内城，突然从后面袭击了毫无戒备的守军。几名战斗人员意识到了自己队伍后面的土耳其人，发出了致命的呐喊声："城市被攻占了！"这比每场战斗中的任何大炮声都要致命，因为这是一个不实的谣言。土耳其人发出的声音，越来越响。"城市被攻占了！"这句话击溃了一切的抵抗，雇佣兵部队以为自己被出卖了，纷纷离开阵地，及时下到港口和船只的安全地带。君士坦丁皇帝带着几位忠心耿耿的亲随投入反抗入侵者的战争中，已经没什么用了。他倒在血泊中时没有人注意到，直到第二天才有人从尸体堆里看到深红色的鞋子上镶着一只金鹰，才知道东罗马帝国最后一位皇帝以罗马人的尊贵方式失去了自己的生命和帝国。这个小小的意外——那扇忘记被关上的科克波塔门，就这样决定了世界历史的进程。

## 十字架倒下了

有时候，历史在玩弄数字游戏。在汪达尔人 ① 洗掠罗马的一千年后，对拜占庭的洗掠开始了。可怕的是，胜利者穆罕默德忠于他所发的誓言，信守承诺。在第一次屠杀之后，他就把房屋和宫殿，教堂和修院，男人、女人和孩子都留给了他的手下去抢掠。成千上万的土耳其人就像地狱里出来的魔鬼一样，在大街上争先恐后地和其他人争抢自己想要的东西。首当其冲的是教堂，那里的金器熠熠发亮，珠宝闪闪发光。每当掠夺者闯入一所民居，他们就会在屋前悬挂起旗帜，这样下一拨到达的人就会知道这里的战利品已经被人抢占了。这些战利

---

① 汪达尔人：古代日耳曼人部落的一支，曾在罗马帝国的末期入侵过罗马，并以迦太基为中心，在北非建立一系列的领地。

品不仅包括珠宝、织物、金钱和轻便物品，还包括人：妇女是要卖给苏丹宫殿的货物，男人和孩子则是要送去奴隶市场的。在教堂避难的不幸者被赶了出来，老人被当作浪费粮食的家伙和无法出售的货物杀掉，年轻人则像牛一样被捆在一起拖走……伴随着抢劫的是无谓的大肆破坏：十字军在进行了同样可怕的掠夺之后，留下了非常有价值的遗物和艺术品，现在这些东西却被侵略者毁坏了、撕碎了——珍贵的画被毁坏了，美妙的雕像被打破了，保存了千百年的智慧、记载了希腊哲学和诗歌等不朽财富的书籍被永远烧毁或者被随手丢弃了。人类永远也不会知道在那个灾难性的时刻，那扇敞开的科克波塔门带来了多少浩劫；也不会知道人类的精神财富在罗马、亚历山大和拜占庭遭受洗掠时损失了多少。

一直等到取得伟大胜利的那个下午，当屠杀结束后，穆罕默德才进入这个被征服的城市。他骄傲而又严肃地骑着他那匹华丽的骏马穿行，对于眼前被掠夺的现场视若无睹。他信守诺言，没有打扰为他赢得这场胜利的士兵，听任他们做着可怕至极的事。但他并没有先奔着战利品而去，因为赢了就意味着一切。他自豪地驱马来到大教堂，拜占庭的光辉中心。五十多天来，他满怀渴望地从他的帐篷处看着闪亮的、不可接近的圣索菲亚大教堂的圆顶。现在，作为胜利者，他可以从它的青铜大门长驱直入。但是穆罕默德再次克制住了自己的不耐烦。首先，他想感谢真主安拉，然后将教堂奉献给真主。苏丹谦恭地从马上下来，在地上叩头祈祷。然后，他拿起一撮泥土，撒在自己的头上，提醒自己，他也是一个凡人，不要把自己的胜利看得太重。直到他向真主展示了他的谦卑之后，作为真主的第一个仆人，苏丹这才站了起来，走进了查士丁尼建造的神圣智慧的教堂——圣索菲亚大教堂。

苏丹感动而好奇地望着这座宏伟的建筑：高高的穹顶，闪亮的大理石和马赛克，在黑暗中闪闪发亮的精致拱门。他觉得，这个最崇高的祈祷宫殿不属于他自己，而是属于他的真主。他立即派人去找伊玛目①，伊玛目登上讲坛，在那里讲宣伊斯兰教的圣训，同时苏丹面朝麦加，在这座基督教大教堂里向世界的统治者安拉祈祷——这是在基督教的教堂里首次听到这样的祷告。第二天，工匠们得到通知，要除掉之前信仰的所有标志。于是，祭坛被推倒，绘有神圣基督教场景的马赛克上被粉刷成白色。千年以来，圣索菲亚大教堂高高的十字架张开双臂，拥抱人世间所有的苦难，现在，它砰的一声倒在了地上。

敲击石头的声音在教堂和远处回荡，整个西方世界都随着十字架的落下而颤抖。可怕的消息在罗马、热那亚、威尼斯不断回响，像险恶的雷声一样，又传到法国和德国。欧洲不寒而栗地认识到——由于它自己的无情冷漠——一种致命的、毁灭性的力量已经从被遗忘的致命之门科克波塔闯了进来，这种力量将在几百年里成为束缚和遏制它自己的势力。然而，就像在人类生活中一样，在历史上，悔恨永远无法弥补失去的一刻——一小时失去的，一千年也无法挽回。

---

① 伊玛目：意为"领拜人"，引申为"学者""领袖""表率""楷模""祈祷主持人"，也可理解为"伊斯兰法学权威"。

# 亨德尔的复活

1741 年 8 月 21 日

 

 

1737 年 4 月 13 日下午，乔治·弗里德里希·亨德尔 [①] 的男仆坐在布鲁克街一幢房子的底层窗户前忙得不可开交。令他恼火的是，他发现烟叶已经抽完了。实际上，他只要走过两条街道，就可以在女友多莉的店铺买到烟叶，但他不敢离开这所房子半步，因为他害怕他的主人——那位音乐大师此刻正在气头上。乔治·弗里德里希·亨德尔排练完回到家里，怒气冲冲，脸上因充血而涨得通红，太阳穴上的青筋如粗绳索一般暴起。他砰的一声关上了房子的前门。现在，正如仆人所听到的，他在二楼来回走动，力气大得连天花板都索索抖动。主人火气正大的时候，擅离职守是绝对不明智的。

于是，为了打发无聊，仆人只好做些事来消遣。他那短小的陶瓷烟斗喷出的不是优雅的蓝色烟圈，而是肥皂泡。他拌了一小碗肥皂水，自得其乐地将色彩缤纷的泡泡吹出窗外，吹到街上。路过的人停下来，开玩笑地用他们的手杖戳破这些泡泡，一边笑着挥挥手，一点也没有

---

[①] 乔治·弗里德里希·亨德尔：德国人，后来归化为英国人，巴洛克时期著名的作曲家，他的大部分职业生涯是在伦敦度过的，以歌剧、清唱剧、颂歌、协奏曲和管风琴协奏曲而闻名。他对莫扎特和贝多芬等古典作曲家产生巨大影响。

表现出惊讶的样子，因为在布鲁克街的这所房子里，发生什么事情都不稀奇：羽管键琴 ① 可能会在夜里突然奏出吵闹的音乐；你可能会听到女歌唱演员们的哭泣和呜咽，因为暴躁的德国人大发雷霆，说她们唱的八分之一音符不是太高就是太低。格罗夫纳广场的邻居们很久以前就认为布鲁克街二十五号简直是个疯人院。

仆人默默地持续地吹着明亮的泡泡。吹了一会儿，他的技巧显然提高了；斑斓多姿的泡泡越来越大，越来越薄，它们越飞越高，在空中越来越轻盈，甚至有一个泡泡飞到了对面房子的低矮屋脊上。然后突然间，他收到了一个警报，一个沉闷的撞击声使整幢房子都震动了起来。玻璃窗咔咔作响，窗帘晃动不停，一定有什么沉重的东西倒在了楼上的地板上。

男仆慌忙跳起来，跑上楼梯，进了主人的书房。主人干活时坐的扶手椅上没有人，房间里也不见人，仆人正要冲进主人的卧室，却骤然看到亨德尔一动不动地躺在地板上，双眼圆睁，直勾勾地看着什么。仆人乍见此情形，吓坏了，整个人不禁呆立不动。惊魂甫定之后，他听到了沉重而急促的呼吸声。身强力壮的主人正躺在地板上呻吟不已，或者更确切地说，呻吟声自主人嘴里挤出来，越来越微弱，变成了咕哝声。

吓坏了的仆人心想，主人就要死了，于是赶紧跪下来救半昏迷的亨德尔。他想搀扶主人起来，将其弄到沙发上，但是大块头的主人真的太重了，他实在弄不起来。于是，他只好先将勒住亨德尔咽喉的领巾解下来，主人急促的呼吸声立刻消失了。

音乐大师的秘书兼助手克里斯托弗·施密特从一楼上来了，他刚刚抄写了一些咏叹调。他也被大师的这重重一摔吓得不轻。他们两个搀扶起了这个大块头——他的双臂如死尸一般无力地耷拉着——把他放到沙发上，把他的脑袋抬高。"把他的衣服脱了，"施密特命令仆人，

---

① 羽管键琴：又名"拨弦古钢琴""大键琴"，是弦鸣键盘乐器。羽管键琴起源于15世纪末的意大利，后来传播到欧洲各国。

"我去找医生。给他身上洒些水，直到他苏醒过来。"

克里斯托弗·施密特来不及穿外套就跑了出去，时间宝贵浪费不起。他沿着布鲁克街跑向邦德街，沿途向所有经过的马车挥手，可是那些马车慢悠悠地小跑，根本就没有注意到这个穿着衬衫、气喘吁吁的矮胖男人。最后，总算有一辆停下来了。钱德斯勋爵的马车夫认出了施密特，施密特顾不得客套，猛地拉开车门。"亨德尔快死了！"他向公爵喊道。他知道公爵是一个了不起的音乐爱好者，也是他敬爱的主人最好的赞助人。"我要马上去找医生。"公爵立即叫他上车。在几匹马吃了火辣辣的几鞭后，他们去了舰队街的一个房间里，叫来詹金斯医生——他正在那里认真研究一份尿样。医生当即用他的轻便马车载着施密特赶到布鲁克街。"这都要怪他惹上了太多的麻烦，一下把他击垮了，"马车在街上飞驰时，秘书沮丧地哀叹道，"他们把他折磨死了，那些该死的歌手和阉伶①，那些蹩脚写手和吹毛求疵的乐评人，全是些可怜虫。他今年写了四部歌剧，为的是拯救剧院。可他那些死对头却沉湎女色，取悦宫廷，他们都为那个意大利人疯狂，就是那个该死的阉伶，那只假装号叫的猴子。哦，瞧他们对我们可怜的亨德尔做了什么！他把所有的积蓄全都投进了剧院，统共一万英镑，现在他们却来要他还债，把他逼得死去活来。从来没有人做过他这样伟大的工作，从来没有人付出过他这么多。就算他是巨人，脊梁骨也会压断的。唉，他是多么了不起的人！他是不折不扣的天才！"

詹金斯医生冷静地听他讲述，没有作声。他们进屋之前，医生又抽了一口烟斗，将烟灰磕掉。"他多大了？"

"五十二了。"施密特答道。

"盛年已过了。他一直像牛一般工作。不过，他也像牛一般强壮，让我们看看能为他做些什么。"

仆人端来一个盆，克里斯托弗·施密特举高亨德尔的双臂，医生

---

① 阉伶：一种古典的男高音歌手，相当于女高音、女中音或女低音。最早出现在16世纪，当时教堂里不允许女性参加唱诗班，高音声部由男童声担任，这些男歌手为了保持圆润自然的嗓音便在变声期前进行阉割。

切开了他的静脉。一股炽热的鲜血冒了出来。不久，亨德尔那紧闭的嘴唇松开了，叹出了一口气。亨德尔深深地吸了一口气，睁开了眼睛。他的两眼仍然很疲倦，恍恍惚惚，充满茫然，它们失去了光彩。

医生给亨德尔包扎好手臂，也没什么可做的了。他正要站起身时，注意到亨德尔的嘴唇在蠕动。他靠得更近了。"完了……完了……没有力气……没有力气，我不想活了……"詹金斯医生弯下腰，看到亨德尔的眼睛：右眼僵直不动，而另一只眼看起来更具活力。他试着举高亨德尔的右臂——它向后耷拉着，像死人的一样。然后，他举起了亨德尔的左臂，左臂却可以保持住新姿势。现在，詹金斯医生总算明白是怎么一回事了。医生离开房间，施密特跟着他走到楼梯，显得忧心忡忡。

"他这是什么症状？"

"中风。他的右半身瘫痪了。"

"那么——"施密特犹豫了一下，"他会好起来吗？"

詹金斯医生好整以暇地吸了一撮鼻烟，他不喜欢这样的问题。"也许会吧。不是没有可能。"

"他会一直瘫痪吗？"

"有可能，要是没有奇迹出现的话。"

但是，对主人鞠躬尽瘁的施密特坚持不懈地问了下去："他——他起码还能再工作吧？要是作不了曲，他活不下去。"

詹金斯医生已经站在楼梯上了。"不，他不能再工作了。"医生非常平静地说，"这个人兴许保住了命，但他很可能无法再做个音乐家了。中风影响到了他的大脑健康。"

施密特直直地瞪着他，眼神里充满了可怕的绝望，连医生自己也感到难受。"正如我所说的，"医生重复道，"假如没有奇迹发生的话——说起来，我迄今还没见过奇迹出现。"

乔治·弗里德里希·亨德尔在软弱无力的情况下活了四个月，而力量对他来说就是生命。他的右半边身体如死了一般，在此期间，他不能走路，不能写字，不能用右手在键盘上弹奏一个音符。他不能说话，因为可怕的中风撕裂了他的身体，他的嘴唇歪斜，嘴里说出的只是含混不清的话语。当朋友们为他演奏音乐时，他的眼睛里会闪出一点亮光，随后他那笨重、不灵便的身体就会像梦魇的病人一样扭动。他想和着节奏打拍子，但是他的四肢僵硬得可怕，他的筋腱和肌肉不再听从他的使唤。这个曾经高大魁梧的男人感到被禁锢于一个无形的坟墓里，非常的无助。音乐一结束，他的眼睑就重重地合上，他又像一具尸体似的躺在那里了。最后，医生绝望地建议病人到亚琛①温泉去，在那儿他的病情兴许能有一点好转。这位医生显然已经无法医治他了。

正如那些神秘的地下温泉一样，在亨德尔那冰冻的外表下蕴藏着一种无法估量的力量——意志。他本性中的原始力量，没有被毁灭性的中风所动摇，也不允许他不朽的精神在无法永生的身体里消失。这个巨人没有放弃，他仍然想活下去，仍然想工作，他的意志创造出了违背自然法则的奇迹。亚琛的医生严厉警告他，泡温泉一次不要超过三个小时，长于这个时间，他的心脏就会承受不住，这会要了他的命。但他的意志为了生命和他的强烈愿望——恢复健康——而置死亡于不顾。让他的医生感到可怕的是，亨德尔每天花九个小时泡温泉。有了这样的意志，他的力量也增长了。一个星期后，他就可以四处走动了；两个星期后，他就可以活动他的手臂了，意志和信心取得了巨大胜利，他让自己从死亡的瘫痪中挣脱出来，重新拥抱生命，比以往任何时候都更热情、更热烈。他那难以言喻的快乐，只有久病而愈的人才能体会出来。

在他离开亚琛前的最后一天，他已经完全可以控制自己的身体了，亨德尔在教堂外面停下步子。他从来没有特别虔诚过，但是现在，当他迈着仁慈的上帝赐予他的轻松步伐登上教堂放管风琴的宣讲台时，他被一种不可言喻的东西感动了。他试着用左手摸了摸管风琴的琴键。

①亚琛：德国北莱茵－威斯特伐利亚州的一个边境城市，著名的温泉疗养地，从罗马人的聚居地和温泉浴场发展而来。

音符响起了，清澈而纯净地回荡在房间里。现在，他试探性地抬起那只已经僵直和瘫痪很久的右手。瞧，音乐似银泉一样从他的右手中涌现出来。慢慢地，他开始演奏——即兴弹奏。那音乐的激流携带着他荡漾起伏，音符如方石般搭建起音乐的奇妙建筑，拔地而起，耸入一个无形的空间。这天才的非凡建筑，宏伟华丽，直上云霄，没有一丝阴影，唯见那来自天堂的摄人心魄的光。在宣讲台下面，无名的修女和做礼拜的教徒默默地聆听着，他们从来没有听过一个凡人能演奏出这样的音乐。而亨德尔谦卑地低下头，弹了又弹。他的语言①恢复了，可以对上帝、对永恒、对人类倾诉了；他又能创作音乐，又能重新作曲了。直到这一刻，他才觉得自己真正痊愈了。

"我从地狱回来了。"乔治·弗里德里希·亨德尔自豪地说，挺起他宽阔的胸膛，张开有力的双臂向伦敦的詹金斯医生伸去，詹金斯不能不为这个医学奇迹称叹。于是，这位康复了的大师又全力以赴地投入工作，怀着巨大的热情和加倍的渴求，一头扎进了作曲事业中去。昔日的拼搏劲头又回到了这位五十三岁的音乐家身上。他正在用痊愈的右手写一部歌剧，随后是第二部歌剧、第三部歌剧，创作出了伟大的清唱剧②《扫罗》《以色列人在埃及》以及《快乐的人，沉思的人，温和的人》。他的创作欲望源源不断地迸发，就像从久已堵塞的泉眼中喷涌出来一样。然而，现在的形势对他不利。女王的死③使所有戏剧表演中止，接着西班牙战争④爆发了，人们每天聚集在广场上呼喊和

---

① 他的语言：他的演奏能力以及对音乐的感受力。

② 清唱剧：古典音乐术语，它是有一定的戏剧情节，由多种声乐曲以及管弦乐队组成，其中包括咏叹调、宣叙调、重唱以及合唱，是介于歌剧和康塔塔之间的多乐章大型声乐套曲，由管弦乐队伴奏。其中，各乐章的歌词在内容上较康塔塔更具有连贯性。清唱剧与歌剧的不同，是没有布景、服装和动作，多在音乐会上演出。

③ 女王的死：英王乔治二世的王后威廉敏娜·夏洛特·卡罗琳于 1737 年去世。

④ 西班牙战争：也称"詹金斯之耳战争"，指的是英国和西班牙之间的冲突，从 1739 年持续到 1748 年，主要战斗发生于新格拉纳达和加勒比海的西印度群岛之间，主要行动在 1742 年基本结束。事件的起因是英国一艘商船的船长罗伯特·詹金斯，在西班牙当局上船搜查时，被割掉了耳朵。

歌唱，但剧院仍然空无一人，他的债务不断增加。严冬来临，伦敦一片冰天雪地，泰晤士河都结冰了，雪橇在镜面般的冰面上滑行，铃铛叮当作响。在这艰难时日，所有的音乐厅都关闭了，因为没有天使般的音乐敢于抗衡如此可怕的冰冷天气。祸不单行，歌唱演员一个个病倒，一场场的演出不得不取消。亨德尔的境况也越来越糟糕：债主们向他追债，批评家们严厉批评他的作品，公众保持沉默和冷漠，这位绝望透顶的作曲家渐渐失去了信心。一场义演虽然使他免于因债台高筑而锒铛入狱，但过着乞丐似的沦落生活又是多么可耻啊！亨德尔越来越离群索居，心情变得越来越阴郁。当初半边身体瘫痪，岂非比他眼前的整个灵魂的沦落要好？到了1740年，亨德尔再次感到自己是被打败的人。他以前的名声化为灰烬，他费力地将早期作品的一些片段拼凑在一起，时不时地创作出一些新的小作品，但伟大的音乐灵感之河已经干涸。虽然他的身体恢复了健康，但它的原始力量已经消失了。这是一位巨人第一次感到厌倦，这是一位伟大的战士第一次感到被打败，这是他第一次感觉到自己创造力的神圣之流正在衰竭和干涸。这股神圣的音乐之流在过去的三十年里曾经流淌全世界。他再一次走到了尽头，再一次。这位陷入绝望的人知道，这是永远的结束。"为什么，"他叹息道，"既然上帝要再次埋葬我，为何又让我从病床上站起来？与其像孤魂野鬼一样在寒冷的空旷世界里游荡，倒不如死了更好。"但在愤怒之余，他有时又会对着那个挂在十字架上的耶稣喃喃自语："我的上帝，我的上帝，你为什么要抛弃我？"

在这几个月里，亨德尔是一个迷失、绝望的人，他厌倦了自己，怀疑自己的力量，也许还怀疑上帝。每到夜晚，他都徘徊于伦敦的街头。不过，他要等到很晚才会走出家门，因为白天债主们都拿着账单在家门外等着抓他，而街上那些轻蔑和冷漠的人投来的目光也让他厌恶。有时，他不禁寻思，自己是否要逃离伦敦到爱尔兰去——在那儿人们仍然相信他的名声，不知道他的力量已然消散——或者去德国，去意大利……在那些地方，在温馨怡人的南风吹拂下，他内心的坚冰兴许会再次融化，旋律兴许会再次从他被蹂躏的荒芜心灵中迸发。无法创作，无法作曲，这是让他难以忍受的一件事。他，乔治·弗里德里希·亨德尔，无法忍受一败涂地。有时候，他会在教堂外停下来，但他知道圣言无法带给他安慰。有时候，他坐在小酒馆里，但一个品尝过芳醇的美酒，享受过创作的纯粹和愉悦的人，对于低劣的酒只会感到厌恶。有时候，他会在泰晤士河的桥上，久久地凝视着其下默默流淌、如夜色一般暗黑的河流，并在心里思忖：假如果断地纵身一跃，将所有的忧愁都抛在一边，是不是更好？因为他实在无法再忍受这种空虚的负担，被上帝和人类抛弃的孤独的恐惧。

一天晚上，他再度这样徘徊街头。那是 1741 年 8 月 21 日，伦敦的天空如熔化的金属一般，迷蒙而炎热。只有在夜幕降临的时候，亨德尔才能去格林公园呼吸一点新鲜空气。他疲倦地坐在密不透风的树荫下，此时没有人能看到他，也没有人能折磨他。厌倦如影随形，像疾病一样缠着他，压得他喘不过气来。他厌倦到不想说话，不想写作，不想演奏音乐，不想思考，甚至厌倦了种种感觉，厌倦了生活。他为什么活，又为谁而活？他要回家去。他像个醉汉似的在波尔美尔街和圣詹姆斯大街上晃荡，只有睡觉的念头紧紧缠绕着他：睡吧，什么也不想知道，睡个痛快；如果可能的话，永远睡下去，不要醒来……布鲁克街的房子里所有人都睡着了。他缓慢地爬上楼梯——啊，他是多么疲倦啊，他们把他逼得这样心力交瘁！他每迈一步，楼梯上的木头都吱嘎作响。最后，他进了书房，点燃了桌上的蜡烛——他不假思索地就做了这件事，一如他多年来养成的习惯——准备开始工作。他满怀忧郁地深深叹了一口气，因为在过去，他每次散步回到家时，总会带回一段旋律、一个主题，他一回到家总要匆匆忙忙地记下来，以免睡觉时忘光了。但是现在，桌子空无一物，上面没有乐谱。神圣的磨坊水车在冰冻的磨坊溪流中停止转动了。没有什么事要开始，也没有什么事要结束；桌子上空空荡荡，什么也没有。

哦，不对！桌子上并不是没有东西！在明亮的灯光下，不是有件和纸片一样的白色东西在闪亮吗？亨德尔一把将它拿了起来。这是一个包裹，他察觉里面有书稿。他迅速划开封印，最上面有一封信，是诗人詹宁斯写来的，詹宁斯曾为他的清唱剧《扫罗》和《以色列人在埃及》写过歌词。詹宁斯在信上说，自己给亨德尔写了一首新诗，希望这位伟大的音乐天才——音乐界的凤凰，能谦恭地接纳自己贫乏的文字，用他的翅膀把它们带向不朽的天空。

亨德尔起初觉得自己好像碰到了什么倒霉的东西。这个詹宁斯是不是太过卑鄙了，竟然嘲笑他这个将死之人、这个废人？他猛然将信撕成两半，把皱巴巴的碎纸团扔在地上，然后猛踩几脚。"你这个流氓！恶棍！"他吼叫着。这个不厚道的家伙，触碰到了他灼热的伤口，刺到了他灵魂的深处，让他肝胆俱裂，痛不可抑。他气愤地吹熄了灯，晕晕乎乎地摸索着回到卧室，整个人扑倒在床上。眼泪突然从他的眼里流出来，由于无能和虚弱，他全身都在颤抖。这是什么悲哀的世道啊，被掠夺的人受嘲弄，受苦的人饱受折磨！既然他的心已经僵化了，他的力量已经消失了，为什么还来请求一个灵魂已经麻木、力量已经消失殆尽的人再搞一次创作？他现在只想睡上一觉，像野兽一样不带感情，被人遗忘，不想再工作！这个心神不安、被打败的人沉重地躺在床上。

但他难以入眠。他心里有一种被愤怒激起的不安，就像被风暴搅扰的大海一样，那是一种令人心绪恶劣的、神秘莫测的不安。他从左侧翻到右侧，又从右侧翻到左侧，辗转不安，睡意全无，脑子却越来越清醒了：也许他还是应该起来看一看剧本？不，对于一个将死之人，圣言还能起什么作用呢？上帝把他抛落到无底深渊，把他从生命的神圣激流中带走，什么都不能再给他抚慰。然而，一种莫名其妙的力量仍在他心中悸动，催着他向前走，使无望无助的他没法抗拒。亨德尔站起身，回到书房，用颤抖的双手再次点燃了蜡烛。他身上不是出现过一次奇迹吗，他瘫痪的身体最后不是康复了吗？也许上帝也有法子医治和安慰他的灵魂。亨德尔把烛台移向写着字的纸，第一页写着：《弥赛亚》。又是一部清唱剧，他最近写的一部已经失败了。尽管心绪不安，他还是翻过扉页，读了起来。

他一见到第一句话就惊跳起来。"你们要安慰！"歌词开始了。"你们要安慰！"——这句歌词像具有魔力——不，不是一句歌词，这是神赐予的回答，是天使从阴沉的天空向他绝望的心灵发出的召唤。"你们要安慰！"——他那被征服的灵魂感到震撼，这是多么响亮、多么富有创造力、多么丰饶的圣言！尽管他才刚开始读，才刚开始感受，却已经听到了盘旋、呼喊、奔流、歌唱的音符。哦，多么欢乐，大门敞开了，他又能感受和听到音乐了！

他翻了一页又一页，双手不停地颤抖。他被呼喊、被召唤，每一句话都以不可抗拒的力量进入他的内心。"万军之耶和华如此说"——难道这句话不也是单独对他说的吗？莫非那将他打倒的同一只手，现在又要悲悯地将他从地上拉起来？"他必要洁净"——是的，他洁净了；突然间，他心中的黑暗被一扫而光，曙光已经来临，那和谐的光芒如水晶般洁净。如果不是只有上帝知道作曲家的需要，那么是谁给了住在戈布萨尔的可怜诗人詹宁斯如此振奋人心的力量呢？"将供物献给耶和华"——是的，一团献祭的火焰在郁结的心中点燃，然后跃向天空，回应那宏伟的呼喊。"你当竭力扬声"，这一句就像是只对他一个人说的——是的，应该用嘹亮的号角声，用澎湃的合唱，用管风琴雷鸣般的声音召唤世人。就像创世的第一天，圣言将会再次唤醒人类，唤醒那些仍在黑暗中绝望的人们。"看哪，黑暗遮盖大地"——人们还不知道这个时刻上帝赐予他的救赎的极乐。"他名为奇妙、策士、全能的神！"他一读到那感恩的合唱词，音乐就在他心中涌起并完全成形——是啊，赞美上帝，奇妙的策士，为我们心烦意乱的心灵带来平安！"有主的使者站在他们旁边！"——是啊，银色羽翼的天使降临到这间屋子里，抚摸他并拯救了他。他怎能不用成千上万的感恩、欢呼和称颂，用他心中唯一的声音，来歌唱和赞美上帝！"在至高之处荣耀归于神！"

亨德尔的头俯在纸上，好像被狂风暴雨吹弯了。他所有的疲倦都消失了，从来没有如此强烈地感受过自己的力量，创作的喜悦从未像现在这样清晰地在他身上流淌。这些圣言就像温暖的急流、救赎的光芒一样，一次又一次倾泻在他的身上，每一句都直击他的心坎，像一种使他得以解脱的召唤。"应当大大喜乐！"当读到这气势磅礴的大合唱时，他不由自主地抬起头来，张开双臂。"他是公义的，并且施行拯救"——是的，亨德尔要用尘世之人从未做过的事来证明这一点，他要把他的证词高高举起，让它像一个照亮世界的丰碑。只有饱受忧患的人才懂得欢乐，只有经历过苦难的人才能预感到最终充满仁慈的宽恕，而在人前证明他的复活是他的责任。

当亨德尔读到"他被藐视"这句歌词时，悲伤的记忆重现于脑海，音乐变得黑暗、压抑。他们以为他被打败了，是以活埋了他，嘲弄着他——"凡看见他的都嗤笑他""他指望有人安慰，却找不着一个"。没人帮助过他，没人在他无助时给以安慰，但是有一种神奇的能力帮助了他——"他把自己交托于耶和华"，上帝搭救了他。"必不将他的灵魂撇在阴间"——上帝没有把他这个被禁锢、被放逐的人的灵魂丢在绝望的坟墓里，丢在无能的地狱里。上帝再次召唤他，让他把音乐带给人类。"你们要抬起头来"——这音乐从他的内心发出，宣告上帝的圣言！他突然颤抖起来，因为在可怜的詹宁斯笔下，他读到这样一句："主发命令。"

他屏住呼吸。一个人偶然说出口的竟然是真理：上帝已经发了命令，从天上给他降下旨意。这是上帝的命令，是上帝的声音，是上帝的恩典！这些话从上帝而来，也必将回到上帝那里；赞美上帝是每一个有创造力的艺术家的责任和愿望。应该抓住上帝的话，将其秉持、拔高、发扬，将其延伸、扩展到整个世界。应当拥抱世间的大乐，使这句歌词体现出上帝的伟大；通过美丽的音乐和无尽的热情，把尘世短暂无常的歌词变为永恒。看啊！那句词被写在这里，那句可以反复吟唱、永不改变的词："哈利路亚！哈利路亚！哈利路亚！"啊！要把世上所有的声音都汇集到这句话里：高亢的声音，低沉的声音，男人坚定的声音，女人温柔的声音。要让声音丰富、增强、变化，在合唱中聚散，在雅各的天梯①上上下下。甜美的弦乐声会抚慰它们，响亮

———————————
① 天梯：典出《旧约·创世记》第 28 章 10—19 节，喻指通向神圣和幸福的途径。

的号角声会唤醒它们。它们将在管风琴雷鸣般的声音中迸发出来："哈利路亚！哈利路亚！哈利路亚！"带着感恩的心情，让歌声回应尘世的极乐，上升返回上帝那里！

泪水模糊了亨德尔的双眼，他的热情是如此的强烈。清唱剧的第三部分还有几页要读，然而在"哈利路亚！哈利路亚！"之后他再也读不下去了。极乐的歌词充溢于他的内在，像岩浆一样燃烧，几乎要从他身上流溢出来。那种极乐激励着他，在他体内汹涌澎湃，因为它想要爆发，想要上升并返回天堂。亨德尔匆忙拿起笔记下乐音，以神奇的速度形成一个接一个的音符。他不能停下来，音乐载着他，就像一艘在狂风中张着帆行驶的船。夜晚静悄悄的，潮湿的黑暗静静地笼罩着这座伟大的城市，但是他内心的光芒倾泻而出，房间里回响着宇宙的音乐，只不过耳朵听不见而已。

第二天早上，当他的男仆小心翼翼地走进房间时，亨德尔仍然坐在桌前作曲。当他的秘书克里斯托弗·施密特怯生生地问是否要自己帮忙抄谱时，他没有回答，只是发出一声低沉而危险的吼声，于是没有人敢再靠近他。他三个星期都没有离开书房，当别人给他送来食物时，他匆匆用左手掰面包片，右手继续写作，因为他不能够停下来，仿佛进入了某种迷醉状态。他站起身，在房间里走来走去，高声歌唱，计算着节拍，他的眼中有一种异样的光芒。任何人和他说话，他都如宿醉未醒，回答都含含糊糊，不知所云。与此同时，他的男仆过得并不轻松。亨德尔的债主们上门要债，歌唱演员们来要求参加他的一个节日康塔塔①合唱，信使们邀请亨德尔去皇宫。仆人不得不把他们都赶走，因为只要与正狂热工作着的主人交流一句话，就会使他像愤怒的狮子一样咆哮，将所有不快发泄到自己身上。乔治·弗里德里希·亨德尔对那几周的时间一无所知，他不分日夜，完全生活在一个只通过音乐节拍和节奏来计算时间的世界里，他被音乐的汹涌激流裹挟而去，

---

① 康塔塔：多乐章的大型声乐套曲，包括独唱、重唱、合唱及表演剧情，由管弦乐队伴奏，各乐章具有一定的连贯性。

越临近结束，这激流越疯狂越急迫。他全神贯注，在自设的牢房——书房中踱来踱去，脚步有节奏地拍打着。他一边唱着，一边弹羽管键琴，随后他又坐下来，写啊写，直至手指酸痛。在他的一生中，他还从未感受过如此高涨的创作欲，从未如此在音乐中生活和受苦。

终于，仅仅过了三个星期——9月14日，作品完成了！这是一段至今仍令人不可思议，并且永远难以想象的时空！歌词已经化成了音乐，之前还是枯燥无味的语言，现在则如繁花盛开，在歌声中永不凋谢。意志的奇迹是由受鼓舞的灵魂创造出来的，就如先前瘫痪的身体创造了复活的奇迹一样。一切都被写下、组织和安排妥当，变成了跌宕起伏的旋律——只剩下一个词，作品中的最后一个词："阿门。"现在，亨德尔抓住了"阿门"——这两个简洁、快速的音节，把它们建成了一道通向天堂的音乐阶梯。他将它们交给合唱队的不同的声部，让他们轮番咏唱。他让这两个音节不断地拖长，不断地延展，最后以更热情的声音将它们融合在一起。这虔诚热烈的声音就如上帝的气息一样，流淌于他伟大的祷告词的结尾，所以它如这世界一样恢宏壮阔，繁盛充实。最后一个词让他恋恋难舍，他也不会让它快快结束。他以恢宏壮丽的赋格手法来塑造"阿门"，以"啊"作为初始的根音，直到它回旋扩展成为一个大教堂，充实而具共鸣，尖顶伸向苍穹，越升越高，随即降低，再盘旋上升，最后被暴风雨轰鸣的管风琴声抓住。各个声部将融合的和声一遍一遍地咏唱，这声音沛然充塞整个天地，直到天使仿佛也加入了这感恩上帝的赞美，屋宇几乎被永恒的"阿门！阿门！阿门！阿门！阿门！阿门！"所震断。

亨德尔艰难地站起身，鹅毛笔从他手中掉了下来。他不知道身在何方，什么也看不见，什么也感觉不到。他能感觉到的就只是疲惫，极度的疲惫。他头晕目眩，不得不靠墙蹒跚而行。他已经失去了所有的力气，身体累得要死，头脑一片紊乱。他像盲人一样靠墙摸索着往前挪步，然后倒在床上，睡得像个死人。

那天早上，他的男仆轻轻地敲了三次门。大师仍酣睡未醒他脸色苍白，如一尊石雕。中午时分，仆人第四次试图叫醒他。仆人故意清了清嗓子，重重地敲门，但是任何声音都没法穿透他的睡眠，什么言语也无法将他唤起。下午，克里斯托弗·施密特来帮助仆人。亨德尔仍然一动不动地躺在那儿。施密特俯身看着这个沉睡的人：他躺在那里，在完成非凡的壮举后被疲惫击倒，犹如一位赢得胜利的英雄，死在了他浴血奋战过的沙场。然而，克里斯多弗·施密特和仆人对这场伟大的战斗和胜利一无所知，他们看到他长时间地躺在那儿，一动也不动，只感到惊慌，他们生怕他再次被中风击倒。到了晚上，尽管他们使劲地摇晃亨德尔的身体，他却仍然沉沉酣睡——他已经令人不安地在那里一动不动地躺了十七个小时了。克里斯多弗·施密特又去找医生，但并没有立即找到人，因为詹金斯医生趁着夜色，到泰晤士河岸边钓鱼去了。当医生终于被找到的时候，嘴里嘟嘟囔囔，对被人打扰感到恼火。但一听说病人是亨德尔，医生便收起他的鱼竿和钓线，回去取了手术器械，以备再次放血——这可能是必要的——这一切花了很长时间。最后，小马拉着他们两个，小跑着去了布鲁克街。

男仆正站在马路对面向他们挥动双手："他已经起来了！现在他正在吃饭，分量够六个搬运工吃的。半只约克郡火腿被他一扫而光，我给他倒了四品脱啤酒，但他还嫌不够。"

果不其然，亨德尔像是一位出席盛宴的宫廷庆典总管。就像他用一天一夜的时间补足了三个星期的睡眠一样，现在他正津津有味地吞食着他那肥硕的身体所能吞下的所有食物，仿佛要立刻将他在这三个星期里投入工作的力气补回来。他一看到医生就笑了起来，笑声洪亮而爽朗，夸张地回荡在房中。这三个星期，施密特从来没有见过亨德尔这样畅快淋漓的大笑，他看到的只有紧张和愤怒。而现在亨德尔天性中原始的、被压抑的快乐都爆发出来了，笑声如海浪冲刷岩石，在轰然声中浪花飞溅、碎沫四散——在其一生中，亨德尔从未像现在一样笑得那样自然。当亨德尔看到医生到来时，他感到自己比以往任何时候都健康，对生命的渴望化成了畅快的发泄。他举起酒杯，向身穿黑衣的医生致意。詹金斯医生惊讶地喊道："见鬼了！你这是怎么了？你喝了什么琼浆玉液？你气色相当好，你到底怎么了？"

亨德尔微笑着看着医生，双眸闪闪发亮。随后，他缓缓地起身，走向羽管键琴。他坐下来，起初他的手在键盘上掠过，并没有弹奏。他接着转过身子，露出一抹诡异的微笑，轻轻地，半说半唱，开始吟诵："我如今把一件奥秘的事告诉你们。"——《弥赛亚》中的歌词，他诙谐地以此开场。当他将手指伸进温和的空气中开始演奏，音乐立即把他裹挟而去。亨德尔已经忘记了在场的其他人和他自己，因为这音乐的激流已经辉煌地席卷了他。顷刻之间，他又回到作品中唱了起来，并弹奏着和声。他写这些和声时，整个人犹如在梦中，但现在，他第一次清醒地听到了它们的声音。"死啊，你的毒钩在哪里？"他感觉到了自己体内的音乐，他的体内充满了生命的火焰，他的声音越唱越高，好像自己就是一支欢畅和极乐的合唱队。他一直弹着，一直唱着，一直弹到最后的"阿门！阿门！阿门"。房间几乎要被这些音符震碎，他是如此强有力、如此厚重地将自己的力量灌注到音乐中。

詹金斯医生站在那里，好像呆住了。当亨德尔终于站起身来，医生尴尬地表示赞叹，似乎是无话找话："天哪，我以前从未没听到过这样的音乐。你一定是被魔鬼附身了！"

但亨德尔的脸色一下阴沉下来。他也对作品本身和仿佛在睡梦中降临于他身上的恩典感到惊讶。他突然变得谦卑起来，转过身去，声音很轻，轻得其他人几乎听不见："不，我想是上帝帮助了我。"

几个月后，两个衣着讲究的绅士敲开了都柏林阿贝街一幢房子的门，房子是伦敦来的尊贵客人——伟大的作曲家亨德尔租下的。他们毕恭毕敬地提出了请求。过去几个月来，亨德尔为爱尔兰首都的听众奉上了比该国以前演出过的任何作品都要美妙的作品。他们说，他们打听到亨德尔打算在这里上演他的新清唱剧《弥赛亚》。对于亨德尔计划在这里而不是在伦敦上演他的最新作品，他们感到极大的荣幸。考虑到这场音乐会的非凡盛况，以及可以预料的将获得的巨大利润，他们想问一问亨德尔——一向以慷慨大方闻名——是否可以将首演的收入捐给他们有幸代表的慈善机构。

亨德尔亲切地望着他们。他爱这座城市，因为它给了他爱，使他的心扉敞开了。他笑着说很乐意接受，并希望他们告诉他，哪些机构将会得到这笔捐款。"救济囚犯协会。"他的第一位访客，一位面目和善、白发苍苍的男子说。"还有慈善医院的病人。"另一位补充道。不过他们说，这笔慷慨的捐赠当然只包括首演的收入，其他演出场次的收入仍然归亨德尔所有。

然而，亨德尔拒绝了这个提议。"不，"他平静地说，"这部作品的演出我是不会收钱的。我永远不会收一分钱，永远不会，我也欠别人很多。这部作品的收入将永远给病人和囚犯。我曾病过，是这部作品治愈了我；我曾是一个囚犯，是它让我获得了自由。"

这两个人有些惊讶地抬起头来，他们不太明白其中的意思，但随后还是再三感谢他。他们朝亨德尔鞠了一躬，离开房间，去向都柏林传播这个好消息。

1742 年 4 月 7 日是最后一次排练的日期。在场的观众不多，是两个大教堂的合唱团成员的亲戚。为了节约成本，菲什曼布尔街音乐厅的礼堂只有昏暗的照明。人们三五成群地分坐在大厅周围的长椅上，聆听这位来自伦敦的艺术大师的新作品。大礼堂灰蒙蒙的，又冷又暗，但是当合唱的洪流开始像瀑布一样轰鸣时，奇怪的事情发生了。三五成群的观众不由自主地在长凳上越靠越近，逐渐聚成黑压压的一大群。他们听得入迷了，因为每个人都觉得这种新音乐具有前所未闻的巨大力量，巨大到好像要将他们席卷而去。他们挤得越来越紧，仿佛全部人都用一颗心聆听，像一群虔诚的信徒一样聆听给他们信心的圣言。这圣言被以如此多的方式说出和塑造，交织在一起的和声在向他们呐喊。在这种原始的力量面前，他们都感到了自己的软弱无力，然而他们却满怀极乐地愿意被它抓住并带走，一种喜悦的震颤向他们袭来，仿佛打通了每个人的身体。当"哈利路亚！"的大合唱第一次爆发时，好像听到了什么信号似的，有一个人不由自主地站了起来，其他人也都站了起来；他们觉得在这种巨大力量的控制下，无法继续待在凡尘俗世，于是站起来，让自己的声音更靠近上帝一点，向上帝献上自己的敬意。随后，他们挨家挨户奔走相告，散布这个消息：一部音乐作

品完成了，它是如此空前绝后，世间难得几回听。于是，全城的人都
欢天喜地，渴望聆听到这部杰作。

六天后，4 月 13 日晚上①，人群聚集在音乐厅的门口。女士们没有
穿蓬蓬裙，绅士们也没有佩剑，这样就有了更多的空间。七百人济济
一堂——一个前所未有的人数，演出之前这部作品受到的赞誉已经广
为人知——但是当音乐响起时，连一丝呼吸都听不到，听众都安静下
来。接着，多声部合唱的声音如飓风爆发，人们的心弦开始震颤。亨
德尔站在管风琴旁边。他本来打算监督和指挥他的作品，但它完全脱
离了他。他完全沉醉其中，对他来说，它变得如此陌生，仿佛他之前
从未听过，从未创造过它，也从未演奏过它，他又一次被自己的音乐激
流裹挟席卷而去。当"阿门"在最后被唱出时，他的嘴巴下意识地张
开了，他和合唱队一起唱，好像他一生从未唱过似的。唱毕后大伙的
赞美声响彻音乐大厅，他却悄悄地躲到了一边，他不想对那些感谢他
的男男女女表示答谢，他答谢的是赐予他这部作品的神的恩典。

闸门打开了，音乐的洪流年复一年地在他身上奔腾不息。从现在
开始，没有什么能让亨德尔屈服，没有什么能让复活的人再次跪下。尽
管他在伦敦创立的歌剧社又一次破产了，债主又一次来向他催债，但是
现在他已经站起来了，经受住了所有的考验。这位六十岁的老人没有被
吓倒，而是穿过他作品的丰碑，继续大步往前走。尽管他的道路上总是
布满障碍，但他都非凡地克服了它们。年老逐渐削弱了他的力量，束缚
了他的手臂，痛风折磨着他的双腿，但他还是毫不畏惧地写了又写，继
续创作。他的视力下降了，最终在创作《耶弗他》的时候失明了。但像
聋了的贝多芬那样，即使失明了，他也仍然坚持不懈、孜孜不倦地创作，
不可战胜。他在俗世获得的成功越大，他对上帝就越谦卑。

像所有真正、严谨的艺术家一样，他并不赞美自己的作品，但他
爱着其中的一部——《弥赛亚》。他爱它是出于一份感激，因为它把

①4 月 13 日晚上：《弥赛亚》于 1742 年 4 月 13 日在爱尔兰首府都柏林首演。海报上
写着："为了一些困苦的囚犯，以及梅尔舍医院的利益而演出。"

他从深渊中拯救了出来，因为他在这部作品中救赎了自己。每一年他都会在伦敦演奏这部作品，每次都将全部收入——五百英镑捐给医院：这是一位痊愈的病人对那些正在生病的人的捐献，一位自由的人对那些仍被监禁的人的捐献，而且他要以这部曾把他从地狱带出来的作品向人世告别。1759 年 4 月 6 日，七十四岁高龄的他身患重病。再次被带到科文特花园的指挥台上，这位身形高大的失明者站在他的朋友面前，站在音乐家和歌唱演员中间。他空洞的眼睛里，光消失了，他看不见他们。但是当音符像汹涌的波涛带着一种巨大而急促的节奏向他滚来时，当听到狂热的欢呼声如急风暴雨向他袭来时，他疲惫的面容顿时显现光彩，变得容光焕发。他挥动双手，严肃而虔诚地和唱诗班一起歌唱，就像站在自己灵柩边的牧师一样，一起为自己和所有人的灵魂得到救赎而祈祷。只有一次，伴随着"因号筒要响"的歌词，小号吹起来的时候，他颤抖了一下，他用失明的眼睛看着，好像他现在已经准备好迎接最后的审判。他知道自己已经非凡地完成了工作，可以高昂着头去到上帝面前。

他的朋友们感动地把这位盲人送回家，他们也觉得这是一次告别。躺在床上，他的嘴唇仍在微微翕动，低声说他想在耶稣受难日那天死去。医生们很惊讶，不明白他说什么，因为他们不知道耶稣受难日指的是 4 月 13 日，也就是那只重重的大手将他击倒的日子，也正是他的《弥赛亚》第一次演出的日子。在他的一切都已死去的那天，他又复活了。现在，他想在他复活的那一天死去，确信会获得另一次永生。

果然，上帝的意志掌控着生，也掌控着死。4 月 13 日，亨德尔全身的力量都离他而去。他现在什么也看不见，什么也听不到了，他沉重的身体一动不动地躺在枕头上，成了一个沉重、空洞的躯壳。但是，正如空洞的海螺能够回应大海的呼啸，那听不见的音乐还在他心中涌动，比他听到的任何音乐都更加奇异、美妙。慢慢地，那音乐的洪流将他的灵魂从疲惫的身体中解放出来，带着它进入了一个空灵的世界。永恒的音乐在永恒的世界中涌动，不息地涌动。第二天，复活节的钟声还没敲响，乔治·弗里德里希·亨德尔那不能永生的肉身就死去了。

# 一夜的天才：《马赛曲》的诞生

《马赛曲》

1792 年 4 月 25 日

　　1792 年，法国国民议会已经讨论了两个月之久，但还在一个问题上犹豫不决：是支持对皇帝和国王联盟[1]开战，还是主张和平？国王路易十六[2]自己也无法下定决心，他既对革命者取得胜利的危险有预感，也担心革命者被打败会带来危险。各个党派也还没有做出决定，吉伦特派[3]希望通过战争来维持政权，罗伯斯庇尔[4]和雅各宾派[5]则主张和平，以便利用过渡时期为自己夺取政权。局势日渐紧张，报纸上各种

---

① 联盟：普鲁士和奥地利于 1792 年 5 月专门针对法国大革命成立的同盟。

② 路易十六：法国大革命期间君主制垮台前的最后一位法国国王。

③ 吉伦特派：吉伦特党或吉伦特派是法国大革命期间一个松散的政治派系。从 1791 年到 1793 年，吉伦特党人活跃在立法会议和国民大会中，他们为结束君主制而运动，但随后抵制了螺旋式上升的革命势头，这导致了与更激进的山岳派的冲突。

④ 罗伯斯庇尔：法国律师和政治家，法国大革命中最著名、最有影响力的人物之一，是激进的雅各宾派领袖。1794 年 7 月 27 日发生"热月政变"，罗伯斯庇尔被逮捕，第二天被送上断头台，年仅三十六岁。

⑤ 雅各宾派：法国大革命后成立的政治团体中最激进、最残酷的一个，1793 年 6 月 2 日，雅各宾派推翻吉伦特派统治，通过救国委员会实行专政。7 月 27 日，"热月政变"结束了雅各宾派政权。

传言沸沸扬扬，各俱乐部争执不休，谣言四起，煽动得公众舆论越来越激进。因此，当一个决定被真正做出时，人们感觉就像获得了一种解脱。4月20日，法国国王终于向奥地利皇帝和普鲁士国王宣战。

在那几周里，一种高度紧张又令人情绪低落的高压气氛沉重地压在巴黎上空，但更令人压抑和恐惧的是在边境上沸腾的惶惶不安的情绪。部队已经在每个村庄集结，志愿兵和国民自卫队成员在每个城镇武装起来，堡垒在有条不紊地构筑。特别是在阿尔萨斯地区，那里的人们都知道，就像法国和德国过往的第一次争议一样，交锋必将发生在阿尔萨斯地区的土地上。在莱茵河的两岸，敌人不像在巴黎那样，只是模糊不清的情感和修辞概念，而是可以感知和看得见的现实，因为在设防的桥头堡和大教堂塔楼上，人们可以亲眼看到普鲁士军队行军。到了晚上，人们可以听到敌人炮车驶过的隆隆声，武器发出的铿锵声，还有军号声。这些声音在月光下随风飘过闪闪发亮、漠然流淌的莱茵河，大家都很清楚，只要一声令下，普鲁士沉默的大炮炮口就会喷出电闪雷鸣般的炮火，表明法德之间持续千年的战争又爆发了——只不过这一次双方交战的理由不同，法国一方是为了新自由，德奥一方则是为了维持旧秩序。

因此，1792年4月25日必将是一个独特的日子，宣战的消息从巴黎传到了斯特拉斯堡[①]，人们立刻纷纷从大街小巷及家中拥向空旷的广场。一个团接一个团的驻军行进，接受最后的检阅。在大广场上，市长迪特里希腰间系着红白蓝三色绶带，用带有国徽的帽子向士兵挥手致意。在喧天的号角和锣鼓声中，人们肃静不语。迪特里希提高嗓门，用法语和德语对广场的人们宣读宣战书，接着他会去别的城市广场重复这样的动员。当他讲完最后一句话，军乐队奏起了大革命的第一首临时战歌《前进吧》，这原本是一首热情、高亢而带有诙谐色彩的舞曲，但军团出征时雷鸣般的脚步声和武器碰撞声，赋予了它一种军

----

① 斯特拉斯堡：位于阿尔萨斯地区与德国交界处，法国大东地区的首府和最大的城市，是欧洲议会的官方所在地。

事色彩。然后，人群散开了，将他的热情宣告带回大街小巷、家家户户。人们在咖啡馆和俱乐部发表激动人心的演讲，发出慷慨激昂的宣言。"公民们，武装起来！举起战旗，信号已经发出！"到处都在发出这样的呼号，演讲中、报刊上、海报上、千百张嘴里，都重复着有节奏的话语："公民们，武装起来！让那些冠冕堂皇的暴君们颤抖吧！让我们前进吧，自由的孩子们！"每一次，人群都兴高采烈地重复着这些斗志昂扬的话语。

　　在街道和广场上，庞大的人群还在为宣战的消息而欢欣鼓舞，但也出现了不赞同开战的声音——对宣战的恐惧和焦虑。但是这些声音只能在室内悄悄低语，或者在苍白的嘴唇中保持沉默。总有母亲对自己说："难道外国的士兵就不会杀害我的孩子吗？"每个国家的农民都关心他们的财产、田地、农舍、牲畜和收成，这里的农民当然也不例外。难道他们的幼苗不会被践踏，房屋不会被残暴的大军掠夺，田地里不会洒满鲜血吗？斯特拉斯堡的市长弗里德里希·迪特里希男爵是一位真正的贵族，但就像当时法国最好的贵族一样，他全心全意致力于新自由事业，只会让充满信心的呼声占据主导地位。他蓄意将宣战日变成一个公共节日，胸前披着三色绶带，从一个集会赶到另一个集会去激励人民。士兵出发的时候，他用酒食慰劳他们。那天晚上在位于布罗利广场的宽敞的家中，他召集将军、士兵和最重要的官员们举行了一个欢送会。热情洋溢的气氛使欢送会看起来像是提前举办的庆功宴，对胜利充满把握的将军成了欢送会的主角，视战争为人生历练的年轻士兵则畅所欲言，互相激励。他们或是挥舞刀剑，或是相互拥抱，或是一起啜饮美酒，或是举杯发表越来越激昂的讲话。"公民们，武装起来！让我们前进，拯救我们的祖国！那些加冕的暴君很快就会颤抖！现在，胜利的旗帜已经在招展了，三色旗在全世界飘扬的日子很快就要到来了！为了国王，为了国旗，为了自由，让我们大家都尽自己最大的努力！"在这样的时刻，他们认为自己对胜利的信念和对自由事业的热情，必将使全民团结一心，成为一个神圣的整体。

　　在谈话和饮酒敬酒的空当，迪特里希市长突然转向坐在他身旁的一位驻守要塞的年轻军团上尉，名叫鲁热。他记得这位亲切友善的军官——人算不上英俊，但很招人喜欢——在半年前宪法公布的时候写了一首非常动听的颂歌。军团的音乐监督普莱耶马将它谱成了曲。这不是一首要求很高的歌曲，非常容易唱，朗朗上口。军乐队很快学会了这首歌，并在露天广场合唱。宣战和兵团开拔的场合，用唱歌这种形式来庆祝不是正当其时吗？于是迪特里希市长像平时邀请好友帮忙一样，漫不经心地问这位鲁热上尉（他毫无正当理由地在自己的名字中间加了个表示贵族出身的"德"字，让自己的名字变成了现在的鲁热·德·利尔上尉）是否愿意为明天就要上前线抗敌的莱茵军团写一首战歌，以纪念部队出征的爱国时刻。

鲁热是一位谦逊、自认无足轻重的人，从来不将自己看得太重——他的诗从未出版过，歌剧从未上演过——但他知道自己有时很快能即兴写出诗句。他表示愿意帮助这位杰出的市长兼好友。他答应下来说会努力的。"好极了，鲁热！"坐在对面的一位将军举起酒杯，告诉鲁热写好后可直接把作品送到战场上交给他——莱茵军团可以把它变成一首轻快的进行曲。与此同时，又一位官员开始发表讲话，又是一轮敬酒，又是一轮夸夸其谈，又是一轮狂饮。普遍高涨的热情就像一股强大的浪潮盖过了鲁热和市长之间偶然的小小交流。聚会的气氛越来越兴奋，越来越喧闹，越来越狂热，当市长的客人们离开他的宅邸时，已经是深夜了。

午夜已经过了很久了。4月25日——斯特拉斯堡宣战——这激动人心的一天已经过去了，现在来到了4月26日。夜色笼罩了千家万户，但黑夜只不过是一个幻象，因为整个城市仍处于狂热状态。在军营里，士兵们正为行军做准备，在紧闭的百叶窗后面，许多谨慎的市民可能已经准备逃跑了。一队队的士兵在路上行进，当通信骑兵经过时，可以听到哒哒的马蹄声，当一排重炮经过时，又能听到隆隆的响声，还可以一次次地听到哨兵们相互交流的单调呼叫。敌人离得太近了，全城人的情绪都处于犹豫不决和紧张激动之中，在这样一个重要关头，大家几乎都难以迅速入睡。

　　鲁热已经爬上螺旋式楼梯，来到他位于格兰德街 126 号的简朴小屋。他自己也处于一种奇怪的亢奋状态。他没有忘记他的承诺，要努力写一首进行曲，一首写给莱茵军团的战歌，要尽快完成。他不安地在小屋里踱来踱去。要如何开始呢？一天里所有激动人心的宣言、演讲、祝酒词仍然在他的脑海中狂乱地盘旋。"公民们，武装起来！……前进，自由的孩子们……我们将粉碎一切暴政！旗帜在招展……"他还记得过去听过的其他一些话语，母亲为她们的儿子颤抖的声音，农民对法国土地的担忧：他们的土地会遭践踏吗，会因为外国军队而发生血腥事件吗？他不自觉地写下了前两行。它们只不过是对这种呼喊的呼声，是呼声的重复：

　　　　起来，祖国的儿女们！
　　　　荣耀的日子已来临！

　　然后，他停下来思考了一会儿。是的，写得还不错，他已经开始了。现在要找的是合适的节奏及呼应歌词的旋律。于是他从橱柜里拿出小提琴，试奏了一下。妙极了！节奏与歌词契合无间。他赶忙继续写下去，现在似乎有一股力量拽着他往前走。忽然间一切都汇集到他笔下：这短时间内涌现出的所有情感，他在街上和市长的宴会上听到的所有话语，对暴君的仇恨，对祖国命运的担忧，对自由的热爱，都突然向他拥来。鲁热不需要有意识地创作诗歌，他要做的只是把这一天口口相传的话语写得押韵，配上旋律和迷人的节奏，就已经能把全国人民内心深处感受到的一切都说出来、唱出来了。他也不必刻意去谱曲，因为街道的节奏和时间的节奏，士兵们自豪的节奏和挑战的节奏，喇叭声和隆隆炮声的节奏，已经透过百叶窗，奔涌到他笔下。也许他自己并没有听到，也不是用耳朵听到的，但是就在这一夜，那个时刻，接管了他肉身的天才让他听到了这一切。旋律越来越顺从那欢快的节奏——整个民族的心跳。他如同将陌生人的口述记录下来一般，越来越急促地写下歌词和音符——一场风暴突然向他袭来，在他那资产阶级的有限的头脑里，从没感受过这样的风暴。这是一种不属于他的亢奋，一种不属于他的激情；这是一种集中在一秒钟里爆发的神奇力量，将这位可怜的业余爱好者的能力提升了十万倍，并像火箭一样将他射向星空，让他成为一束瞬间燃烧的光芒四射的火焰。一夜之间鲁热·德·利尔上尉就迈进了不朽者的行列：街道、报纸上的呼喊构成了歌曲的开篇，创造性的歌词在他的指引下升华成诗，就像其不朽的旋律一样，在诗意之中存在一种永生不灭的东西：

> 祖国神圣的爱啊，
> 引领、支持我们洗冤的手。
> 自由啊，挚爱的自由，
> 与你的守护者们一起战斗吧！

然后是第六节，也是最后一节[①]，同样饱蘸情感、一气呵成，凝聚成一个统一的整体，将歌词和旋律完美地结合在一起。他在黎明前完成了这首不朽的歌曲。鲁热熄了灯，扑倒在床上。他不知道是什么让他的头脑如此灵光，他以前从未有过这种感觉。现在他变得疲惫不堪，睡得很沉，像死了一样，而他身上的创造精神、诗人身份和天才确实已经死去。但是完成的作品躺在桌子上，它现在已经脱离了这位沉睡者，证明他确实曾被那奇迹拥抱过，仿佛置身于一个神圣的狂热世界。在所有国家的历史上，没有一首歌的词曲能在这么短暂的时间里完成，且词与曲是如此完美地契合，简直浑然天成。

大教堂一如既往地响起了钟声，宣布新一天的来临。莱茵河的风时不时地把枪炮声传送到这座城市——第一场战事已经开始。鲁热醒了，他好不容易才从酣睡中醒来，隐隐约约感觉到自己身上发生了一些事情，尽管他对此只有浮光掠影的模糊记忆。此刻他才注意到桌子上新写的纸页。这是诗吗？我是在什么时候写出来的？我还手写了乐

---

① 最后一节：后来有人补写了第七节，故现存的《马赛曲》歌词共有七节。

谱？我什么时候谱的曲？哦，对了，这是我的朋友迪特里希昨天要求的歌，写给莱茵军团的进行曲……鲁热读了读纸上的诗句，哼唱着与之相伴的旋律，但是就像一个刚刚完成作品的创作者那样，他对自己的能力没有完全的把握。不过他的隔壁凑巧住着一位战友。他把这首歌拿给战友看，跟着唱了起来。他的战友似乎很喜欢，只是建议做一些小小的改动。这第一个人的认可给了鲁热一定的信心，他带着一个作家特有的焦急以及能如此迅速地兑现诺言而自豪的情绪，径直来到迪特里希市长的家。迪特里希正在花园里散步，并酝酿着一个新的演讲稿。什么，鲁热，你说你已经完成了？那我们现在就排练看看吧。他们俩离开花园，走进客厅。迪特里希坐着弹钢琴伴奏，鲁热唱歌词。市长夫人被这出人意料的晨间音乐吸引，走进房间，作为一名训练有素的音乐家，立即开始着手配置伴奏，以便在当晚的家庭聚会上唱给朋友们听。迪特里希市长为自己悦耳的男高音嗓音感到自豪，他表示将会更深入地研究这首歌曲。4 月 26 日凌晨，鲁热才创作出词和曲；到了这天晚上，在市长家的沙龙里，这首歌就已经向精选的听众演唱了。

　　他们似乎对这首歌表示了欢迎，而且很可能对当时在场的歌曲作者表示了礼节性的恭维。当然斯特拉斯堡大广场的布德格利酒店的客人们丝毫也不知道，一曲不朽的旋律已经乘着无形的翅膀，降临到他们的世界。同时代的人很少能在初次相识时就了解一个伟人或一部伟大的音乐作品，我们从市长夫人给她哥哥的一封信中就可以看出，她对这个惊人的时刻所知甚少，把这个奇迹当成了一桩平平无奇的社会事件。"你知道我们这个家接待了多少人，我们总要为他们想一些新的娱乐方式。于是我丈夫就想出了一个主意，让人创作了一首适合这个场合的歌曲。工兵团的鲁热·德·利尔上尉，一个既会写诗又会作曲的迷人家伙，迅速提供了一首战歌的歌词和曲谱。我的丈夫有一副男高音的好嗓子，马上就将它唱了出来。这首曲子非常吸引人，并具有一些独特的品质，有幸比大多数这类歌曲更活泼、更奔放。就我自己而言，我把我的配乐天赋也用上了，为钢琴和其他乐器编曲让我忙活了好一阵子。于是这首曲子就在我们家演奏了，它让大家都非常满意。"

"让大家都非常满意"——这在今天的我们看来是非常冷淡的措辞，纯粹是为了表现客套的温和赞许。但这在当时也是可以理解的，因为在第一次演唱时，《马赛曲》还没能表现出它真正的力量。这首曲子不是一首适合于悦耳的男高音的作品，也不适合在资产阶级的沙龙中独唱——浪漫曲和意大利咏叹调节目的氛围不适合它。这是一首节奏强劲、昂扬、要求很高的歌曲……"公民们，武装起来！"它对一大群人讲话，而它真正的配器是喧嚣的武器、嘹亮的号角和军团的行军。它不是为礼貌的演奏会观众准备的，而是为共同参与斗争的所有人准备的。它不应由一位女高音或男高音演唱，而应由一千人演唱，它是典型的进行曲，是胜利与死亡之歌，是歌手歌颂祖国之歌，是整个民族的国歌。这首歌诞生于人们的热情欢呼，而这欢呼将赋予这首歌曲激励人心的力量。此时，它还没有燃烧起来，旋律还没有深入整个民族的灵魂，军队还不知道这首胜利的战歌，革命还不知道这首永恒的赞歌。

经历了一夜奇迹的鲁热·德·利尔，和其他人一样，不太清楚他在一夜之间创作出了什么，就好像他在梦游中，在一个难以信任的天才的指引下创作出了这首歌。当然，这位和善、友好的外行作者很高兴听到受邀的客人热烈地为他的作品鼓掌，并接受他们的礼貌称赞。他怀着一个小人物的小小虚荣心，努力想在他小小的圈子里利用这个小小的成功。他在咖啡馆里给他的伙伴们唱这首新歌，还复制了一些歌单寄给莱茵军团的将军。与此同时，在市长的命令和军事当局的建议下，驻扎在斯特拉斯堡的军乐队排练了《莱茵军团战歌》。四天后部队出征前，斯特拉斯堡国民自卫队的军乐队在广场中演唱了这首新的进行曲。斯特拉斯堡当地具有爱国心的出版商说准备印刷《莱茵军团战歌》，因为这是吕克纳①将军的一位军乐团下属敬献给将军的。但是莱茵军团中没有一位将军想到在行军的过程中演奏或演唱这支新歌

---

① 吕克纳：尼古拉·吕克纳伯爵，德国人，在法国服役，后来晋升为法国元帅。

曲，所以看起来，就像鲁热迄今为止所做的一切努力一样，"起来，祖国的儿女们！"只不过是在沙龙里取得了成功，只不过是昙花一现的一日奇迹、一个地方性的事情，很快就被人遗忘了。

但是从长远来看，这部作品与生俱来的力量是无法隐藏或消失的。时间可以忘记一件艺术品，可以禁止它被演唱，让它死去和被埋葬，但是它所具有的强大意志和生命力将永远战胜昙花一现的命运。人们已经有一两个月没听到《莱茵军团战歌》了，印刷本和手抄本出现在对它无动于衷的人的手里，但是就算一部作品真的只激发了一个人的热情，也足够了——真正的热情本身就具有创造力。在法国另一边的马赛，宪法之友俱乐部①于6月22日举行宴会，向奔赴战场的志愿兵致意。五百位精神抖擞的年轻战士坐在一张长长的桌子边，穿着他们国民自卫队的新制服，气氛像4月25日在斯特拉斯堡一样热烈，其至更热情和奔放，这要归功于马赛人的南方气质。现在他们不再像刚开始宣战时那样自负和确信必胜，因为战争并没有达到将军的预言。将军们曾说过法国的革命军队只要直接越过莱茵河，就会受到各地的热烈欢迎。但敌人已经远远地侵入了法国的领土，法国的自由受到了威胁，自由事业本身也处于危险之中。

宴会进行之际，一位名叫米勒的蒙彼利埃大学的年轻医学生敲了敲酒杯，要求大家安静，随后站了起来。大家都安静下来，看着他，期待着他发表演讲或致辞，但这位年轻人却举起右手，唱了一首歌。这是一首他们都不知道的新歌，没有人知道这首歌是怎么传到他手里的。"起来，祖国的儿女们！"这一次就像火花掉进了一个火药桶里。一个人感动了另一个人，情感那不朽的正负极已经互相触碰。所有这些年轻人明天早上都要出征，为自由而战，为他们的祖国而献身。现在他们都意识到这些歌词表达了自己内心深处的意愿和真实的想法，而歌曲的节奏不可抗拒地将他们带进了万众一心的高亢热情中。每一节唱完都受到欢呼，于是这整首歌又被唱了第二次、第三次。现在旋

---

① 宪法之友俱乐部：雅各宾俱乐部，又名雅各宾派。

律属于他们自己了，他们一边唱，一边兴奋地跳起来，高举酒杯，大声重复着那些歌词。"公民们，武装起来！让我们严阵以待！"人们从街上拥了进来，他们的好奇心被唤起，听到这首歌唱得如此慷慨激昂，他们不由得也跟着唱了起来。第二天，旋律就出现在成千上万的人口中。当五百名志愿兵在 7 月 2 日启程时，这首歌也随着他们传遍四方。当他们在路上走累了，脚步慢了下来时，只要有一个人重新唱起这首歌，那不可抗拒的旋律就会给他们注入全新的激情和力量。无论他们经过哪个村庄，歌声都会引来惊奇的农民，他们都聚拢过来看看发生了什么事，随后也跟着一齐放声合唱，这也成了他们的歌。志愿兵不知道这首歌原本是写给莱茵军团的，也不知道这首歌是谁写的、什么时候写的，他们把它当作自己军队的战歌，作为他们生死的见证。这歌是属于他们的，就像他们的团旗一样，他们要把它传到世界各地。

鲁热所作的歌曲很快有了新名字——《马赛曲》，它在巴黎赢得了它的第一次成功。7 月 30 日，该军团在郊区行进，以军旗和这首歌作为引导。成千上万的人站在街道上等着给他们致以节日般的盛大欢迎。当五百名马赛士兵唱起这首歌时，歌声仿佛是从一个喉咙里唱出，唱了一遍又一遍，所有人都在倾听。马赛士兵唱的是一首怎样美妙迷人的歌啊！伴随着鼓点的敲击，是什么样的号角声这样深入人心！"公民们，武装起来！"两三个小时后，巴黎的大街小巷都在唱这首歌了。《前进吧》已经被人遗忘，古老的进行曲、陈旧的歌曲也被抛弃。革命已经找到了自己的声音，找到了自己的歌曲。

现在，它像雪崩一样在胜利的道路上前进，无法停止。在宴会、剧院和俱乐部里，人们都唱着这首颂歌，甚至教堂在唱完《感恩赞》①之后也唱起这首歌。很快它就取代了《感恩赞》，几个月后，成了法国和全军的歌曲。共和党首位战争部长塞尔万②凭借聪明的头脑，认识

①《感恩赞》：又名《感恩曲》或《赞主诗》，是罗马天主教古老的圣歌之一，用在主日及庆节的日课。

② 塞尔万：约瑟夫·玛丽·塞尔万·德·格贝，法国将军。在法国大革命期间，他曾两次担任战争部长，并曾短暂地领导过西比利牛斯军队。

到这样一首独特的战歌具有振奋人心和提升斗志的力量。他下令印刷十万份歌单，分发给所有的小分队，就在两三晚之间，一个不知名作曲家的歌曲已经传播得比莫里哀<sup>①</sup>、拉辛<sup>②</sup>和伏尔泰的作品还要多、还要广。每一次聚会都以《马赛曲》结束，每一场战斗之前都有军乐队唱起这首自由的军歌。在热马普战役<sup>③</sup>和尼尔温登战役<sup>④</sup>中，当将士们准备发起最后一次进攻时，敌军将领除了用双倍白兰地作为犒赏，没有别的办法来激励士气。他们惊恐地看到，当成千上万人同时唱起这首"可怕"的圣歌时，歌声就像荡起的波涛一样冲击着自己的军队，它的爆发力是他们无论如何也抵挡不住的。《马赛曲》一直出现于法国人的所有战场上，就像有翼的胜利女神耐克一样，唤起无数狂热的民众走向牺牲。

在同一时期，这位不知名的工程兵上尉坐在胡宁根的小卫戍部队里，忙着设计城墙和防御工事的图纸。也许他已经忘记了在很久以前的 1792 年 4 月 26 日的晚上，自己写了一首《莱茵军团战歌》。当他读到报纸上关于那首颂歌、那首席卷巴黎的战歌的报道时，他从没想过这首马赛人的胜利之歌，每一句、每一拍都是那天晚上神奇地降临在他身上的奇迹。由于命运的残酷讽刺，只有一个人不为它咆哮着飞向天空，撞击着星辰的旋律感到振奋——写出它的人。全法国没有人关注鲁热·德·利尔上尉，这首歌最大的盛名就只是歌曲本身，其声名没有一丝一毫落在它的创作者身上。他的名字没有印在正文上，他

---

① 莫里哀：法国剧作家、演员和诗人，被广泛认为是法语和世界文学中最伟大的作家之一。他现存的作品包括喜剧、闹剧、悲喜剧、喜剧、芭蕾舞剧等。他的影响之大，甚至使法语被称为"莫里哀的语言"。
② 拉辛：让·拉辛，法国戏剧家，与莫里哀和科内尔并称"17世纪法国三大剧作家"。
③ 热马普战役：1792 年 11 月 6 日的热马普战役是新生的法兰西共和国军队在战场上取得的第一次重大的进攻性胜利，它使法国北方军击败了奥地利正规军，占领了布鲁塞尔。
④ 尼尔温登战役：1793 年 3 月 18 日的尼尔温登战役是奥地利对法国革命军的一次重大胜利，这一战役暂时将法国人驱逐出了奥地利统治下的荷兰，并导致了热马普战役的胜利者查尔斯·杜莫里兹将军的垮台。

也不想引起别人的注意。因为创作了革命颂歌的人并不是革命者——这是一个只有历史才能产生的辉煌悖论，这个比任何人都更努力地用不朽的歌曲推动革命的人，现在却坚定地要阻止革命的进行。当马赛人和巴黎的民众唱着这首歌冲进杜伊勒里宫①推翻国王的时候，鲁热·德·利尔已经受够了革命。他拒绝对共和国宣誓，宁愿离开军队也不愿为雅各宾派服务。在他的赞歌中，对自由的描述——"对自由的渴望"并不是一句空话。他憎恨国民大会的新暴君和独裁者，就像他憎恨敌人一方的加冕的国王一样。当他的朋友、《马赛曲》的教父迪特里希市长和《马赛曲》的敬献对象吕克纳将军，以及首演当晚在场的所有军官和贵族都被拖上断头台时，他直率地发泄了对公安委员会的不满。不久就出现了更为荒谬的局面：这位革命诗人被作为反革命分子监禁起来，他因为背叛祖国而受到审判。直到热月9日，罗伯斯庇尔政府被推翻，监狱被打开，法国大革命才免于将其最不朽的歌曲作者交给"国家的剃刀"②的耻辱。

然而，如果他因此而死了，这将会是一场英勇悲壮的死亡，而不会像鲁热本人后半生面对的落魄潦倒的悲惨命运。这个命运多舛的人在真正具有创造力的那一夜之后又活了四十多年，度过了成千上万个默默无闻的日子。他被赶出了军队，也没有养老金；他写的诗歌、歌剧和其他作品均没有付印或表演的机会。命运不会原谅这个业余爱好者未经召唤，强行进入不朽者的行列。这个小人物靠做一些不完全诚实的小生意来度过卑微的余生。卡诺③和后来的拿破仑都试图帮助他，但徒劳无功。鲁热性格中的某些东西已经被一个残酷的奇迹毒害和扭

---

① 杜伊勒里宫：1559年，法国国王亨利二世去世后，其遗孀卡特琳·德·美第奇决定搬出亡夫居住的卢浮宫，另建新宫。1564年，卡特琳·德·美第奇下令在卢浮宫西面约二百五十米远的地方营建杜伊勒里宫，此后杜伊勒里宫成为巴黎大多数君主的常住地，从亨利四世到拿破仑三世，直到1871年被巴黎公社烧毁。

② 国家的剃刀：断头台，是在法国大革命期间发明的。它的目的是杀死某人，并保证他们没有任何痛苦。

③ 卡诺：卡诺伯爵，法国革命战争胜利的组织者，法国政治家、工程师和数学家。

曲到无法挽回的地步，这个奇迹让他在三个小时内成了一个神一般的天才，然后又轻蔑地把他扔回了渺小无闻之中。他激烈地与所有的当权者争吵，给想帮助他的拿破仑写了大胆而情绪化的信，公开吹嘘在宪法公投中投了拿破仑的反对票。他的生意使他卷入了不光彩的事件，他甚至因为一张未付的汇票而成为圣佩拉尔热债务人监狱的囚犯。他在任何地方都不受欢迎，被债主追债，在警察局声名狼藉。最后他藏在外省的某个地方，仿佛被人遗忘在了坟墓里，他在那里听到了他不朽的歌曲的命运。他仍然记得《马赛曲》随着胜利的革命军队席卷了欧洲所有的国家，拿破仑一成为皇帝，就禁止在所有的公共音乐节目中演奏这首歌，因为它太具革命色彩，到了波旁王朝《马赛曲》更是被完全禁绝。一代人过去了，1830 年 7 月的革命爆发时，他创作的这首歌曲才在巴黎的街垒中恢复了往日的力量，公民王①路易·菲利普也给予了鲁热一笔小小的抚恤金。对这个人生被毁坏和遗忘的人来说，一切都像一场大梦，居然人还记得他。但这并不是什么真正的铭记。当他最后于 1836 年在克雷泰伊去世时，已经七十六岁高龄了，没有人知道他，甚至连他的名字都说不出来。又过了一代人，《马赛曲》已经被确立为国歌，在第一次世界大战期间，这首歌在法国所有的阵线上再次被唱响。卑微的鲁热上尉的遗体被下令埋葬在荣军大教堂②，和曾经的小少尉拿破仑遗体共放一处。因此，这位写出不朽歌曲的不出名的创作者，在对他只是一个"一夜诗人"感到失望之后，终于在他祖国的名人墓地上长眠了。

（《马赛曲》歌词全文翻译见附录）

---

① 公民王：路易·菲利普，奥尔良公爵，别名"法国公民王"，1830 年至 1848 年为法国国王。他的统治是建立在上层资产阶级的支持基础上的，但由于他不能赢得新工业阶级的效忠，最终下台。

② 荣军大教堂：巴黎荣军院，又名"巴黎伤残老军人院"。它是法兰西"太阳王"路易十四时期的建筑。1670 年 2 月 24 日路易十四下令兴建一座用来安置他的军队中伤残军人的建筑，从此荣军院"应旨而生"。如今这座荣军院依旧行使着它初建时收容安置伤残军人的功能。

# 滑铁卢战场：一分钟定成败

拿破仑

1815 年 6 月 18 日

命运总是向豪强和枭雄伸出援手。多少年来，它总对恺撒、亚历山大、拿破仑这样的人物俯首帖耳，因为这些人正如命运本身一样叵测。

不过有时候——尽管这样的时候很罕见——命运却会在一时的心血来潮之下，听从于平庸之辈。有时候——这是世界历史上最令人惊诧的时刻——命运之线会操纵于一个完全无足轻重的人手中。这种人对于自己被卷入英雄世界所要承担的沉重责任总是会感到惶恐不安，而不是欢欣鼓舞。只有在极罕见的时候，这样的人才会紧紧地将机会抓在手中，做出一番叱咤风云的成就。因为成就伟大的机会落在这些人头上的时机，仅有那么短短的几秒，一旦错过，就永远错过了。

## 格鲁希

在维也纳会议①期间，当与会的达官贵人们正沉醉于翩翩舞会、

---

① 维也纳会议：1814 年至 1815 年召开的维也纳会议是欧洲历史上最重要的国际会议之一，它在法国皇帝拿破仑一世倒台后重建了欧洲。

风流韵事、钩心斗角和争权夺利之时，一个消息像炮弹一样在他们之间爆炸：那头被锁在笼中的雄狮拿破仑，已经从厄尔巴岛①的囚禁地逃了出来。接下来，更多的信使飞驰而来，带来了更多不祥的消息：他攻下了里昂，赶走了国王，军队狂热地打着旗帜向他倒戈了；他到了巴黎，成了杜伊勒里宫的新主人——莱比锡战役②和二十年的恶战算是白打了。刚刚还在互相指责和争吵的达官贵人好像被一只大爪子攥住了似的，走到了一起。英国、普鲁士、奥地利和俄国的军队被迅速召集起来，这一次要彻底击败这位篡位者。在最初的惊慌失措过去之后，这些合法的欧洲皇帝和国王们无比团结。威灵顿从北方向法国进军；布吕歇尔领导的普鲁士军队作为增援部队，在侧翼进行援助；施瓦岑贝格在莱茵河整装待发；俄罗斯军团作为后备军，缓慢而沉重地穿过德国。

　　拿破仑立即对这致命的危险情势进行了评估。他知道绝不能给这些虎狼之师集结的时间。他必须在普鲁士人、英国人、奥地利人组成欧洲联军及他的帝国垮台之前，将他们分而化之，各个击破。他必须快人一步，否则帝国中的不满分子就会蠢蠢欲动。他必须在共和党人变强并与保皇党人结盟之前，在老奸巨猾、两面三刀的富歇③与他的对手塔列朗④狼狈为奸，并从背后刺中他的要害之前，抢先成为胜利者。他必须利用军队的狂热奋勇出击，克敌制胜。每过去一天都意味着损失，每过去一小时都意味着危险。匆忙之间，他将赌注投向欧洲最血腥的战场——比利时。6 月 15 日凌晨三点，拿破仑的大军——现在也

① 厄尔巴岛：意大利西海岸外的岛屿，位于第勒尼安海，它是拿破仑在 1814—1815 年的流放地。

② 莱比锡战役：发生于 1813 年 10 月 16 日至 19 日发生于萨克森州的莱比锡。由亚历山大一世和施瓦岑贝格率领的奥地利、普鲁士、瑞典和俄国的联军，决定性地击败了法国皇帝拿破仑一世的大军。

③ 富歇：法国政治家，也是拿破仑成为皇帝后的警察部长。

④ 塔列朗：法国政治家和外交家。他的职业生涯跨越了路易十六、法国大革命、拿破仑、路易十八和路易 - 菲利浦的政权。"塔列朗"这个名字后来已经成为狡猾、玩世不恭的外交态度的代名词。

是他唯一的一支军队——越过了边境。16 日，他们在利尼与普鲁士军队交火，并将其击退。这是逃出监狱的狮子发起的第一次打击，非常可怕，但还不至于致命。普鲁士军队虽然没有被歼灭，但还是遭受重创，向布鲁塞尔撤退。

拿破仑现在准备发动第二次打击，这次是对威灵顿。他不能停下来喘气，也不能给敌人任何喘息的空间，因为每拖延一天，敌人的增援都会增加；而对于他身后的国家和流血过多、躁动不安的法国人民，他必须将热情化成烈酒，让他们陶醉，用胜利的公报来唤起他们的士气。17 日，他早早地率全军向四臂村高地进军。威灵顿——一个有着钢铁意志的冷酷对手，已经在那里占据了阵地。拿破仑的部署从来没有像眼下这样谨慎，他的军事命令从来没有像眼下这样明确：他不仅考虑到了进攻，还考虑到了自己面临的危险，即被打败但没有被歼灭的布吕歇尔将军的军队如果和威灵顿部队会师，对他无疑是致命的。为了防止这种情况发生，他从自己的军队中抽调出一部分人马去追赶前面败退的普鲁士军队，以阻止他们和英国军队汇合。

他将这支追击部队的指挥权交给了格鲁希元帅，格鲁希是一位资质平平的军官，英勇、正直、正派、可靠，他担任骑兵指挥官时，兢兢业业、恪尽职守，但他也就仅仅是一名称职的骑兵指挥官而已。他并非缪拉①那样的热血狂人，也不是圣西尔②和贝蒂埃③那样的战略家，更不是内伊④那样的英雄。他没有披上战功赫赫的胸甲，也没有神话般的传奇，更没有明显的优点可跻身于拿破仑传奇的英雄世界，赢得一世英名和显赫地位。他之所以出名，只是因为他的厄运和不幸。在过

---

① 缪拉：在拿破仑统治时期是帝国元帅和海军上将，也是拿破仑的妹夫。他被认为是一个勇敢、富有魅力的骑兵军官，被称为"花花公子国王"。

② 圣西尔：法国大革命和拿破仑战争时任指挥官，曾担任法国元帅和侯爵。他的绰号是"猫头鹰"。

③ 贝蒂埃：拿破仑帝国的元帅，兼任战争部长和拿破仑参谋长。在滑铁卢战役前不久因非自然原因去世。

④ 内伊：法国军事指挥官和帝国元帅，参加过法国革命战争和拿破仑战争。他是拿破仑一世创建的帝国最初的18名元帅之一，拿破仑称他为"勇士中的勇士"。

去的二十年里，他参加了从西班牙到俄罗斯、从荷兰到意大利的所有战役，缓慢地擢升到了元帅的军衔，不能说他不应该晋升，只不过他不是因为战功彪炳而获得晋升的。奥地利人的子弹、埃及的太阳、阿拉伯人的匕首、俄国的严寒天气使他的前任相继殒命（德赛①在马伦戈战役被奥地利人的子弹击毙，克莱贝尔②光天化日之下在开罗被阿拉伯人用匕首刺杀，拉纳在瓦格拉姆伤重而亡），为他通往最高军衔扫清了道路。他并非因为功勋卓著而步步高升，他只是熬了二十年才熬到那个高位。

拿破仑可能也知道，格鲁希并不是一位英勇善战的英雄，也不是运筹帷幄的战略家，他只不过是一位可靠、忠诚、善良和谦逊的将军而已。但是他麾下的元帅一半已经身亡，已经进了坟墓；别的则由于厌倦了连年征战、风餐露宿的戎马生涯，回到庄园里颐养天年。因此，他才不得不将一项至关重要的任务托付给一位平庸之将。

6月17日上午十一点，在利尼战役胜利后的第二天，滑铁卢战役的前一天，拿破仑首次授权格鲁希元帅独立指挥军队。就在那么一天，就在那么一刻，这位谦逊的格鲁希就跳出了军事等级制度，一跃进入了世界历史。这只不过是一个短暂的时刻，但这是一个什么样的时刻啊！拿破仑的命令非常明确。在他本人率主力部队攻击英国军队的同时，格鲁希要带着抽调给他的三分之一人马去追击普鲁士军队。这看似是非常简单的任务，却也是一把柔韧的双刃剑，稍有不慎就会伤及自身。格鲁希得到命令，在他追击普鲁士军队的同时，他还要随时与主力部队保持联络。

格鲁希元帅有点儿犹豫地接过了他的指挥权。他不习惯独立行动，通常喜欢审慎行事而不是积极主动，只有当皇帝的慧口告诉他该做什

---

① 德赛：法国军事英雄，1792年起，在法国革命战争中领导德国、埃及和意大利战役，1800年6月14日在意大利的马伦戈战役死于奥地利人的炮火。
② 克莱贝尔：法国革命战争期间的一名法国将军。随拿破仑参加1798年至1799年的埃及战役，拿破仑离开埃及返回巴黎时，任命克莱贝尔为法国军队的指挥官。1800年，他在开罗被一名学生暗杀。

么之时，他才会感到安心。他也意识到身后将军们的不满，也许他也感觉到命运的黑暗之翼在跳动。不过主力部队就在附近，这让他放下心来，因为他的军队只需要不到三个小时的急行军，就可以赶上主力部队。

格鲁希的军队在倾盆大雨中离开了主力部队。他的部下在湿滑、泥泞的地上缓慢地追赶普鲁士军队，或者至少说，他们是沿着他们认为是布吕歇尔及其士兵所走的方向前进。

# 卡右 ① 之夜

北方的大雨不停地倾泻，拿破仑的军队在黑暗中小跑，像一群湿漉漉的牲畜，每个人的靴底都沾着两磅泥巴。他们找不到避雨之处，没有房子，连个屋顶都没有。稻草湿漉漉的，没法躺在上面，于是十几个士兵在暴雨中背靠背坐着睡觉。皇帝自己也没有歇息，他焦躁不安，不停地踱来踱去，由于漫天雨水中什么也看不见，侦察兵带回来的报告含糊其词，令人困惑。他仍然不知道威灵顿是否会接受他的挑战和他交战，也没有得到格鲁希关于普鲁士军队的消息。因此，凌晨一点时，他不顾大雨滂沱，沿着前哨线大步前进，一直走到英军的射程范围内，看着前方薄雾中英军阵地不时闪现出的微弱的烟雾，思考着自己的进攻计划。直到天快亮了，他才回到他的卡右总指挥部——一间简陋的小木屋，在那里他收到了格鲁希送来的第一批报告。尽管这些关于普鲁士人撤退情况的报道显得很混乱，但至少带来了一个令他安心的承诺，那就是格鲁希在继续追踪普鲁士军队。雨势逐渐减弱，皇帝不耐烦地在他的房间里踱来踱去，凝视着黄色的地平线，想看看能否看清远处的地形——他好做出攻击的决定。

早上五点雨停了，他内心犹豫不决的阴云也消散了。他终于下了命令：全军要在早上九点做好攻击准备。勤务兵向四面八方飞奔而去，

---

① 卡右：一个小农庄，拿破仑军队的总部，现为博物馆，里面有拿破仑使用过的房间。

集合的鼓声敲响了。直到此刻，拿破仑才得以歇息，他在行军床上睡了两个小时。

## 滑铁卢的早上

　　早上九点，部队还没有全部集结完毕。由于下了三天的雨，脚下的地面湿漉漉的，每走一步路都很困难，更何况还要架起大炮，这使炮兵的移动速度也慢了下来。太阳缓慢地露了出来，在凛冽的寒风中闪耀，但它可不是奥斯特里茨战役 ① 时的太阳——那时的太阳在明亮的天空中放射出金灿灿的光芒，昭示着胜利的好运。此时北方的阳光暗淡又阴沉，但是全军终于准备妥当。现在，在战斗开始之前，拿破仑再次骑着他的母马沿着前线检阅。军旗上的雄鹰仿佛在猎猎的狂风中低头行礼，骑兵挥舞着军刀，步兵举起刺刀尖上的熊皮帽向皇帝致意。所有的战鼓都擂起来了，所有的军号都对着他们的元帅吹了起来，但是这些声音，几乎被全军将士排山倒海的欢呼声所掩盖，七万名士兵齐声呐喊"皇帝万岁"，简直如山呼海啸。

　　在拿破仑二十年的统治中，之前的任何一次检阅都不及这一次壮观和热情。欢呼声直到十一点钟才止息——攻击比预料的晚了两个小时，致命的两个小时！火枪手们接到命令，用霰弹朝山上的英国兵射击。接着，"勇士中的勇士"内伊率步兵团前进，拿破仑的决定性时刻开始了。这场战役已经被描述过上千次，但是我们在阅读种种关于这次战役的激动人心的描述时，从来不会感到厌倦。无论是沃尔特·司

---

① 奥斯特利茨战役：又称"三帝之战"，法国大军击败了亚历山大一世和神圣罗马帝国弗朗西斯二世率领的俄罗斯和奥地利军队，这被普遍认为是拿破仑取得的最伟大的胜利。战斗发生在奥地利帝国奥斯特里茨镇附近。奥斯特利茨战役迅速终结了第三次反法联盟战争。

各特①爵士精彩至极的版本，还是司汤达②对战斗场面的渲染，都引人入胜。

无论是从近处看，还是从远处看；无论是从元帅所在的小山看，还是从骑兵的马鞍上看，这都是一个伟大的事件，是一部充满张力、富于跌宕起伏的戏剧性艺术作品。希望和恐惧不断交织，骤然变成了一个灭顶之灾的时刻。这是真正的悲剧典型，因为欧洲的命运全由一个人的命运所决定。拿破仑的存在，犹如那种奇异的焰火，在它坠落和熄灭之前，又再一次在天空中迸发和绽放。

从十一点到一点，法国军队猛攻高地，一度占领了村庄和敌军阵地，又被击退，随即又发起猛攻。一万人身亡，大片尸体倒在了空旷、潮湿泥泞的山坡上，双方除了力量的消耗，什么也没有得到。双方的军队都疲惫至极，两位指挥官都焦虑不安。他们都知道，谁只要先得到增援，谁就是胜利的一方。威灵顿急盼布吕歇尔的到来，拿破仑则寄希望于格鲁希的增援。拿破仑一直紧张地举起望远镜张望，他不断派出更多的勤务兵去通知格鲁希增援。假如格鲁希元帅能及时赶到，奥斯特里茨的太阳就将再次照耀法国。

## 格鲁希贻误战机

与此同时，格鲁希并没有意识到拿破仑的命运掌握在自己的手中，他遵照命令于 6 月 17 日晚上出发，沿着指定的方向追击普鲁士军队。

---

① 沃尔特·司各特：在 1815 年 6 月 18 日盟军在滑铁卢战役中取得胜利后，英国著名小说家司各特于 8 月前往比利时，并成为第一批参观战场的英国平民之一，同年写了一首名为《滑铁卢战场》的诗。他在 1827 年出版了影响深远的拿破仑传记《拿破仑·波拿马》，其中对滑铁卢战役有浓墨重彩的描绘。

② 司汤达：在司汤达的小说《巴马修道院》中，原本要从军投奔拿破仑帝国军队的主人公法布利斯，却因滑铁卢之战中法军的败北而梦想破灭，其人生的命运甚至因此改变。滑铁卢战役作为小说的有机组成部分，在小说的情节描述中具有重要分量。据说由于司汤达对滑铁卢战役的描写太好，以至于另一法国文学巨头巴尔扎克取消了写滑铁卢的计划。

雨停了。昨天第一次尝到火药味道的年轻士兵们缓慢行进，一如往日一般悠闲。他们一直不见敌人的身影，也找不到败军之师普鲁士军队的任何踪迹。

正当格鲁希元帅在农舍里匆匆忙忙吃早餐时，他们脚下的地面突然微微震动。他们竖起耳朵谛听。如闷雷一般的低沉声音从远处隆隆地传到了他们所在的村庄：他们听到了大炮的声音，应该是炮兵在远处开炮，不过离他们并不是太远，他们最多走三个小时就可以赶到。有些军官学印第安人那样趴下用耳朵贴地聆听，想听清楚声音的确切来源。远处传来的炮声持续且微弱。这就是圣让山上的炮声，滑铁卢之战开始的声音。格鲁希召开了一次军事会议。热拉尔①将军是其手下的指挥官之一，他头脑发热、脾气暴躁，希望"立即朝开炮的方向前进"。另一位军官表示同意，认为必须尽快赶到那里。他们中没有人怀疑皇帝已经对英国军队发起攻击，一场激烈的战斗正在进行。格鲁希却不那么肯定。虽然他习惯于服从命令，但他还是急切地摆弄那张手书——皇帝命令他追击败退的普鲁士军队。热拉尔看到他的上司犹豫不决，更加坚定了决心。"赶紧向开炮的方向前进！"这一次，这句话听起来像是命令，而不是建议。这让格鲁希很不高兴。格鲁希更为强硬和严厉地说，除非皇帝取消旨意，否则他不能偏离皇帝给他的命令。军官们都非常失望，而背景中的炮声不祥地沉默了。热拉尔最后一次尝试，恳求至少允许他带着自己的师团和一些骑兵援战，并保证会及时赶到战场上。格鲁希思考了一下，他思考了一秒钟。

## 决定世界历史的一刻

格鲁希思考了一秒钟，那一秒钟决定了他自己的命运，决定了拿

---

① 热拉尔：法国的将军、政治家和元帅。他在法国大革命和拿破仑战争中表现出色，在滑铁卢战役中，他在利尼英勇作战。1817 年流放归来，他成了反对党的代表，并支持 1830 年七月革命，路易 - 菲利浦就是在那次革命中登上法国王位的。他曾于 1834 年短暂地担任总理。

破仑的命运，也决定了世界的命运。瓦尔海恩的那座农舍里的一秒钟决定了整个 19 世纪的进程，它的不朽取决于这个非常勇敢但非常平庸的人的嘴唇，取决于拿着被揉皱的皇帝命令的那双手。假如格鲁希现在能鼓起勇气，假如他能大胆地违背皇帝的命令，相信自己和眼见的种种迹象，法国将会得救。但一个天生的怯懦之徒只会听命于手写的军令，而不是命运的召唤。因此，格鲁希坚决拒绝改变他们的计划。他说，将这样一支抽调出来的部队再进一步拆分是不负责任的。他得到的命令是继续追击普鲁士军队，而不是别的行动。他拒绝违抗皇帝的命令。军官们愁眉苦脸，一言不发。他周围鸦雀无声，大家都沉默不语。就在这无声之中，决定性的一秒已经过去，之后用什么言语或行动都无可挽回了。威灵顿赢定了。他们继续前进，热拉尔和万达姆①愤怒地握紧拳头，格鲁希很快也感到不安，随着时间一小时一小时地流逝，他对自己越来越没有把握——非常奇怪的是，他们一直找不到普鲁士军队的踪迹。普鲁士军队显然不在直接往布鲁塞尔撤退的路上，信使很快就报告了可疑的迹象，他们在撤退时分成几支小队，转移到了正在激战的主战场。这时格鲁希的人马仍有时间进行最后的快速冲刺，还可以帮助到皇帝。格鲁希越来越不耐烦地等待着皇帝让他返回的命令，可是他并没等到这样的消息。只有低沉的炮声震动着地面，它来自更远的地方：滑铁卢就是孤注一掷的赌场，炮声就是命运掷下来的铁骰子。

## 滑铁卢的下午

时间来到了下午一点。拿破仑主力部队的四次进攻的确都被击退了，但他们也重创了威灵顿的防线，拿破仑已经为决定大局的总攻做好了准备。他命令贝尔阿莱昂斯防线的炮兵加强火力攻击，在炮火的

---

① 万达姆：法国军队中一个有争议的人物，由于性情暴躁，他的敌人左右皆是，尽管如此，由于他令人印象深刻的战斗能力，以及他的无畏和忠诚，他的地位上升了。拿破仑说，如果他有两个万达姆，他就不得不下令让其中一个绞死另一个。

硝烟如阴云密布山头之前，拿破仑对战场投下了最后的一瞥。

他朝东北方望去，只见一股黑影正在向前移动，像是从树林里冒出来似的——是一支增援部队！他立刻把望远镜转向那个方向。是格鲁希大胆地违背了他的命令，奇迹般地及时赶到了？不，一个被带上来的俘虏说，这是冯·布吕歇尔将军的先遣部队。普鲁士军队正在赶来。皇帝第一次意识到，败退的普鲁士军队一定是为了早日和英国军队会师而躲开了己方的追击，而他三分之一的人马却在空旷的土地上徒劳无功地追逐。他立即给格鲁希写了一封信，告诉他不惜一切代价追上普鲁士军队，并阻止他们加入英军阵营。

与此同时，内伊元帅接到了进攻的命令。在普鲁士军队到来之前，他们必须击溃威灵顿的军队。在获胜机会突然减少的情况下，冒多大风险都是值得的。整个下午，对高地的猛烈攻击一浪接一浪，步兵总是被击退。他们一次又一次地攻进被毁坏的村庄，一次又一次被击退。步兵的人浪再次涌起，在飘扬的战旗下，向着敌人的方阵冲去。威灵顿的阵地仍然坚如磐石，仍然没有格鲁希的消息。"格鲁希在哪儿？他到底去了哪儿？"皇帝眼看着普鲁士先遣部队逐渐占领了阵地，焦急地低声咕哝起来，他手下的指挥官也急不可耐。内伊元帅更下定决心最后一搏，他鲁莽地（而格鲁希则优柔寡断）——他的手下已经有三匹战马被射杀了——决定孤注一掷，将全部骑兵投入进攻。一万名装甲骑兵和枪骑兵冒死攻击，他们冲破英军方阵，砍倒炮手，冲破了敌方的一道道防线。虽然他们再次被击退了，但英军的力量正在衰弱，像铁拳一样一直扼守那些山头的防线开始松动。现在，当遭到重创的法国骑兵退却时，拿破仑最后的后备部队——老卫队①，正步履沉重地

---

① 老卫队：拿破仑帝国的卫队，是一支精锐的火枪兵部队。这些训练有素、经验丰富的军人由拿破仑亲自挑选，作为他的私人卫队的一部分。在对俄作战戏剧性地失败后，这些人是拿破仑仅存的几个忠诚士兵，但由于在巴黎得不到支持，拿破仑被迫解散了他们。然而，1815 年拿破仑流亡归来后，他们又被召回，并和他们的领袖一起凯旋巴黎。老卫队的结局是在滑铁卢战役中第一次也是唯一一次被击溃。对于当天作战的许多法国士兵来说，老卫队的撤退就是战斗的结束，也是拿破仑本人命运的终结。

前进，向那座山头发起猛攻，能否攻下这座山头将决定欧洲的命运。

## 决战时刻

从早上开始，双方都出动四百门大炮不间断地轰击。在前线，骑兵队伍与对方的开火方阵交战，战鼓重重地擂响，整个地面都随着鼓声而震动。但是在战场上，在两座山上，双方的元帅正在倾听着比震天动地的交战声更柔和的声音。

在交战的军队上方，双方元帅的两只怀表像小鸟的心脏跳动似的嘀嗒作响。拿破仑和威灵顿都在不停地拿起他们的怀表，数着每一分每一秒，等待着他们最后的、决定胜负的增援部队的到来。威灵顿知道布吕歇尔就在附近，拿破仑则急盼格鲁希的到来。他们两个都没有其余的后备力量，哪一方的增援部队先到，哪一方就决定了战役的进程。两位指挥官都在通过望远镜观察树林的外围，普鲁士先头部队像一团薄云出现在那里。不过这只是散兵游勇，还是被格鲁希追击的主力部队？现在，英国人正在进行最后的负隅抵抗，但法国军队也已经疲惫不堪。双方的士兵像两个摔跤手一样喘着气，都已经没了力气，在最后一次攻击之前，他们都在喘息着。不可挽回的决定性时刻已经到来。

现在，普鲁士的侧翼终于传来了隆隆的炮声、短兵相接声以及步枪的射击声。"格鲁希终于到了！"拿破仑长出了一口气。拿破仑相信自己的侧翼已经稳固无忧，于是召集了最后一批士兵，再一次向威灵顿的主阵地发起进攻，以打破布鲁塞尔城外的这道防御墙，打开通往欧洲的大门。

但是这些枪声只是一场错误、小规模战斗的一部分，赶到阵地的普鲁士军队被他们看到的汉诺威（英军）的服装搞糊涂了，以为他们是敌人，于是与他们交火。在意识到自己的错误之后，他们很快停止了射击，现在他们的大部队浩浩荡荡、强健有力、不受阻碍地从树林中涌了出来。这不是格鲁希的军队，而是布吕歇尔的军队，他们的到来注定了拿破仑的灭亡。这个消息很快在帝国军队中传开，他们开始撤退，但仍保持良好的秩序。然而，威灵顿抓住了这个关键时刻。他骑马走到防守胜利的山岗上，向撤退的敌人举起帽子，在头顶上挥舞。他的部下立刻明白了这是他获胜的姿态。威灵顿的人马所剩无几，但他们还是突然奋起向敌人发起猛攻，现在法军已是一片混乱。与此同时，侧翼的普鲁士骑兵向疲惫不堪、四分五裂的法国军队发起冲锋。"各自逃生吧！"几分钟之内，惊恐万状的溃退的法国大军就成了一股洪流，这洪流席卷一切，甚至连拿破仑本人都被裹挟而去。普鲁士骑兵们策马急奔，冲进这条急速撤退逃窜的人流，在这惊心动魄的恐慌中轻而易举地打捞出拿破仑的马车、军队的财物，缴获了所有的大炮，只是因为夜幕的降临，皇帝的生命和自由才保住了。但是那个在午夜浑身脏兮兮、近乎瘫痪地倒在低矮的乡村小旅馆的椅子上的人，现在已经不是皇帝了。他的帝国，他的王朝，他的命运都完蛋了：一个渺小而无足轻重的人的一时怯懦，毁掉了这个最大胆、最有远见的冒险家在二十年岁月中建立起来的东西。

## 回归平凡

　　英普联军将拿破仑的军队击溃时，一个当时几乎默默无闻的人正开着一辆特快四轮马车向布鲁塞尔飞驰，随后他从布鲁塞尔赶到海边，一艘船正在那里等着他。他赶在政府信使之前坐船赶到了伦敦，由于当时人们还不知道拿破仑已经失败的消息，所以他趁机在证券交易所大赚了一笔。他的名字叫罗斯柴尔德①，凭借这一天才举动，他建立了另一个帝国，一个家族王朝。第二天，英格兰知道了胜利的消息，而在巴黎，富歇——这个永远的背信弃义者，也获知了拿破仑失败的消

---

① 罗斯柴尔德：内森·罗斯柴尔德，德国犹太银行家、商人和金融家。他靠滑铁卢战争发迹一说是言过其实。有研究者指出，不管内森从滑铁卢赚了多少钱，肯定都少于100万英镑。对于内森·罗斯柴尔德及其家族而言，滑铁卢突显了建立在强大家族关系和无与伦比的通讯网络基础上的商业计划的成功。

息。布鲁塞尔和德国正在敲响胜利的钟声。

第二天早上，只有一个人仍然对滑铁卢战役的结果一无所知，尽管他离那个决定性的战场只有四个小时的路程，他就是不幸的格鲁希。他坚持不懈，按照拿破仑给自己下达的命令，一直追击普鲁士军队——但是说也奇怪，他一直没有找到他们，这让他惴惴不安。与此同时，大炮的声音越来越大，好像在发出呼救。他们感觉大地在颤抖，每一声炮响都像是打在了他们的心坎里。现在，他们所有人都知道了，这不是小冲突，而是一场大战役，决定性的战役。格鲁希策马骑行在他的军官们之间，心下惶惶不安。他们避免与他讨论战事，因为他先前拒绝了他们的建议。

最后，他们在达瓦弗遇到一支普鲁士部队，即布吕歇尔的后卫军，这就像一次幸运的解脱。格鲁希的人马向阻挡他们的普鲁士人发起猛攻。热拉尔身先士卒地冲在他们前面，像是受不祥的预感驱使，要去找死。一颗子弹将他击中了，这个最喜欢大声警告格鲁希的人现在沉默无言。傍晚时分他们冲进了村庄，但他们感觉到，这次对普鲁士后备军的小小胜利，现在已经变得毫无意义，因为突然间，主战场那边一片寂静——惊人的沉寂，可怕的平静，死一般的安静。他们觉得枪炮声甚至都比这种令人紧张不安的沉寂要好。这场战斗想必结束了，他收到了来自滑铁卢主战场的便条，敦促他前去援助皇帝。一切已经太晚了！滑铁卢战役一定结束了。但是谁赢了？他们等了一整夜，徒劳无功。没有来自战场的消息，仿佛大军已经忘记了他们，他们是无法穿越的空间里的空洞而虚无的人物。第二天早上，他们拔营出发，再次开始行军，疲惫至极，一早就清楚了他们的所有行动都是徒劳的。

终于在早晨十点，总参谋部的一个军官向他们飞驰而来。他们把他从马上扶下来，向他提问题。但是这位军官满脸惊惶失措，鬓角湿漉漉的，因紧张而颤抖，使尽全身气力只结结巴巴地说出了一些难以理解的话——那些他们不懂、不能也不会理解的话。当他说再也没有皇帝，没有帝国军队，法国已经完蛋了时，他们认为他一定是喝醉了或者是疯了。然而，他们逐渐从他口中了解到了全部真相。这一毁灭性的描述让他们极度震惊，面如死灰。格鲁希站在那里，脸色苍白，浑身颤抖着，靠在剑上。他知道他的殉难开始了，但他坚定地把所有的责任都揽到自己身上，这是一项吃力不讨好的任务。这位皇帝的部下曾经优柔寡断，在那个关键时刻没有做出关键的决定；现在，面对近在眼前的危险，他又变成了一个人，几乎是一位英雄。尽管眼里饱含愤怒和悲伤的泪水，他还是立即召集了所有的军官，发表了一个简短的讲话，他在讲话中既为自己当时的犹豫不决辩护，又为自己没有当机立断感到悲恸。昨天仍对他怀恨在心的军官们此时默默地听着，他们中的任何人都可以责备他，并夸耀自己的观点更正确。但是他们没有一个人敢这样做，也不想这样做。他们沉默了很长一段时间，深深的悲哀让他们都说不出话。

之前错过了至关重要的一秒钟，在此刻的一个小时里，格鲁希又展现了他所有的军事力量，但现在为时已晚。他所有的美德、细心、效率、谨慎和认真现在都表露无遗，他再次相信自己，而不是书面命令。在被比自己强大五倍的力量的包围下，他率领部队再次冲出敌阵，没有损失一门大炮或一个人，为法国和拿破仑帝国保存了最后一支军队，这是一次卓越的战术成就。但是当他回家时，没有皇帝来感谢他，也没有敌人需要对付。他来得太晚了，永远太晚了，即使从表面上看，他的生活走上了一条晋升的康庄大道，他后来被任命为总司令，当选为贵族院议员。他在这些职位上都以胆识地证明了自己的价值，然而这些都无法救赎被他贻误的那一刻，那一瞬间，他原本可以成为命运的主人——假如他有能力承受它。

这就是那伟大的一秒展开的可怕报复，这样电光石火的惊人时刻很少降临到普通人的生活中，可在它真的降临时，一个不知道如何利用它的人却被不公正地召唤去把握住它。资产阶级的一切美德，如远见、服从、热情和谨慎，在命运的烈火中全都没用，这个时刻只需要天才，它会将天才塑造成永垂不朽的形象。命运鄙弃优柔寡断之人，它是这世界上的另一个神，只愿意用它那炽热的双手将勇敢者送上英雄的天堂。

# 马里恩浴场哀歌

在卡尔斯巴德到魏玛路上的歌德

1823 年 9 月 5 日

1823 年 9 月 5 日，一辆马车沿着卡尔斯巴德①到埃格尔②的公路缓缓行驶。秋日的清晨寒气逼人，凛冽的寒风吹过收割过的田野，湛蓝的天空横亘于广袤的土地上。马车里坐着三个人：萨克森 - 魏玛公国的枢密院议员歌德（卡尔斯巴德疗养院的治疗表格上这样写着对他的尊称），以及两位忠心耿耿的陪同者——老仆人斯塔德曼和秘书约翰，约翰几乎是整个 19 世纪里歌德所有作品的第一位誊抄者。两人都没有说话，因为在他们离开卡尔斯巴德的时候，年轻的姑娘们围着他们的老主人激动地亲吻、话别，打那之后老主人的嘴唇就一直没动过。他在车厢里一动不动地坐着，只有那全神贯注地沉思的目光流露了他内心的活动。到了第一个驿站，他爬下了车，他的两位仆人看到他用铅笔在一张随便找来的纸片上匆匆地写着什么。之后在通往魏玛的路上，在他们停下来休息过夜的时候，他一直重复地做着这些事情。

---

① 卡尔斯巴德：德国巴登·符腾堡州卡尔斯鲁厄区的一个行政区。

② 埃格尔：现为匈牙利赫维什州的县城，也是匈牙利北部的第二大城市。埃格尔以其城堡、温泉浴场、巴洛克建筑、最北部的奥斯曼尖塔、菜肴和红酒而闻名。

第二天到达兹沃塔①，一进哈腾堡城堡②，他所做的第一件事就是匆忙用文字记录下自己在摇晃的马车里构思好的东西。之后抵达埃格尔、帕斯内克③或是其他地方时，也都是如此。而他的日记只留下了简洁的只言片语"校订这首诗已写完的部分（9月6日）""星期日继续写这首诗（9月7日）""又润色了一遍这首诗（9月12日）"……当他们抵达目的地魏玛时，这首诗已经写好了。这部作品就是《马里恩浴场哀歌》，是他晚期最重要、最直抒胸臆、最喜欢的诗作，也是他对过去的勇敢诀别和他英雄历程的新起点。在一次谈话中，歌德曾把他的诗歌称为"内心状态的日记"。在他的生活日记中，或许没有哪一页像这首悲剧性地质询和哀诉他内心最深处的诗这样，将其感受的起始和形成如此公开、如此清晰地展现在我们面前。他年轻时的抒情诗没有哪个像现在这首诗一样，直接描述事件的发生和对它的感受；这首"呈现给我们的美妙的诗"，是这位七十四岁的老人最深刻、最成熟、真正像秋天般芳醇的晚期诗作。它被一笔接一笔、一节接一节、一小时接一小时地写下，一气呵成，浑然一体，完美无缺。没有别的诗作可以和它相提并论。正如他在与艾克曼④交谈时所说的那样，这首诗是"一种非常狂热的心境的产物"⑤，同时又具有最崇高的形式上的克制。因此，在他的创作过程中，他以一种既公开又神秘的方式，将生命中一个极度激情的时刻转化成了最美丽的诗作。即使是在一百多年后的今天⑥，他那波澜壮阔的精彩一生中的这一页也没有任何凋零和黯淡的迹象。而9月5日——这值得纪念的一日，将保留在德国一代代人的记忆和情感中。那让他获得重生的一颗罕见、光芒四射的星辰，

---

① 兹沃塔：现为德国萨克森州沃格朗德克雷斯区的一个自治市。

② 哈腾堡城堡：位于现在的捷克共和国索科洛夫区的约瑟福市的哈比尼村。

③ 帕斯内克：德国城镇，现为图灵根州萨勒奥拉区最大的城市。

④ 艾克曼：德国文学人物，歌德的秘书和朋友。他与晚年的歌德的谈话录，比任何其他关于歌德的回忆录更完整、更具文学价值。

⑤ 一种非常狂热的心境的产物：见《歌德谈话录》。

⑥ 一百多年后的今天：作者写作本文的时间。

照亮了这一页日记、这一首诗、这一个人、这一个时刻。1822 年 2 月，歌德经历了一场严重的疾病，剧烈的颤抖使他的身体摇摆不止。在某些时候他会失去知觉，他自己似乎也觉得自己快完蛋了。医生们没发现明确的症状，只是感觉很危险，他们对此困惑不解。但是这疾病突然消失了，正如它当初突然发作一样。

6 月，歌德去了马里恩温泉浴场 ①。他似乎脱胎换骨，完全变成了另一个人，这次疾病发作仿佛只是他内心恢复活力的一种征兆，一种"新青春期"的表现。这位沉默寡言、固执、满腹书生意气、满脑子只有诗歌创作的人，眼下，隔了几十年之后，他又一次完全沉溺于情感之中。正如他所说的，音乐"打开了他的心扉"。他几乎听不得钢琴的演奏，尤其一听到像是希曼诺夫斯卡 ② 这样的美丽女子的演奏，他的眼睛就会噙满泪水。他最深的本能被唤起并蠢蠢欲动。于是他四处寻找年轻人，他的伙伴们惊奇地看着这位七十四岁的男人直到午夜还兴高采烈地与女人交往，看到他多年以后再次外出跳舞，正如他自豪地讲述的那样："在交换舞伴的过程中，大多数漂亮姑娘都到了我的手里。"他死板的本性在这个夏天神奇地融化了，现在他的灵魂打开了，它屈服于旧的咒语，那永恒的爱的魔法。他的日记泄露了他的"绮梦"；"旧日的维特" ③ 又在他体内苏醒了。与女性的亲密接触激发了他的灵感，因此他写了很多短诗，参与了很多好玩的游戏，和女人们调情，就像半个世纪前他对莉莉·舍内曼 ④ 所做的那样。他一直犹豫不决，难以

---

① 马里恩温泉浴场：现名"马里亚纳"，是捷克共和国卡罗维发利地区的一个温泉小镇。19 世纪下半叶，许多名人和欧洲最高统治者都来这里享受温泉的疗效。

② 希曼诺夫斯卡：玛丽亚 - 希曼诺夫斯卡，波兰作曲家，也是 19 世纪第一批职业钢琴家之一。

③ 旧日的维特：歌德年轻时根据自己的早年经历，写出了书信体小说《少年维特之烦恼》。故事讲述少年维特爱上了一个名叫绿蒂的姑娘，而姑娘已同别人订婚。爱情上的挫折使维特悲痛欲绝。之后，维特又因同封建社会格格不入，感到前途无望而自杀。

④ 莉莉·舍内曼：法兰克福一位富有的银行家的女儿。歌德在 1775 年春天与她订婚，半年后双方的婚约就解除了。但歌德一生都忘不了莉莉。即使在八十岁高龄时，歌德也向他的知己弗里德里希 - 索雷特透露："莉莉是我第一个深爱和真爱的人，也许她也是最后一个。"莉莉作为歌德的作品中的两个女性形象——斯特拉和多萝西娅的原型而载入文学史。

在女人中做出选择。首先是漂亮的波兰女人①，然后是十九岁的乌尔丽克·冯·勒弗佐——面对她，他复苏的感情汹涌澎湃难以抑止。十五年前，他深爱着她的母亲，一年前，他还只是像父亲一样和这位"小女儿"嬉戏。但现在，爱突然变成了激情——一种新的疾病完全控制了他，使他在火山般的情感世界里战栗，这比多年来的任何事情都更使他激动。这位七十四岁的老人像个男孩一样欣喜若狂。他一听到她在小路上的笑声，就丢下手杖和帽子，匆匆下楼去找那个惹人喜爱的姑娘。他像一个年轻人，像一个男人一样追求她。最怪诞的一幕幕场景拉开了，其悲剧元素中含有一点喜剧的意味。

在与医生秘密商议后，歌德向他最年长的同僚——大公透露了他的意图，并请他代自己向勒弗佐夫人求婚，求得她女儿乌尔丽克的芳心。大公回忆起五十年前他们一起和女人疯狂作乐的夜晚，心里也许默默地、恶作剧似的揶揄起了这位令欧洲钦佩的最聪明、最成熟、最理智的德国人。大公郑重其事地戴上了他的星形勋章，去代他向乌尔丽克的母亲求婚，请求她将十九岁女儿的手交给这位七十四岁的老男人。

对于她的回应，我们一无所知，对方似乎采用了拖延战术，因此歌德就成了一位没有把握的求婚者。一个转瞬即逝的亲吻、一句浪漫的爱的话语，都会使他心花怒放；与此同时，欲望却越来越强烈地涌上他心头，他渴望占有那位温柔可爱的女人的青春。这个永远急不可耐的男人希望在这最有利的时候为赢得佳人芳心而努力。于是，他痴情地跟着心爱的人从马里恩温泉浴场到了卡尔斯巴德。到了那里，他却发现他热情的欲望并没有得到满足的希望，随着夏日的过去，他的痛苦也与日俱增。最后，告别的日子临近了，他什么承诺也没收到，什么保证也没得到。而当马车滚滚向前的时候，这位伟大的预言者觉得他生命中的某些时刻已经结束了。但是在黑暗的时刻，一位最深的痛苦的永恒伴侣，一位古老的安慰者——上帝，就在他身边。创作之神对苦难的人俯下身子。这个在尘世中找不到安慰的人，开始向神灵呼唤。再一次，正如他已经

---

① 波兰女人：希曼诺夫斯卡。

做过无数次的那样，歌德从现实遁入诗歌。这位七十四岁的老人最后一次怀着对神灵的无比感激，写下了他的诗——题词是他在四十年前为塔索①创作的诗句，现在他再次惊奇地体验到了其中的情感：

> 当一个人停止悲叹，
> 上帝就让我讲述我悲伤的故事。②

现在，老人坐在滚滚向前的马车里沉思，为内心中一连串的疑问得不到答案而非常郁闷。那天清晨，在"喧闹的告别"中，乌尔丽克和她妹妹又一次匆匆来到他身边。那年轻、可爱的嘴唇仍然亲吻了他，但那是像女儿一般温柔的吻吗？她会爱他吗？她不会忘记他吧？而他的儿子、儿媳妇急不可耐地等待着继承他丰厚的遗产，他们会容忍这样一桩婚姻吗？这个世界会不会嘲笑他？他不会在接下来的一年里与她渐行渐远吧？而当他见到她时，他又该对重逢抱有怎样的期望？

问题纷至沓来。突然之间，其中的一个问题，那最重要的一个问题，化成了一句话、一节诗。上帝赐予他"倾诉痛苦"的能力。于是内心的呼唤，一股极度激动的原始冲动，几乎直截了当地、赤裸裸地进入了诗中：

> 现在是否还抱再次见面的希望，
> 对那今天依然关闭的花苞？
> 天堂和地狱都向你敞开，
> 心旌如何摇荡——

现在，这痛苦凝结成水晶般的诗节，将他自己纷乱如麻的重重困

---

① 塔索：托夸托·塔索，意大利文艺复兴晚期最伟大的诗人。
② 这是诗剧《塔索》中第五幕第五场中塔索所说的台词，歌德用这句台词的大意作了本诗的题词。

惑奇妙地净化了。正当诗人在心烦意乱的痛苦中徘徊，沉浸在"郁闷的愁绪"的时候，他在不经意间举目张望。从向前滚动的马车上，他看到了波希米亚清晨一派寂静的风光，这神圣的祥和景象与他内心的烦闷形成了对比，于是他刚刚看到的情景跃然于他的诗中：

> 世界岂非还在？陡峭的岩壁，
> 难道它们已不再戴上神圣的面罩？
> 庄稼不再成熟？溪流边的灌木丛——
> 周边的树木芳草不再绵绵伸延？
> 那时而包罗万象，时而无形无相的
> 奇妙的天穹岂非还在上升？

然而，这个世界对他来说太缺乏生命力了。在这样激情洋溢的时刻，他能够理解的一切都只与他心爱的女人的翩翩倩影相关。神奇的是，这美好的记忆又在变幻莫测中鲜活地展现于眼前：

> 就像六翼天使，从乌云中显身，
> 柔软、优雅、轻盈、美丽，
> 像她一样，在我们头顶的蓝色穹苍中，
> 一个纤细的身影盘旋徘徊。
> 于是，你看到她欢欣地前进，
> 最美丽之舞蹈中的最美丽之人。
> 然而，有那么一瞬间，你只敢
> 以一个轻盈的幻影代替她。
> 回到你的心里吧，在心里更好。
> 因为在心里，她的形象变幻莫测，
> 以前是一个人，现在演变成许多人，
> 千姿百态，一种更比一种珍贵。

被唤起的乌尔丽克的形象，现在诱人地呈现在眼前。他描述了她如何接受他并"随后次第加惠于我"，以及在最后一吻之后，她如何将"最终的一吻"紧贴在他的嘴唇上。这位年老的大师以极其高雅的形式，写下了关于奉献和爱的感受的诗节。这在德语或任何其他语言中都是有史以来最为纯洁的诗句之一：

> 在纯洁的胸怀里，涌动着一种渴望，
> 满怀感激的心情，
> 要献给一个更神圣、更纯粹的未知事物，
> 要解脱自己永久的无名。
> 我们称它为：虔诚！——这最幸福的喜悦，
> 我觉得有份，当在她的眼前。

然而，正是这种再次沉醉于极乐境界的感觉让这位被遗弃的人因为眼下的分离而更加痛苦。现在，这种痛苦迸裂爆发出来，几乎破坏了这首伟大诗篇崇高的哀歌情调。

这是一种情感的坦露，多少年来，仅此一次，情感的经历直接转化成了诗句。这首哀歌实在感人至深：

> 我现在已经远了！现在这一分钟，
> 我该如何度过？我几乎说不上来；
> 她给了我的心许多丰富的财产，
> 但这些只让我苦恼，我宁可拒绝。
> 无法抑制的渴望依然驾驭着我，
> 所有的忠告，除了无尽的眼泪，都已经消逝。
> 流淌吧，就永不停歇地流淌吧，
> 但是从未能熄灭我心中的火焰！

接着，最后的呼唤越来越可怕，简直剧烈到了无以复加的地步：

现在就把我留在这里吧，我生命中真正的伴侣！

让我一个人待在岩石上、荒野上；

但是鼓起勇气吧！整个世界向你敞开，

天宽广无垠，地也辽阔无边；

观察、探索，用你探究的眼光，

自然会坦露她的奥秘。

一切都属于我，我自己却充满了失落。

我曾经是众神的宠儿。

他们诱惑我，让潘多拉毁了我，

财富如此丰富，危险却更令人担忧；

他们把我推向他们的嘴唇，欣喜若狂，

却又抛弃我，让我沉沦尘世。

　　这位原本矜持的人从未写过类似的诗句。他年轻时就懂得如何隐藏自己，长大后更懂得如何克制自己。他通常总是用镜像性的意象、隐喻、符号来揭示自己内心深处的秘密，然而在这首诗里，当他垂垂老矣，他却第一次以一种无拘无束的洒脱方式直陈自己的感情。五十年来，这位伟大的抒情诗人内心的感情，在他生命的这个显著的转折点上，在这难忘的一页上，也许表现得最为活跃。

　　就连歌德本人都觉得这首诗神秘莫测，是命运难得的恩赐。他回到魏玛后，甚至来不及从事任何其他工作或履行家庭责任，第一件事就是立即将这首哀歌艺术化地誊录下来，亲自书写。整整三天，他像一个待在牢房里的僧侣一样，用醒目的大字，在特别挑选的仿羊皮纸上誊抄这首诗，并把它珍藏起来，而且不让他最亲密的伙伴，甚至他最信任的人知道。他亲自完成了这首诗的装订，以免流言蜚语不胫而走，他用红色摩洛哥羊皮作为诗稿的封面，用一根丝带系好①（后来他

————————

① 艾克曼在《歌德谈话录》中描绘歌德对这首诗的珍视："他亲手用拉丁字母把诗句写在坚固的仿羊皮纸上，并用一张红色的摩洛哥羊皮将它包起来，然后用一根丝带系好。这样，仅仅根据外表，我便能做出判断，歌德特别重视这首诗，认为它的价值高过他其他的诗。"

把封面换成一种奇妙的蓝色亚麻布，今天仍然可以在歌德 - 席勒资料馆里看到）。

那些天来他感觉心烦意乱，焦躁不安。他的结婚计划在家里换来的只是嘲笑，甚至让儿子反感，满怀对他的恨意。他只能在自己的诗中与心爱的人相处。直到那位美丽的波兰女人希曼诺夫斯卡再次来访，唤起他对马里恩温泉浴场的明媚时光的回忆，才令他重新精神焕发，再次乐于和人交流。

10 月 27 日，他终于将艾克曼叫到自己的房间里，他以充满仪式感的方式朗读这首诗，表明他对这首诗的感情是如何的不同寻常。他让仆人在他的书桌上放了两支蜡烛，然后才请艾克曼在灯光前坐下，朗读这首哀歌。其他人逐渐也听说了这首诗，但只有他最亲密的伙伴才能读到，因为按照艾克曼的话说，歌德"像守护圣物一样"守护着这首诗。

这首哀歌对他的人生具有特殊的意义，接下来的几个月很快就表明了这一点。他的健康状况一日日变好，但很快就又垮掉了；他又一次濒临死亡边缘，一会儿从床上挪步到扶手椅上，一会儿又从扶手椅上挪步到床上，一刻也不得安宁。他的儿媳妇旅行去了，他的儿子对他充满了恨意，没有人关心或照顾这个被遗忘的生病老人。然后，显然是在他朋友们的召唤下，他心中最亲密的友人泽尔特从柏林赶来，对方立刻意识到了他内心燃烧的烈焰。"瞧我发现了什么，"泽尔特惊讶地写道，"这个人看起来像是热恋中的人，全心全意地热恋，因而他的快乐中有着一种青春般的痛苦。"为了治愈他，泽尔特"怀着深深的同情"一遍又一遍地给歌德读这首诗，歌德一直在听，从来没有厌倦的时候。"这真的很特别，"他在康复后给泽尔特的信中写道，"多少次你用敏感而温柔的声音朗读，让我感受到了一些对我来说非常珍贵的东西，尽管我不愿意对自己承认。"然后，他继续说，"我对这首哀歌爱不释手，不愿别人得到。但我们在一起的时候，你不断地读和唱给我听，以至于用心记下了它。"

就像泽尔特说的那样，疗愈的方法来自"伤害了他的矛"。人们可以这么说，歌德用这首诗拯救了自己。痛苦终于烟消云散，最后的绝望念头被克服了，和他心爱的"小女儿"结婚的梦想也结束了。他清楚自己再也不会去马里恩温泉浴场，再也不会去卡尔斯巴德，再也不会去那个无忧无虑的人的逍遥快活的世界了。从那以后，他的生命只属于工作。这个经受了考验的人放弃了命运的新起点，另一个伟大的词代替了它进入了他的生命，那个词就是——完成。他认真地将目光投向了自己历时六十年所写的作品上，他发现这些作品已经零落、散乱不堪，于是他决定，既然他现在已经不能再进行新的创作，那么至少也要对过往的作品做一番搜集整理。他签订了出版合集的合同，获得著作权。他最近才在一位十九岁少女身上消耗掉的爱，现在转而倾注到了他年轻时的两个老伙伴上——《威廉·迈斯特》和《浮士德》。他精力充沛地工作，在发黄的书页中的上个世纪的写作计划现在得到了继续。八十岁之前，他已经写完了《威廉·迈斯特的漫游时代》。八十一岁时，这位老人以英雄般的勇气投入他一生的"主要任务"——《浮士德》，在《马里恩浴场哀歌》后又度过了宿命般悲剧的七年，他终于完成了这部作品。他怀着像对那首哀歌一样的虔诚之情，将《浮士德》锁了起来，不让世人知道。

在这两种情感之间，在最后的渴望与最后的自我否定之间，在开始与完成之间，9月5日，作为一个顶峰，作为内心改变的一个难忘时刻，他告别了卡尔斯巴德，告别了爱，以一首感人至深的哀歌使那一天变成永恒的日子。我们可以说，那一天值得铭记，因为从那时起，德国文学再也没有这样一个辉煌的时刻，一种最原始最强烈的感情倾注在了这首伟大的诗中。

（《马里恩浴场哀歌》全诗译文见附录）

# 发现黄金国：从天堂到地狱

约翰·奥古斯特·萨特，加利福尼亚
1848 年 1 月

## 一个厌倦了欧洲的人

　　1834 年，一艘轮船正从勒阿弗尔[①]开向美国纽约。在船上的数百名亡命之徒中，有一人名叫约翰·奥古斯都·萨特，在本文中他将被称为约翰·奥古斯特·萨特。他三十一岁，出生于瑞士巴塞尔[②]附近的雷恩伯格，破产的他被指控犯有盗窃罪和伪造罪，因此急于逃离欧洲法庭。他抛弃了妻子和三个孩子，利用一本假护照在巴黎弄了一些钱，踏上了寻找新生活的旅程。7 月 7 日，他在纽约登陆，随后在那里待了两年，期间他从事过形形色色的工作，先后做过包装工、药剂师、牙医、药品推销员，之后成了一家酒馆的老板。在这座城市稳定下来以后，他买了一家旅馆，又把它卖掉，然后跟着时代的潮流，迁徙到了密苏里州。他在那里搞起了农业，不久就发了笔小财，可以过上安生的日子了。但不断有形形色色的人，如皮草商人、猎人、冒险家和士兵打他家门前经过，他们或从西部来，或到西部去。日子久了，"西部"这个词对萨特逐渐具有了一种神奇的魔力。首先，大家都说要

---

① 勒阿弗尔：法国北方海滨城市。
② 巴塞尔：位于瑞士的西北角，与德国和法国接壤，是瑞士的第三大城市。

去那儿得先穿过一片大草原——大草原上有成群结队的野牛，在草原上有可能连续好几天甚至好几个星期都见不到一个人影，只能看到红皮肤的印第安人在狩猎；然后，你需要面对几乎高不可攀的崇山峻岭；最后才能到达那片名为"西部"的土地。除了听说那里有闻名于世的惊人财富，谁也不清楚那片土地的确切情况，因为当时的加利福尼亚仍未被开发和探索。那是一片流淌着奶与蜜①的土地，任何人都可以不花分毫地享受它的丰饶——只不过它在很遥远的地方，远到没有尽头，到那里去要冒生命危险。

但是，约翰·奥古斯特·萨特的血管里流淌的是冒险家的血液，无论密苏里的土地有多好，他都不愿意再待下去耕作了。1837 年的一天，他卖掉了所有的财产，用马车、马匹和野牛群装备了一支探险队，从独立堡出发，去向未知的地方。

## 去往加利福尼亚之路

1838 年，萨特和两名军官、五名传教士及三名妇女乘坐水牛车，向着茫茫的远处驶去。他们穿过一片又一片的大草原，最后翻过连绵的高山，向着太平洋进发。经过三个月的艰苦跋涉，他们在 10 月底抵达了温哥华堡。两名军官已经离开了萨特，传教士们也不会再往前走了，三名妇女因受不了旅途的艰辛而死去。

现在只剩下萨特孤零零一个人了，人们试图把他留在温哥华堡，要给他谋个职位，但他拒绝了这样的好意。加利福尼亚这个神奇的名字对他的诱惑，已经渗进了他的血液里。

他乘坐一艘摇摇欲坠的帆船穿越太平洋到达桑威奇群岛②，在阿拉斯加海岸历经无尽的困难后，他在一个被称为"圣弗朗西斯科"的荒

---

① 奶与蜜：《圣经·出埃及记》记载着公元前 1300 年，摩西得到上帝耶和华的指示，引领以色列人逃出埃及到达迦南——这是一块流着奶与蜜的地方。后来，"奶与蜜之地"用于形容美丽富饶之地。

② 桑威奇群岛：詹姆斯·库克船长在 1778 年为夏威夷群岛所取的名字。

无人烟的地方登陆。当时的圣弗朗西斯科和今天的圣弗朗西斯科（旧金山）不可同日而语，1906 年大地震之后，这个城市得到飞速发展，人口达到数百万。而那时它还只是个贫穷的渔村，其名字来源于方济各会①，它甚至不是鲜为人知的墨西哥加利福尼亚省②的首府。在这个新大陆最繁华、富庶的地区，它却荒无人烟，没有牲畜，也没有良好的发展环境。

权威的缺失、叛乱的时时发生、驮畜和劳动力的短缺，以及解决这些问题遭遇的资源匮乏，使西班牙当局在此地的混乱管理雪上加霜。萨特租了一匹马，骑着它到了肥沃的萨克拉门托山谷。他只转悠了一天，已经心中有数，他不仅可以在这里建立一个大农庄，甚至可以建立一个王国。第二天，他驱车前往衰败的首府蒙特雷③，向阿尔瓦拉多总督做了自我介绍，并告诉总督，他打算开垦这片土地。他从桑威奇群岛上带来了卡纳克人④，计划定期将更多勤劳的有色土著人带来这里。他自己承担了建造定居点的责任，并建立了一个叫作新海尔维提亚⑤的小领地。

"为什么叫新海尔维提亚？"总督问。

"我是瑞士人，也是共和党人。"萨特回答说。

"很好，就按你的意思办吧。我许可你租借经营十年。"

我们可以断定，交易很快就达成了。在一个离任何一种文明都有

---

① 方济各会：是天主教托钵修会之一，提倡过清贫生活，衣麻跣足，托钵行乞，会士间互称"小兄弟"。他们效忠教皇，反对异端。

② 加利福尼亚省：加利福尼亚开始并不属于美国。1542 年，欧洲人首次来到加利福尼亚州。1579 年，英国夺取了加利福尼亚。1602 年，加利福尼亚成为西班牙殖民地。1821 年，墨西哥从西班牙独立出来，加利福尼亚成为这个新国家的领土。1846 年到1848 年，美国和墨西哥打了一场仗，以墨西哥投降告终，加利福尼亚成为美国领土。不久之后，在萨特的磨坊发现了黄金，探险者蜂拥至加利福尼亚，致使那里的人口激增。1850 年 9 月 9 日，加利福尼亚成为美国的第三十一个州。

③ 蒙特雷：是位于加州中部海岸蒙特雷湾南端蒙特雷县的一座城市。它建于 1770 年6 月 3 日，是西班牙和墨西哥统治下的加利福尼亚的首府。

④ 卡纳克人：是新喀里多尼亚的美拉尼西亚土著居民。

⑤ 新海尔维提亚：意为"新瑞士"。

千里之遥的地方，一个人的能量，使他可以获得和在国内不同的身价。

## 新海尔维提亚

1839 年，一辆运送货物的大篷车正沿着萨克拉门托河岸缓缓前行。萨特骑在马背上，走在所有人的前面，他身上挎着枪，身后是两三个欧洲人。再往后是一百五十个穿着短衫的卡纳克人，三十辆装载着粮食、种子和弹药的牛车，五十匹马、七十五匹骡子、牛和羊，最后是一支守卫队。这就是出发去征服新海尔维提亚的全部人马。

巨大的火浪在他们的前头翻卷了起来。他们边走边把森林点燃，这是一种比砍伐树木更容易的清理土地的方法。当汹涌的火焰席卷了整片土地，当树桩还在冒烟的时候，他们就开始工作了。他们建造库房，打水井，在不需要耕犁的土地上播种，筑起围栏，将庞大的羊群和牲畜圈进来。渐渐地，更多的工人从附近废弃的传教站聚居地赶过来。

这次冒险获得了巨大的成功。播下的种子最后的收获比播种量高出五倍，谷仓爆满，牲畜数量很快增加到几千头。尽管还要面对很多困难——土著人不断来骚扰，他们需要组织人马讨伐这些人，将其驱赶开——但新海尔维提亚已经扩展成为一片辽阔的热带领地。萨特率人挖掘了运河，建造磨坊和工厂，驾船在河流的上下游穿梭。萨特不仅为温哥华堡和桑威奇群岛提供补给，还为所有驶入加利福尼亚海岸的船只提供补给。他种植果树，加利福尼亚水果直至今仍然名闻天下，深受人们喜爱。由于此地极适宜果树生长，于是他将法国和莱茵河运来的葡萄藤在此栽培，几年后它们就覆盖了大片区域。他自己建造房屋，兴办起繁荣的农场。他派人到巴黎的普莱耶公司买了一架钢琴，运送钢琴的旅程花了 180 天；他还在纽约买了一台蒸汽机，用六十头水牛运载着横穿整个大陆。他在英国和法国最大的银行都有信贷和账户。现在，四十五岁的他记起了他抛弃的妻子和三个孩子。于是他写信给他们，请他们到他的王国来，因为他很清楚自己手头握有的财富：

他是新海尔维提亚的领主，他是世界上最富有的人之一，而且将会继续富裕下去。此外，美国最终从墨西哥手中夺取了这块一度被放任不管的殖民地。现在一切都安全有保障。再过几年，萨特将成为世界上最富有的人。

## 一锹带来厄运

1848 年 1 月。木匠詹姆斯·W. 马歇尔心情激动地突然冲进约翰·奥古斯特·萨特的家，说自己一定要和萨特谈谈。萨特很惊讶。前一天他刚把马歇尔派到他位于科洛马的农庄的新锯木厂工作，现在这个人未经允许就回来了。马歇尔站在萨特面前，激动得浑身发抖。他把萨特拉进办公室，关上门，然后从口袋里掏出一把沙子，沙子里有一些黄澄澄的颗粒。据说昨天挖沙的时候，他注意到了这种奇怪的金属，他以为是金子，但其他人都嘲笑他。萨特对他说的话很重视；从剩下的沙子中提取出这种黄澄澄的颗粒，然后进行检验——它们确实是金子。萨特决定第二天和马歇尔骑马去农场看看。但木匠是第一个感染这种可怕的狂热症的人，这种狂热症很快将震撼整个世界。那天晚上，木匠在暴风雨中骑马回到锯木厂，迫不及待地期待检验结果。

第二天早上，萨特上校赶到科洛马。他们在运河上筑坝，检测河中的沙子。他们只需拿一个筛子，来回摇晃一下，黑色的网眼上就会留下闪闪发光的金粒。萨特把身边的几个白人召集起来，让他们发誓保密，直到锯木厂建成完工。然后，他骑马回到他的农场，心情严肃而坚定。他有重要的事情要考虑：在人们的记忆中，黄金从来不会像现在这般容易捡到，从不会像现在这样公然出现在地上，而这片土地属于他，是他萨特的财产。这一夜的发现胜过他十年的打拼，他将成为世界上最富有的人。

# 淘金热

他成了世界上最富有的人吗？不，他成了这个世界上最贫穷、最可怜、最绝望的乞丐。一个星期后，秘密泄露了。一个女人将此消息泄露给了某个路过的陌生人，并给了他几粒金沙。接下来发生的事情堪称史无前例。萨特手下的所有人都撂下了自己手头的工作：铁匠离开了铁匠铺，牧羊人离开了羊群和牲口，葡萄种植者放弃了葡萄园，士兵们丢下了他们的枪……他们像着了魔一样，都匆匆忙忙地拿起筛子和平底锅，跑到锯木厂去从沙子里筛金子。一夜之间，农庄荒废了：没有人给奶牛挤奶，奶牛惨叫着倒地死去；成群的野牛冲破了栏杆，踩过庄稼地；庄稼因为无人收割烂在了地里；没有人制作奶酪；谷仓年久失修破败不堪。这个巨大企业的钟表已经停止运转了。电报把金色的希望洒在陆地和海洋上，人们从各个城市和港口跑到这里。水手们离开他们的船只，政府官员离开他们的岗位，他们从四面八方步行、骑马或坐车赶来，排成无穷无尽的队伍。这就是淘金热，淘金者像是一群人类蝗虫——一个漫无目的的野蛮部落，他们没有法则，只知道信奉拳头，没有法令，只服膺左轮手枪，他们淹没了这个一度繁盛的殖民地。对他们而言，这里没有主人，各自为王，也没有人敢反抗这些亡命之徒。他们屠杀萨特的牛，拆毁他的谷仓为自己盖房子，践踏他田里的庄稼，偷走他的机器——一夜之间，约翰·奥古斯特·萨特像乞丐一样穷。就像迈达斯国王一样——迈达斯国王被自己点化的金子所害，终被饿死。

这场前所未有的淘金风暴变得越来越猛烈。它的消息已经传到了外面的世界，仅在 1848 至 1851 年间，就有一百艘船从纽约出发，大批的冒险家从德国、英国、法国和西班牙赶来。有些人绕过合恩角①航行，但对于那些最没有耐心的人来说，这样的旅程未免太长了，他

---

① 合恩角：智利南部火地岛群岛最南端的岬角，位于小霍诺斯岛上。合恩角是德雷克海峡的北部边界，也是大西洋和太平洋的交汇点。

们会选择更危险的方式——穿越巴拿马地峡<sup>①</sup>。有家公司迅速决定在地峡上修建一条铁路，成千上万的工人在施工中死于热病，只是为了让那些没有耐心的人能更快得到黄金。庞大的商队穿过大陆，不同种族和语言的人都在约翰·奥古斯特·萨特的土地上挖掘黄金，就好像是在他们自己家挖掘一样。一座城市如梦似幻般地在圣弗朗西斯科的土地上迅速崛起，按照一份签字盖章的政府公文，圣弗朗西斯科是属于萨特的，但陌生人之间相互买卖他的土地，他的领地新海尔维提亚消失了，取而代之的是加利福尼亚黄金国。

约翰·奥古斯特·萨特又一次破产了，他凝视着这些突然出现的巨大的不和谐种子，茫然不知所措。起初他试着带领他的仆人、同伴一起挖掘黄金，以攫取财富，但是每个人都离开了他。因此，他完全撤出了黄金产区，远离了那条该死的河流和那片可怜的沙滩，到他的一个靠近山区的偏远农场隐居了起来。最后，他的妻子和三个成年的孩子到达了那里，但妻子很快就因旅途劳累而死去了。但他现在有三个儿子，算上他自己，他们有八双手。这样，约翰·奥古斯特·萨特成了农业学家。这是第二次了，现在和他的儿子们在一起，他打起精神，平静而坚强，努力利用这块神奇的肥沃土壤。他又一次制订了一个计划，并把它藏在心里。

## 诉讼

1850 年，加利福尼亚已经成为美利坚合众国的一部分。在美国的严格法治下，纪律和财富最终来到了曾经痴迷于黄金的这个地区。无政府状态得到控制，土地法再次得到执行。

现在，约翰·奥古斯特·萨特提出了他的权利要求。他宣称，圣弗朗西斯科市的所有土地都理所当然地属于他。他说，加利福尼亚州有责任赔偿他因财产被盗所遭受的损失，对从他的土地上挖走的黄金，

---

① 巴拿马地峡：美洲中部的一个地峡，连接南、北美洲。

他要求自己应得的一部分。于是，一场人类史上前所未有的诉讼开始了。约翰·奥古斯特·萨特对一万七千二百二十一名定居在自己种植园的农民提起诉讼，要求收回被他们盗取的土地。他要求加利福尼亚州赔偿二千五百万美元，作为对他修建道路、运河、桥梁、水坝和磨坊的赔偿。此外，他还要求美国联邦政府赔偿二千五百万美元，以补偿他的财物被毁的损失，另外所有从他拥有的土地中挖出的金子，都应给他一份。他把长子埃米尔送到华盛顿学习法律，以便采取适当的法律行动。他把新农场带来的巨额收入全部用于提起这场昂贵的诉讼，他花了四年时间走完所有的程序。

1855 年 3 月 15 日，法院终于做出了裁决。廉洁的汤普森法官是加利福尼亚州最高法律权威，他承认约翰·奥古斯特·萨特对这片土地的权利是完全正当和不可侵犯的。在那一天，约翰·奥古斯特·萨特实现了他的目标，成了世界上最富有的人。

## 故事的结局

他成了世界上最富有的人吗？不，答案还是没有。他是世界上最贫穷、最不幸的乞丐，一个绝望的人。判决的消息一出，圣弗朗西斯科及其周边地区就刮起了风暴。成千上万的人聚集在一起，他们都认为自己拥有的财产现在面临着威胁。这是一群街头暴徒，一群以抢劫为乐的乌合之众。他们闯进司法大厅纵火，他们寻找法官，要对他处以私刑，他们成群结队抢劫了约翰·奥古斯特·萨特的所有财产。萨特的大儿子受到这些强盗的威胁，开枪自杀了；他的二儿子被这些人杀死；三儿子逃了出去，但在回家的路上淹死了。一场大火席卷了新海尔维提亚，萨特的农场被烧毁，他的葡萄园被践踏，他的家具、收藏品和金钱被偷走。在这些乌合之众无情的愤怒中，他的全部地产被夷为平地。萨特自己勉强死里逃生。

约翰·奥古斯特·萨特再也没能从这次打击中恢复过来。他的工作被毁了，他的妻子和孩子都死了，他的头脑混乱。只有一个念头在他现在已经麻木的脑子里隐约闪现：寻求法律，继续诉讼。

二十五年来，这个神志不清、衣衫褴褛的老人一直在华盛顿的司法大厅里滞留不走。这位"将军"穿着脏兮兮的大衣和破旧的鞋子，要求返还数十亿美元。那里的办公室职员都很熟悉他，还有一些心术不正的辩护人、冒险家和骗子劝他再去打官司，把他的最后一笔养老金也榨干了。他打官司并不是为钱，他恨黄金，黄金杀了他的三个孩子，毁了他的生活。他想要的只是正义，他以一个偏执狂的怨恨为自己辩护。于是，他向参议院申诉，他向国会申诉。他信任形形色色帮他的人，他们却一味拿他取乐，给他穿上可笑的军装，把这个不幸的人当作他们的傀儡，从一个办公室拖到另一个办公室，从一组议员面前拖到另一组议员面前。这种情况持续了二十年，从1860年到1880年，他过了二十年悲惨的贫困生活。日复一日，他在国会大厦周围游荡，成为所有公务员的笑柄，被街头顽童嘲笑——他拥有地球上最富有的土地，这个巨大国家的第二大首都[①]就坐落在他的土地上，每小时都在发展。然而，他尴尬地等待着。1880年6月17日下午，在国会的台阶上，这位因突发心脏病而倒下死去的乞丐被人抬走了。他的口袋里揣着一份申辩书，上面要求确保他和他的继承人有权得到历史上最大的财富。

没有人认领过萨特的遗产，他的后代也没有提出过申诉。圣弗朗西斯科和周围的土地都属于别人。从来没有人谈论过案件的权利归属问题，只有作家布莱斯·岑德拉斯[②]给予了约翰·奥古斯特·萨特及其伟大命运应有的权利——被子孙后代怀着钦佩之情铭记。

---

① 第二大首都：圣弗朗西斯科。
② 布莱斯·岑德拉斯：瑞士出生的小说家和诗人，于1916年加入法国国籍。他是欧洲现代主义运动中颇有影响力的作家。

# 英雄的时刻

陀思妥耶夫斯基，圣彼得堡谢苗诺夫斯基广场

1849 年 12 月 22 日

入夜，他们把他 ① 从睡梦中叫醒，
军刀在黑暗的地牢里叮当作响，
有声音在发号施令；暗夜幢幢，
成排狰狞可怕的阴影晃动。
他们把他推往，一条难以逾越的通道，
漫长而阴暗，没有一丝光亮。
铁门吱嘎吱作响，牢门撞开；
瞬间走入茫茫夜空，冰冷的空气袭来。
一辆马车等待着，那是一座滚动的坟墓，
他们急匆匆地将他推了进去。

---

① 即陀思妥耶夫斯基，俄罗斯小说家、散文家和记者。他的文学作品探索了 19 世纪俄罗斯混乱的政治、社会和精神氛围中的人类心理，并涉及各种哲学和宗教主题。他最受欢迎的作品包括《罪与罚》《白痴》《恶魔》和《卡拉马佐夫兄弟》。许多文学评论家认为他是世界文学中最伟大的心理小说家之一。1849 年 4 月 23 日，他因牵涉反对沙皇的革命活动而被捕，并于 11 月 16 日执行死刑，在行刑的前一刻才改判成了流放西伯利亚——这就是本诗的背景。

紧挨着他，是戴着镣铐的九位同志，
他们安静而温顺地坐着，
脸色苍白；
没有人说话，
因为他们全都清楚，
马车将他们载向何方。
脚下的车轮滚动，
在辐条之间，
转动的是他们的生命和灵魂。

嘎嘎作响的马车停下来，
铁笼门发出刺耳的声响，
他们用惺忪的睡眼，
透过没有盖的铁栏向外窥视，
一个阴郁的世界。
四周一些房子，
围成一个广场，
屋顶低矮、肮脏，覆盖着薄霜，
广场堆满积雪，遍布魆魆的黑影。

雾气弥漫，
笼罩了处决的刑场。
金色的教堂顶部，
投下了一抹晨光，
如同披上血红的霜花。
寂然无声，所有人列队站成一排。
一名中尉高声将判决宣读：
他们犯叛国罪，判处死刑，
用枪弹执行！

"死刑"仿如一块沉重石头，
坠落平静的冰面，那声音
严峻，冷冽
像坚硬的东西被击碎；
他们听到，
那空洞的回音，
消散于清晨
那冰冷寂静的无声坟墓。

发生的一切，
让他感觉犹如在梦中，
他只知道自己现在必死。
一个士兵无声地走过来，朝他扔来
一件洁白如雪的死囚衣衫。
他跟身边的同志做最后诀别，
眼中充满空洞而热切的光芒。
牧师庄肃地奉上十字架，
他无声地亲吻受难的救世主；
他们三个一组被捆绑，
最后十个人，
全被用结实的绳子绑于行刑柱上。

一个哥萨克士兵快步跑来，
要用布条蒙住他的眼睛，不让他看到枪。
他知道他的时间即将耗尽！
在最后堕入巨大的黑暗之前，
他贪婪地凝视着，
那灰蒙蒙的天际一角。
晨光熹微中，他看到了散发着光芒的教堂：

仿佛是为了最后的圣餐，

神圣的朝霞，

在它的穹顶缭绕。

他怀着一种至福的心情，

想伸手去触到，

那超越了死亡的神灵的生命……


他们终究蒙住了他的眼睛，

如同被黑暗之吻封住。


然而，在他的心里面，

热血在沸腾翻涌；

这沸腾的如血激情，

如镜子一般映现，

跌宕起伏的生命的形象。

他觉得，

献给死亡的这一秒，

唤起了他所有失忆的往事，

再次透过他的灵魂，昭示：

他的整个生命又苏醒了，

这些画面如火一般在他胸中燃烧；

他那灰暗苍白、失落的童年时光，

父亲，母亲，兄弟，妻子，

三段友情，两段渴望。

只是一段成名美梦，

却付出多少阵痛；

青春的场景，

犹如被遗忘的真相，

沿着炽热的血管翻涌，

在内心深处，
他又一次感受到了，
自己的完整存在，
直到他们将他绑在行刑柱上。
他回想往事，
那么沉重、黑暗，
笼罩着他的灵魂。

现在他感觉有人来到他身边，
他觉察到黑暗中悄无声息的步伐，
那人离他很近很近，
他感觉到冰冷的手按在他的胸膛；
心脏越跳越弱……越跳越弱……
然后似乎停止了跳动。
再等一分钟—它就将永远止跳。
在对面，哥萨克士兵们排成一行……
枪上的皮带已经解开……
手在将子弹推上膛……
空气已经被鼓点声敲碎，
这一秒钟长于百年。

突然听到一声大叫：别开枪！
一位军官站起身来，
将一页白纸掀动，
他的声音洪亮清晰，
打破了等候的寂静：
沙皇颁下神圣旨意，
出于仁慈恩典，
撤销死刑判决，

改成流放，
改变了惩罚的分量。

这几句话语还在回响，
听来如此奇怪：
他们的意思他无法明白。
但现在他血管里的鲜血，
又变得鲜红，
它在涌动，在轻声地歌唱。
死亡的痛苦，
从还在燃烧的关节处，缓慢地爬行。
而他的眼睛虽然仍被蒙着，却感受到了
那永恒的光明正向他们迎来。

行刑官沉默地解开了绳子，他自由了；
有两只手把他的眼罩撕开，
就像燃烧着炽热光芒的庙宇中，
一片灰色桦树皮，被从树上撕裂，
眼睛从下面的坟墓里出来，
笨拙地摸索，盲目而虚弱，
已被抛弃的存在再次被唤起。
此时他又看到了金光闪闪的教堂屋顶
现在，在黎明的红光中，
它毫无遮掩地
发出神秘的光芒。

朝阳如玫瑰，如此鲜艳和美丽，
仿佛围绕着教堂进行纯真的祈祷。
闪闪发光的圣像，

仿佛手握圣剑，

直指高高的云端，

在明亮而澄澈的清晨，

阳光洒在教堂，

犹如上帝的穹顶闪闪发亮。

光波如炽热的生命之流，

涌上了乐声铿锵的苍穹。


云雾升腾起来，

似乎承受了所有人间黑暗的重负，

如同在早晨的大门，

被上帝的光辉亲吻，

音符从下面的深渊升腾起来，

好像千个声音齐声响起，

然后他第一次听到

人世苦难的疼痛呼唤，

狂热地越过山丘和平原，冲向上天。


他听到了弱小者的声音，

白白献身的女人，

自嘲自怨的妓女，

日复一日被伤害的愤怒者之声，

从来没有笑容的孤独者之声，

他听到孩子们在哭泣、在呻吟，

还有那些被诡计引诱之人的无力呼喊，

他听得一清二楚。

那些独自受苦的人，

那些被遗弃的人，

遭蔑视的人，

麻木不仁的人，

不受人注意的人，

那些过往日子的殉难者们，

他听到了他们所有的声音，

那原始的声音，

化成了强大高亢的声调，

直冲霄汉，神的殿堂。


他看到苦难独自上升飞向上帝，

而其他人则带着沉重的欢乐，

与黑暗的大地紧紧地联系在一起。

但在他的上方，

在齐声倾诉苦难的召唤下，

是无限的光明。

他知道他们所有人，

是的，他们所有人，

会感受到上帝的爱，

上帝的天堂充满了仁慈的温暖！

上帝不会用他的力量撕裂穷人，

因为爱是永恒的，

它仁慈的光永照天堂。

对于在死中顿悟生的人来说，

天启的四骑士①的力量已经衰弱，

痛苦可成欢乐，

幸福也可成痛苦。

像呼吸一样，

一个火热的天使降临人间。

———————

① 四骑士：瘟疫、战争、饥馑和死亡。

以痛苦中产生的爱的神圣光芒，

照亮备受折磨的大地的心底。

他瘫倒下来，

好像跪在地上。

他突然看到整个世界，

仍然承受着无限的苦难。

他的身体颤抖不已，

口吐白沫，

面部抽搐，扭曲了他的五官，

刚刚，喜悦的泪水像雨一样浸湿了他的白色死囚服。

在触碰了冰冷苦涩的死亡之吻后，

他的心才感受到了生命的甜蜜，

他带着痛苦和创伤的灵魂依然闪耀，

像太阳一样明亮：

在这一瞬间，他知道，

他是另一个受难者，

正如一千年前被钉在了十字架上的耶稣那样。

而他和耶稣一样，

在经历了那痛苦的、热辣的死亡之吻后，

为了苦难必须热爱生命和生活。


士兵将他从行刑柱上拉开，

他面如死灰，如熄灭的灯。

他们粗暴地把他推回囚犯的队列。

他的目光再一次变得陌生，

他心中在沉思，

他抽搐的嘴唇上，

挂上了卡拉马佐夫兄弟般的苦笑。

# 逃向上帝：托尔斯泰的最后岁月

为列夫·托尔斯泰未完成戏剧《光在黑暗中发亮》补写的尾声

1910 年 10 月底

## 导言

1890 年，列夫·托尔斯泰开始创作一部具有自传色彩的剧本，这部作品后来以遗稿的形式出版和演出，名为《光在黑暗中发亮》[①]。这部未完成的剧本（甚至第一场戏就透露了这一点），无非是对他的家庭悲剧的极度私密的描写，显然是为他企图离家出走自我辩解，同时也是为了获得妻子的宽恕。因此，它是一部在精神极度崩溃中达到完美道德平衡的作品。

托尔斯泰创作的尼古拉·伊万诺维奇·萨伦采夫这个形象几乎是他自己的写照，我们可以认为这是整个悲剧中虚构成分最少的一个人物。毫无疑问，列夫·托尔斯泰创作它只是为了预先写下自己人生的必然答案。但无论是在作品中，还是在他的生活中；无论是在 1890 年，还是十年后的 1900 年，托尔斯泰都没有勇气下定决心和得出答案。

---

[①]《光在黑暗中发亮》：托尔斯泰最后一部作品，写于1890年，也是他未完成的带有自传性的剧本。剧中，主人公萨伦采夫在世界观转变之后同家庭和社会发生了严重的冲突，但他同时又主张不以暴力抗恶。该剧"透过家庭的严峻考验，反映了列夫·托尔斯泰高度个人化的困境"。剧本虽然经过了长时间的创作，但最终没有完成，原计划写五幕，最后只留下了四幕。

由于缺乏意志，剧本一直没有写完，以主人公的完全无助而告终，他只能向上帝举起双手，恳求上帝的帮助，帮助他结束内心的冲突①。

托尔斯泰后来也没有写下这部悲剧缺失的最后一幕，但更重要的是：他用自己的经历补全了它。在 1910 年 10 月的最后几天里，之前四分之一世纪长的动摇终于变为一个决心，成了一场危机，使他最终得到解脱。托尔斯泰在经历了一些戏剧性的争吵之后，终于离家出走，并适时地实现了一次伟大和堪称楷模的死亡，这死亡赋予了其人生故事一个完美的形式和奉献的内涵。

因此，对我来说，没有什么比将托尔斯泰悲剧性的人生结局作为那个未完成剧本的尾声更自然的了。因此，在这一点上，也只在这一点上，我尽可能地忠于历史、尊重事实和文献，将这个尾声补写出来。补写的时候我没有假定，也不打算任性地用它代替列夫·托尔斯泰所做的忏悔告白。我并不想延续那部戏剧作品，我只是想为一部未完成的作品和一个未解决的矛盾贡献一份微薄之力，只是想给这部未完成的悲剧补上一个悲壮、苍凉的结局。就让我撰写这个尾声的意图和我对主人公充满崇敬的努力得以实现吧。假如未来有可能将这一部分付诸演出，我在这里必须郑重强调：这篇尾声的故事发生的时间比《光在黑暗中发亮》晚了十六年，所以必然会体现在列夫·托尔斯泰的外表特征上。他生命最后几年拍摄的那些美丽照片可以作为参考的典范，尤其是他去沙马尔迪诺修道院看望他妹妹的那张照片及他临终时的照片。他的工作室也应该完全按照历史上的那个工作室进行布置。那个工作室简朴的程度令人震惊，纯粹从布景角度来看，我希望在《光在黑暗中发亮》第四幕完毕之后，经过一个时间稍长的中场休息，再上演这个尾声（这段尾声的主人公直接采用托尔斯泰的名字，而不是用《光在黑暗中发亮》那个充当他另一个自我形象的萨伦采夫的名字）。另外我不希望独立演出这一个尾声。

①原剧本中最后一句为萨伦采夫祈求上帝："难道我错了，错在信仰你？天父啊，帮助我吧。"

尾声的出场人物表：

列夫·尼古拉耶维奇·托尔斯泰（此时八十三岁）

索菲娅·安德烈耶芙娜·托尔斯泰娅 [1]（伯爵夫人）：
托尔斯泰的妻子

亚历山德拉·利沃芙娜 [2]（剧中简称萨莎）：托尔斯泰
的女儿

秘书

杜尚·彼得罗维奇：家庭医生，托尔斯泰的朋友

伊万·伊万诺维奇·奥索林：阿斯塔波沃火车站站长

基里尔·格里戈罗维奇：阿斯塔波沃的警察局长

大学生甲

大学生乙

三名旅客

前两场发生在 1910 年 10 月的最后几天，在亚斯纳亚·波利亚
纳 [3] 庄园里的托尔斯泰工作室，最后一场发生在 1910 年 10 月 31 日阿
斯塔波沃火车站的候车室。

---

[1] 索菲娅·安德烈耶芙娜·托尔斯泰娅：一位宫廷医生的女儿，比托尔斯泰小十六
岁。他们有十三个孩子，其中五个在童年时就去世了。结婚后，她为丈夫誊抄作品，
承担了家里的一切家务，并管理托尔斯泰的庄园。中年之后，托尔斯泰的人生观与价
值观发生了变化。他渐渐厌烦贵族们的寄生生活，同情苦难的底层民众。为此，他和
务实的妻子发生了分歧和矛盾。家庭的破裂，导致了他最后的离家出走。

[2] 亚历山德拉·利沃芙娜：列夫·托尔斯泰最小的女儿兼秘书，曾参加一战。由于她
的勇气，俄罗斯政府授予她三枚圣乔治勋章和上校军衔。

[3] 亚斯纳亚·波利亚纳：列夫·托尔斯泰在俄罗斯中西部的图拉州的故居。

# 第一场

1910 年 10 月底

亚斯纳亚·波利亚纳庄园里托尔斯泰的工作室，质朴无华，与照片所见一模一样。

秘书领着两个学生①进了房间。他们穿着俄罗斯风格的高领黑色上衣，都很年轻，五官端正。他们行动时充满自信，神态倨傲，一点也不胆怯。

秘书：两位请坐。列夫·托尔斯泰不会让你们久等的。我只请求你们考虑一下他的年龄，虽然列夫·托尔斯泰非常喜欢讨论，他经常一讨论就会忘记自己的疲劳。

大学生甲：我们没有太多的问题要问列夫·托尔斯泰——其实就只有一个问题，但对我们和他来说，这肯定是一个重要的问题。我向您保证，只要我们可以自由自在地交谈，我们会长话短说的。

秘书：完全可以。越不拘形式越好。最重要的是，不要叫他大人，他不喜欢这个称呼。

大学生乙（笑）：对我们您不用担心。您可以担心别的，但在这一点上您不必担心。

秘书：好了，他从楼梯上下来了。

（托尔斯泰迈着轻快的步伐走了进来，尽管年事已高，他却显得紧张而易激动。当他说话的时候，他经常用手转动铅笔或揉皱纸张，不耐烦地等待自己的发言机会。他飞快地走到他们两人跟前，同他们握了握手，犀利而又严厉地看了他们每个人一会儿，然后在他们对面的真皮扶手椅上坐了下来）

---

① 两个学生：托尔斯泰生前最后一年的日记中多次提到青年学生的来访。例如 1910 年 4 月 19 日的日记中写道："今天，也有两个青年来教训我并指摘我的罪过，一个要我使用炸弹，'实行斗争'，另一个责难我为什么把直到 1880 年为止的著作权让给家族。我还不能够亲切地、不无嘲讽地对待他们。"作者可能读到过这些日记，因此虚构了第一场中两个青年学生来访的情节。

托尔斯泰：你们就是委员会派来找我的那两个人，对吧……（他在一封信上翻找名字）对不起，我不记得你们的名字……

大学生甲：我们的名字无足轻重，我们是作为成千上万人的代表来到您面前的。

托尔斯泰（犀利地望着他）：你有什么问题要问我吗？

大学生甲：就一个问题。

托尔斯泰（望向大学生乙）：你呢？

大学生乙：跟他同样的一个问题。我们大家只有一个问题要问您，列夫·尼古拉耶维奇·托尔斯泰，我们大家，俄国所有的革命青年只想问您一个问题——您为什么不和我们站在一起？

托尔斯泰（非常平静）：关于这个问题，我想我已经在我的书中清楚地表达过了我的看法，除此之外，我还在一些公开发表的信件中表达过意见。我不知道你个人是否读过我的书。你读过吗？

大学生甲（激动）：列夫·托尔斯泰，我们读过您的书吗？很奇怪您会问我们这样的问题。阅读您的书——这太委婉了。我们从小就读您的书，在我们长大成青年人的时候，您唤醒了我们的内心。要是没有您，还有谁会教导我们认识到人类财产分配的不公。您的书，也唯有它们，使我们的心灵得到解脱，让我们摆脱了维护对人民不公正且毫无人道的国家、教会和统治者。只有您，才能使我们愿意冒生命危险，去彻底摧毁这个错误的秩序……

托尔斯泰（欲打断他的话）：但不是用暴力……

大学生甲（不理会对方，放肆直言）：自从我们学会说话以来，我们就从没有像信赖您一样信赖过别人。当我们问自己，谁会消除这种不公正时，我们对自己说：是他！当我们问谁会在某一天挺身而出，粉碎这种罪恶时，我们说：是他——列夫·托尔斯泰会做到。我们是您的学生，您的仆人，您的雇工。我相信，您只要一挥手，我会愿意去赴死。要是几年前，我蒙允许来到这所房子，我还会像对圣人一样地向您鞠躬。列夫·托尔斯泰，就在几年前，您对于我们，对于成千上万的我们，对俄罗斯所有的年轻人而言，就像是圣人一样。现在我深感遗憾，我们都深感遗憾的是，打那以后，您变得疏远我们，几乎成了我们的敌人……

托尔斯泰（语气变得柔和）：那在你看来，我要怎么做才能和你们结为一体呢？

大学生甲：我想我没有资格训谕您。您自己也知道是什么使您与我们、与所有的俄罗斯青年疏远了。

大学生乙：好吧，我们直言不讳地讲出来吧。我们的事业太重要了，也就顾不上客套了。您必须睁开眼睛，对于政府向人民犯下的滔天罪行，您不能再无动于衷了。您必须从您的办公桌上站起来，公开、旗帜鲜明、坦诚地站在革命的一边。列夫·托尔斯泰，您知道他们如何残酷地镇压了我们的运动。现在，在监狱里腐臭的人比您庄园里发霉的树叶还要多。而您，您目睹了这一切，对于他们所说的谰言，您也许会时不时地在英文报纸上写一些关于人类生命如何神圣的文章。但您自己也知道，言语已经无助于对抗这种血腥的恐怖行径了。您和我们一样清楚，当务之急是彻底推翻旧制度，发动一场革命。您只要发一句话，就能召集起一支军队。您让我们变成了革命者，现在，当您的时机到来的时候，您却小心谨慎地转身避开了，这样做不就是表示您赞成暴力吗！

托尔斯泰：我从来不赞成暴力，从来不！三十年来，我放弃了我的工作，完全是为了反对所有统治者的罪行。三十年前——那时你们还没有出生——我比你们更激进地要求，不仅要改善社会状况，还要彻底改变社会秩序。

大学生乙（打断他的话）：那又怎么样呢？他们对您做出了什么让步？在过去的三十年里，他们给了我们什么？他们对执行您的使命的杜科布尔教徒①进行鞭笞，并在他们胸膛射了六颗子弹。您温和地施

---

① 杜科布尔教徒：发源于俄罗斯的精神基督教团体，被归为异端。他们被认为是和平主义者，生活在自己的村庄里，拒绝个人唯物主义，一起工作，发展了口述历史、背诵和唱赞美诗的传统。1895 年 10 月，列夫·托尔斯泰和其他人发起了一项运动，让世界关注被迫害的杜科布尔教徒，后又将他的著作《复活》的版税捐赠给了他们。

加压力，您印刷书籍和小册子进行宣传，但是俄罗斯因此变得更好了吗？难道您没有看到，您要人民忍耐和容忍，直到《圣经》的千禧年赐福的到来，一直等于在帮助那些压迫者吗？列夫·托尔斯泰，以爱的名义去吸引这一代飞扬跋扈的坏蛋，就算您用天使的语言对他们宣讲，也无济于事！沙皇的奴隶们，绝对不会看在您的基督的分儿上，从他们自己的口袋里掏出一个子儿。除非我们用拳头扼住他们的喉咙，否则他们是不会让步的。人民等待您兄弟般的博爱已经够久了。现在我们不能再等了。是时候采取行动了。

托尔斯泰（相当激动）：我知道。在你们的宣言中，你们甚至把它称为"神圣的行动"，"激起仇恨"的神圣行动。可是我不知道仇恨。我不想知道，甚至也不想仇恨那些对我们犯下罪行的人。因为作恶的人比起受苦的人，他的心里更不幸。我怜悯他，但我不恨他。

大学生甲（愤怒）：但我痛恨一切对人类不公的人。我无情地憎恨他们，他们就像血腥的野兽！不，列夫·托尔斯泰，您永远不要再说教，让我们去怜悯那些罪犯。

托尔斯泰：哪怕他们是罪犯，他们也是我的兄弟。

大学生乙：哪怕他是我的兄弟，是我母亲的孩子，要是他给人类带来痛苦，我也会打倒他，像打一条疯狗一样。不，不要再怜悯那些残酷无情的人了！除非沙皇和男爵们的尸体躺在俄罗斯的土地上，否则这块土地上永远不会出现和平。除非我们利用暴力，否则我们永远不会建立起具有人性和道德的秩序。

托尔斯泰：任何道德秩序都不可能通过暴力来实现，因为每一种暴力都不可避免地会再次导致暴力。一旦你拿起武器，你就会建立起一种新的专制主义。你们非但没有摧毁它，反倒使它永久存在下去了。

大学生甲：但对付强权的武器，就只能是毁灭强权，舍此别无他法。

托尔斯泰：这我赞成。但一个人绝不能使用他不赞成的武器。相信我，真正的力量，不是以暴力回应暴力。它通过忍让顺从来使暴力无能为力，《福音书》中就是这么说的……

大学生乙（打断他的话）：哦，您就别再提福音书了。神父早就用它来酿造麻痹人们心灵的酒了。它在两千年前就是没有效果的，对当时的任何人都没有帮助，否则这个世界就不会充满痛苦和鲜血了。不，列夫·托尔斯泰，剥削者和被剥削者之间、主人和奴隶之间的鸿沟再也不能用《圣经》的诗句来弥合了。太多的苦难之事发生于他们之间。今天，几百人，不，是数以千个虔诚的、具有奉献精神的人在西伯利亚和地牢里受苦受难。明天会有上万的人受苦。我要请问您，这几百万个无辜的人真的应该为了一小撮有罪的人而受苦吗？

托尔斯泰（总结）：他们受苦总比再次流血要好。忍受苦难但不伤害别人，其实是有益的，是对抗不公正的好办法。

大学生乙（愤怒）：您竟然将俄罗斯人民长久以来所受的无尽苦难说成是有益的？那么，列夫·托尔斯泰，请您去监狱里问问那些被鞭笞的人，去问问我们城市和乡村里忍饥挨饿的人们，他们的苦难是不是真的那么有益吧。

托尔斯泰（愤怒）：这当然要比你们的暴力好。你们真的相信，你们可以用炸弹和左轮手枪永远把邪恶从世界上清除掉吗？不，邪恶之后会在你们自己的内心作祟，我再告诉你们，为信念而受苦，比为信念而去杀人要好一百倍。

大学生甲（同样愤怒）：好吧，要是受苦是如此美好和有益，那么，列夫·托尔斯泰，您自己为什么不去受苦呢？为什么您总是赞美别人的殉难，自己却舒舒服服地坐在大宅里，吃着盛在银器里的饭菜？而我却看到您的雇农衣衫褴褛地走来走去，坐在他们的茅屋里，饥寒交迫，冻得半死。您为什么不自己去受鞭笞而让杜科布尔教徒代替您，他们为了教义而受尽折磨。您为什么不离开这所高贵的房子，走上街头，冒着风霜雨雪，亲自去体会那被认为是如此珍贵的贫穷？为什么您总是空谈，而不按照您自己的教义生活。您为什么不为我们树立一个榜样呢？

托尔斯泰（他一下子怔住了。秘书冲到学生面前，想狠狠地训斥他们一顿，但托尔斯泰已经恢复了镇静，慢慢地轻轻地把秘书推开）：

住手！这个年轻人向我的良心提出的问题是好问题……一个非常出色的好问题，一个真正必要的问题。我将尽量诚实地回答。（他走近一小步，犹豫了一下，然后镇定下来。他的声音变得嘶哑而委婉）你问我为什么不按照我的教义和我的话去受苦？我只能非常羞愧地回答你的问题。假如说我到现在还在逃避我最神圣的职责，那是……那是……因为我……太懦弱、太软弱，或者太不真诚，是一个低贱的、卑鄙的、有罪的人……直到今天上帝都还没有给我力量，让我最终去做那一刻也没法推迟的事。你用可怕的话语对我的良心说话，年轻的陌生人，我知道我还没有做到我该做的千分之一。我羞愧地承认，我早就应该放弃这座豪华的房子，还有我觉得是罪恶的可怜生活，就像你说的那样，应该像朝圣者一样走在街上。我不知道任何答案，只知道我羞愧到了极点，我屈服于自己所憎恶的事。（学生们后退了一步，尴尬地沉默了。过了一会儿，托尔斯泰用更柔和的声音继续说）但是也许……也许我仍然在受苦……也许我受苦是因为我不够坚强和诚实，不能在人民面前履行我的诺言。也许我的良心上所受的痛苦甚于我身体上所受的最可怕的折磨。也许上帝为我铸造了这个十字架，这个家对我来说比让我戴上枷锁躺在监狱里还要痛苦……但是你说得对，这种痛苦是没有用的，因为它只对我一个人来说是一种痛苦，而我居然还夸耀这种痛苦，这未免太自以为是了。

大学生甲（有些惭愧）：请原谅我，列夫·尼古拉耶维奇·托尔斯泰，要是我的激动给您造成了伤害……

托尔斯泰：不，不，恰恰相反，我感谢你！无论是谁，哪怕是用拳头敲打我们的良心，都对我们有好处。（一阵沉默。托尔斯泰又用平静的声音问）你们两个还有别的问题要问我吗？

大学生甲：没有了，这就是我们唯一的问题。而且我认为，您拒绝援助我们，是俄罗斯和全人类的悲剧。因为现在已经没有人能够阻止这场推翻旧制度的行动，没有人能够推翻这场革命，我觉得这场革命将是可怕的，比这个世界上所有其他的革命都要可怕。那些受命领导它的人将是铁石心肠的人，是残酷无情的人，是没有一丝温柔的人。

如果您成为我们的领导人，您的榜样会赢得数百万人的支持，受害者也会减少。

托尔斯泰：哪怕我只造成了一个人的死亡，我在良心上也担负不起这个责任。

（楼下传来铃声）

秘书（对托尔斯泰说；为了中止这次谈话）：午饭的铃声响了。

托尔斯泰（苦涩地）：吃饭、聊天、吃饭、睡觉、休息、聊天……我们就是这样过着饱食终日、无所事事的生活，而与此同时，别人却在工作，以此向上帝效劳。（他回过头来，对年轻人说）

大学生乙：那么除了您的拒绝，我们什么也不能带回去了？您不给我们一点鼓励的话吗？

托尔斯泰（神色严峻地看着他，思考着）：以我的名义告诉你的朋友们，我爱你们，尊敬你们，年轻的俄罗斯人，因为你们如此强烈地感受到你们兄弟们的痛苦，并打算冒着生命危险去改善他们的痛苦。（他的声音变得生硬、强劲、粗暴）但我不能与你们同道，也不能更进一步，只要你们不承认对所有的人应怀有兄弟般的博爱，我就拒绝和你们站在一起。

（两个学生沉默不语。然后大学生乙毅然决然地迈步走到他面前，语气严厉）

大学生乙：我们感谢您接待我们，也感谢您的坦诚相告。我们或许再也不会站在您面前了——所以请允许我，一个默默无闻的无名小卒，在离别时也说一句坦率的话，我要和您说的是，列夫·托尔斯泰，要是您认为只有通过博爱才能改善人与人之间的关系，那您可就错了。对富人和优游卒岁的大人来说，这也许是真的；但对那些从小就忍饥挨饿，已经在大老爷的统治下煎熬了一辈子的人，他们已经厌倦了等待这种兄弟博爱从基督教的天堂降临，宁愿相信自己的拳头。所以，在您临死之前，列夫·尼古拉耶维奇·托尔斯泰，我要对您说——这个世界还将在鲜血中窒息。我们不仅要杀死统治者，还要杀死他们的孩子，把他们撕成碎片，这样，这个世界就不会再指望他们做什么坏事了。但愿那时您能免于成为您的错误的见证人。我衷心地祝愿您！愿上帝保佑您能在安详中死去！

（托尔斯泰怔住了，他被这个热情的年轻人的激烈言语所震动。随后，他镇静下来，走到他面前，简略地说）

托尔斯泰：我特别感谢你说的这最后几句话。你给了我三十年来所渴望的东西——在上帝和所有人的保佑中安详死去。

（两人鞠躬离开。托尔斯泰盯着他们离开的方向看了很长一段时间，然后他开始不安地来回走动，热情地对秘书说话）

托尔斯泰：他们是多么了不起的年轻人啊，这些俄罗斯年轻人多么勇敢、骄傲、强大啊！这些满怀信念和热情的年轻人实在是了不起！六十年前我在塞瓦斯托波尔就结识过这样的年轻人。他们以同样自由而大无畏的神情面对死亡，面对任何一种危险——勇敢挑战，随时准备不惜代价地微笑着死去，放弃他们的生命，他们美妙的年轻生命，为了一个空洞的果壳，为了无意义的言语，为了一个并非真理的理念，只是为了在献身中找到快乐。太了不起了，这些不朽的俄罗斯青年！他们怀着热情和力量献身于仇恨和谋杀，仿佛是为一项神圣的事业奉献！然而，他们对我还是有好处的！那两个人，他们把我鼓动起来了，因为他们确实是对的。是时候抛弃我的软弱，去兑现我的诺言了！我离死亡只有两步之遥，可我却还在犹豫不决！说真的，你只能从年轻人那里学到正确的东西，你只能向年轻人学习。

（门开了，伯爵夫人像一阵强烈的气流似的闯了进来，她既紧张又恼怒。她举止不定，她的眼睛经常胡乱地从一件东西瞄到另一件东西。人们感觉到她在说话时心不在焉，内心惶惶不安。她故意不看秘书，当秘书是空气，她只跟丈夫说话。在她身后，他们的女儿萨莎冲了进来。她给人的印象是，她是跟着来监视她妈妈的）

伯爵夫人：午饭的铃声已经响了，《每日电讯报》的编辑已经在楼下等了半个多小时，等你那篇关于死刑的文章，而你竟然为了这些人让他干等。这些粗野无礼的人！在楼下，当仆人问他们是否预约了和伯爵见面时，那两人却回答说："没有，我们和伯爵没有预约。是列夫·托尔斯泰邀请我们来的。"你竟然和这些目空一切的小子们混在一起，他们最希望把这个世界搞得像他们自己的脑袋一样混乱不堪！（她不安地环视着房间）所有的东西都乱套了，书放在地板上，所有的东西都搞得乱七八糟，满是灰尘。要是真的有绅士来访，这景象会让人尴尬的。（她走到扶手椅前，摸了摸它）油布已经很破了。我感觉太寒酸了。不，我看不下去了。幸运的是，图拉①来的装潢师明天要来。他得马上修理好这把扶手椅。（没有人回答她。她不安地来回看了看）所以，现在请下楼去吧！你真的不要再让他等候了。

托尔斯泰（突然脸色苍白，坐立不安）：我马上就来。我得……把东西放好……萨莎会帮我的……你先陪着那位绅士，替我向他道歉。我马上就来。

（伯爵夫人又向房间四周瞥了一眼，然后离开了。她刚离开房间，托尔斯泰就猛扑到门上，迅速转动钥匙，把门锁上）

萨莎（被他的激烈情绪吓了一跳）：怎么了？

托尔斯泰（极度激动，手按在胸前，结结巴巴地说）：明天的装潢师……老天保佑……还有时间……老天保佑。

萨莎：您这是怎么啦？

托尔斯泰（激动地）：一把刀，快给我一把刀，一把刀或一把剪刀……（秘书一脸惊讶，从桌子上拿了一把裁纸用的剪刀给他。托尔斯泰紧张不安地急忙抬起头，恐惧地看着锁着的门，开始用剪刀将破旧的长扶手椅上的裂口剪得更大。然后他用手在露出马鬃的裂口上掏来掏去，直到最后掏出一封密封的信）在这儿——太荒谬了……不是吗？荒谬到不可思议，就像一部可悲、蹩脚的法国小说……一种莫大的耻辱……我这样一个头脑清醒的人，在自己家里，在我八十三岁的时候，竟然要这样把我最重要的文件藏起来，因为有人在追着我，追看我的每一个字和每一个秘密！啊，多么羞耻，我在这个家里的生活

————

① 图拉：俄罗斯最大的城市，也是图拉州的行政中心，位于莫斯科以南一百九十三公里处。

是多么糟糕，真是一个谎言！（他平静下来，打开信读起来，对着萨莎说）十三年前我写了这封信，那时我本该离开你妈妈和这鬼地方。这封信是我对她的告别，可是我当时并没有勇气向她告别。（他用颤抖的双手劈里啪啦地翻着这封信，半是自言自语地念道）……"我过了十六年这样的生活，我一方面与你们作对，同时又引起大家的不快，这样的生活我再也不能继续下去了。因此我决定做我很久以前就应该做的事情，那就是离家出走……假如我公开这样做，那将引起大家的痛苦。我也许会变得软弱，不能实现我的决心，但它必须实现。所以请原谅我，我请求你，假如我的举动让你痛苦，最重要的是，你，索菲娅，自愿地把我从你的心中释放出来，忘掉我。不要找我，不要抱怨我，不要评判我①。"（他松了一口气）啊，十三年了。从那以后，我继续折磨了自己十三年，现在的每句话都像从前一样真实，我今天的生活还是那样怯懦和软弱。可是，我还没有出走。我还是等了又等，不知道为了什么。我总是清楚地知道一切，却总是做错事。我老是太软弱，老是缺乏对付她的意志力！我把信藏在这里，就像一个小学生藏起一本坏书不让老师看见一样。在最后的遗嘱中，我要求她将我作品的版权给全人类，遗嘱交给她，仅仅是为了家里能够安宁，而不是为了我良心的安宁。

（稍稍过了一会儿）

---

① 这封信可能是作者虚构，《托尔斯泰最后的日记》所录的托翁给妻子的信件内容与此不同，录如下："我的离家将使你感到悲哀吧。我觉得遗憾。可是请你理解，请你相信：除此以外，我再也没有旁的办法。我在家庭里的立场正在变得很难堪。不，已经变得很难堪了。姑且把其他一切原因除去不谈，我在这一直过到现在的奢侈环境里，已经再也不能够生活下去了。我要实行跟我的年纪差不多的老年人们通常所做的事情——为了使自己一辈子的最后几天在孤独和静寂当中过去而隐遁于世外。请你理解这一点，纵然知道我的住所，也不要来迎接我。你来迎接我，只有把你的立场弄得更尴尬，绝不能使我的决心改变过来。我要感谢你跟我一块儿度过四十八年间的诚实生活，我要请你宽恕我对你所犯的许多罪过。因为我也由衷地宽恕你也许对我曾经犯过的一切罪过。请你适应那由于我的离家而开始的新境遇，不要对我怀着恶感。倘若有什么想要告诉我的，就请对萨沙讲吧。萨沙会知道我的住所，会把必要的东西送给我。但她不会说出我在哪里。因为她曾经跟我讲好：无论对谁也不说。"

秘书：您相信吗，列夫·尼古拉耶维奇·托尔斯泰，您一定会允许我问这个问题，因为这个问题来得太意外——您相信吗……如果……如果您蒙主召唤①……那么您最后的、最迫切的放弃您作品版权的愿望将会实现吗？

托尔斯泰（吓了一跳）：当然……那就是说……不，我真的不知道……你觉得呢，萨莎？

萨莎（转过身，没有言语）：……

托尔斯泰：我的天，我没有想到这一点。或者没有——我又一次没有完全说实话。没有，我只是不去想这件事。我又一次逃避了，就像我每次总是逃避做明确和直接的决定一样。（他严厉地看着秘书）不，我知道，我清楚地知道，我的妻子和我的几个儿子，他们不会尊重我的遗愿，就像他们现在不尊重我的宗教和精神责任一样。他们会兜售我的作品，甚至在我死后，人们会将我当作食言而肥的虚伪者。（他做了个震慑的手势）但是不应该是这样一种结果！到了弄清楚真相的时候了！那个学生，那个真正诚实的人，今天说什么来着？这个世界要求我做一件事，要我最终一定要诚实，要我做出清楚、单纯、毫不含糊的决定——这就是一个预兆！在我八十三岁的时候，我不能在面对死亡的时候闭上眼睛，我必须正视它，并且做出我的决定。是的，那些陌生人很好地训诫了我。任何不作为的背后，都隐藏着一种精神上的懦弱。一个人必须头脑清醒、真实无伪，而我打算成为那样的人，现在，在我八十三岁的第十二个小时，（他转向秘书和女儿）萨莎，弗拉基米尔·格奥尔基耶维奇，明天我将写下我的遗嘱，这遗嘱要写得清楚明确、坚定、具有约束力，且无可争议，我将把我所有的作品收益，所有从稿费存款中增长起来的利息，这脏钱，作为礼物，送给所有人，送给全人类。我是为了所有人的利益，并且出于我良心的不安，才写下和说出所有这些话的。你们明天早上到这儿来，并带上另一位证人。我不能再犹豫了。否则的话，死神也许就要握住我的手了。

---

① 蒙主召唤：死亡的委婉说法。

萨莎：等一下，爸爸——我不是想劝阻您，但我担心，假如妈妈看到我们三个人在一起，会有麻烦的。她会立刻开始怀疑，甚至在最后一刻动摇您的决心。

托尔斯泰（若有所思）：你说得对！在这个家中，我没法纯粹地做一件正确的事。在这里，我的整个生活都变成了谎言。（对秘书）你安排一下，明天上午十一点在格鲁蒙森林见我，就在黑麦地左边那棵大树旁边。我会像往常那样行事。你准备好一切，我希望上帝最终会让我坚定信心，让我从最后的桎梏中解脱出来。

（午饭的铃声现在又响了，比之前响得还要急）

秘书：不过，现在不要让伯爵夫人察觉到蛛丝马迹，否则的话，一切就都完了。

托尔斯泰（喘着粗气）：真可怕，我不得不一次次地隐藏我的感情，我不得不一次次地掩饰一切。面对世界，我要坦诚；面对上帝，我要做真实的人。我要做真实的自己，我却无法在妻子和孩子面前做到这一点！不，我不能那样生活了。我再也不能那样生活了！

萨莎（惊恐地）：妈妈要来了！

（秘书迅速扭动锁里的钥匙，把门打开。为了掩饰自己的不安，托尔斯泰走到桌子前，背对着进来的女人）

托尔斯泰（叹息）：不得不在这个家里撒谎，这对我来说是一种毒害。要是我能在面对死亡的时候完全坦诚地讲真话就好了，哪怕仅有这一次！

伯爵夫人（急匆匆走进来）：嗯，你为什么不下来？你总是拖拖拉拉、磨磨蹭蹭，浪费时间。

托尔斯泰（转过身，他的表情已经很平静，他说话很慢，带着只有萨莎和秘书清楚的语气强调）：是啊，你说得对，我每次做什么都要磨蹭很久。但现在只有一件事才是真正重要的——一个人还有足够的时间及时做正确的事情。

# 第二场

在同一间工作室。第二天深夜。

秘书：您今晚应该早点歇息，列夫·尼古拉耶维奇。您长时间骑马加上情绪激动，现在一定累了。

托尔斯泰：不，我一点也不累。只有一件事会让人疲倦——摇摆不定和犹豫不决。每做一件事，都能让自己解脱，就算是做坏事，也比什么都不做要强。（他在房间里走来走去）我不知道我今天做得对不对。首先我问心无愧。我把我的作品回馈给大家，这使我的灵魂闪亮起来了，不过我认为我不应该偷偷地写这份最后的遗嘱，而是应该在每个人面前开诚布公地写，怀着说服他们的勇气写下来。也许为了真相，我已经做了不该做的事情。但是感谢上帝，这件事我总算做完了，我的人生又向前迈进了一步，也可以说离死亡又近了一步。现在剩下的是最困难的部分，也是最后的部分：在适当的时候像动物一样爬进灌木丛中死去，因为死在这幢房子里，这种死是不诚实的，就像我活得不诚实一样。我已经八十三岁了，但是，我仍然找到了让自己从尘世的生活中解脱出来的力量，也许我错过了合适的机会。

秘书：谁知道一个人什么时候蒙主召唤？要是我们知道，一切都会好办了。

托尔斯泰：不，弗拉基米尔·格奥尔基耶维奇，知道自己何时死，这一点也不好。你不知道那个古老的传说吗？有一回，一位农夫告诉我，基督是如何不让人事先知道自己什么时候死亡的消息的。在那之前，每一个人都知道自己的死亡时间。有一次基督降临人间，他注意到许多农民不耕种土地，反而为非作歹，成了罪人。他批评其中的一个人懒惰，但这个可怜虫只是抱怨，要是自己不能活着看到收获，那为什么要在田里撒下种子呢？之后，基督认识到让人类提前知道自己的死亡时间对人类是有害的，于是他从此就不再让人类预知自己何时死亡了。从那时起，农民们不得不一直耕作他们的土地，直到他们生命的最后一天，好像他们将永远活下去似的。这是对的，因为只有通过劳作，人类才能获得永恒。所以，我今天也打算（他指着自己的日记）每天耕耘我的田地。

（伯爵夫人步履沉重地走了出来，她已经穿上了睡衣，对秘书露出一副怒气冲冲的神情）

伯爵夫人：哦……我以为现在只剩下你一个人了……我想和你谈谈。

秘书（鞠躬）：我正要离开呢。

托尔斯泰：再见，亲爱的弗拉基米尔·格奥尔基耶维奇。

伯爵夫人（门刚在秘书身后关上）：他一直待在你身边，喜欢黏着你。而他讨厌我。他想让我远离你，那个奸诈的坏人。

托尔斯泰：你对他不公平，索菲娅。

伯爵夫人：我不需要公平！他硬把自己安插到我们中间。他把你从我身边偷走，让你和孩子们疏远了。自从他来了以后，我什么事都指望不上你了。现在，这幢房子，还有你自己，属于整个世界，但不属于我们，不属于你最亲近的人。

托尔斯泰：我要真能做到这样倒好了！但这是上帝的旨意，我属于每一个人，不为我自己和我的家庭保留任何东西。

伯爵夫人：是的，我知道，是他让你这么相信，那个从我孩子身边拉走你的男人。我知道他鼓励你和我们所有人作对，所以我再也无法容忍他待在家里。我不希望他出现在家里。

托尔斯泰：但是，索菲娅，你知道，我的工作离不开他。

伯爵夫人：你可以找一百个人来顶替他！（用一种嫌弃的语气）我不能忍受他在你身边。我不希望这个男人横亘在你和我之间！

托尔斯泰：索菲娅，我求求你，别激动。来，你坐下来，让我们平心静气地谈一谈——就像过去我们刚开始共同生活时那样。想一想吧，索菲娅，我们所剩下的时日不多了，美好的聊天和美好的日子是多么少！（伯爵夫人惊慌地环顾四周，然后坐了下来）你看，索菲娅，我需要这个人。也许我需要他，只是因为我信念软弱，在这方面我表现得并不像我所希望的那样坚强。可以肯定的是，尽管每一天都有事实在向我证实，在遥远的地方，世界上有成千上万的人追随我的信仰，但你必须明白，我们凡人的心灵就是这样：要想保持自己的信仰，你至少需要身边一个人的爱，那种和你亲近、可闻、可见、可感、可触的爱。也许圣人能够在没有帮手的情况下，独自在房间里工作，即使在没有见证者的情况下，也不会失去信心。但是你要明白，索菲娅，我毕竟不是圣人。我只不过是一个已经非常虚弱的老人。正因如此，我身边必须有人与我分享我的信仰，这个信仰是我孤寂的老年生活中最可珍视的事物。可以肯定的是，要是你自己，我四十八年一直敬重的你……能分享我的宗教信念，那将是我最大的幸福。可是，索菲娅，你从来没有想过这样做。我灵魂最珍视的东西，你却淡漠以对，没有表现出爱，我担心甚至你用仇恨的眼光看待它。（伯爵夫人做了个手势）不，索菲娅，不要误解我。我并不是责备你，你为我和这个世界付出了你所能付出的一切，你不吝你的母爱，履行照顾家人的义务。你怎么能为了你灵魂深处没法体会到的信仰而做出牺牲呢？我怎么能责怪你不了解我内心的想法呢？毕竟一个人的精神生活，他最深刻的思想，永远是他和上帝之间的秘密。但是你看，现在有一个人来了，终于来到了我的家，他以前在西伯利亚也曾因为他的信念而受苦，现在却和我分享同样的信念。他是我的助手，也是我亲爱的贵客。他的帮助为我的内心生活鼓劲。你为什么想把这个人从我身边带走？

伯爵夫人：因为他让你和我疏远了，所以我难以忍受，我无法忍受。这让我狂怒，令我恶心，因为我能确切地感觉到你们所做的一切都是在针对我。今天中午，我又看到了他。他慌慌张张地将一张纸收了起来，当时你们谁也不敢诚实地看着我，他不敢，你不敢，萨莎也不敢！你们都对我隐瞒了什么。我知道你们一定背着我做了什么见不得光的事！

托尔斯泰：要是我故意做了坏事，至死上帝都不会饶恕我。

伯爵夫人（非常激动）：所以你不否认你做了一些见不得人的事情……对我不利的一些事情。哦，你很清楚，在我面前，你可不能像对别人那样说谎。

托尔斯泰（悻悻地）：我对别人说谎？连你也这样说我。为了你，我在大家面前表现得像一个骗子。（压抑住怒火）我希望上帝保佑我不要明知故犯地说谎。也许对我这个软弱的人来说，我不可能完全讲真话，但就算如此，我也相信，我不是一个骗子，我没有骗人！

伯爵夫人：那么告诉我，你们都做了些什么好事。那是什么样的信，什么样的纸？不要再折磨我了！

托尔斯泰（非常温柔地走向她）：索菲娅·安德烈耶芙娜，我没有折磨你，是你在折磨自己，因为你不再爱我了。要是你对我还有爱，你也会对我有信心——就算你不再理解我，你也会对我有信心。索菲娅·安德烈耶芙娜，请你审视一下自己的内心。我们已经在一起生活了四十八年！也许你还会在那些过去的岁月里，在某个地方，在一段被遗忘的时光里，在你生命的某个缝隙里，找到一点对我的爱。那我请求你，把这爱的火花煽旺，试着再爱我一回，做那个长久以来一直陪伴在我身边的你，充满爱心，信赖我，温柔而忠诚地待我。索菲娅，我经常被你现在对我的态度吓到。

伯爵夫人（震惊和激动）：我也不知道我现在何以会这样。是的，你说得对，我变得面目丑陋，又爱生气。但看着你折磨自己，试图超越人类，谁又能袖手旁观呢——这种与神在一起的执迷，是一种罪孽。把自己推向神的道路，去追求一种我们得不到的真理，这是一种罪，是骄傲、自大，而不是谦卑。之前可不是这样，一切都美好又清新。我们像别人一样正直纯洁地生活，我们各有工作，我们都很幸福，孩子们长大了，我们也快乐地变老了。突然间，三十年前，那种可怕的幻觉，那种可怕的信仰占据了你，搞得你和我们大家都不快乐。我一直不明白，你自己清洁炉灶、自己挑水、自己做劣质靴子，这有什么意义。你明明是世界上最伟大的艺术家，并且受到全世界的爱戴。对此我又能做些什么呢？不，我一直无法理解，为什么我们的生活，勤劳节俭、安静朴素的生活，突然间就变成了对他人的罪孽。不，我无法理解，我不懂，我也无法搞懂！

托尔斯泰（非常温和地）：听我说，索菲娅，这正是我要告诉你的。

正是在我们不理解的地方，我们必须依靠爱的力量，互相信任对方。对人是这样，对神也是这样。你以为我真的自以为是地知道什么是对的吗？不，我只是相信，一个人这样诚实地做事，这样痛苦地折磨自己——在上帝和人的眼中，这都是有意义和有价值的。所以，索菲娅，当你不再理解我的时候，也应该试着对我抱有一点信心。至少要相信我做的决定是对的，而一切都会好起来的。

伯爵夫人（不安地）：那你就告诉我，告诉我，你们今天做了些什么？

托尔斯泰（非常平静地）：我会把一切都告诉你。在我的生命的最后时刻，我不打算再隐瞒任何事情，也不打算秘密做什么事情。我会等到谢廖什卡和安德烈①回来。然后我会出现在你们所有人面前，诚实地告诉你们这些天我做的决定。但是请给我一点时间，索菲娅，忘掉你对我的不信任，不要监视我，这是我唯一的也是最恳切的要求。索菲娅·安德烈耶芙娜，你愿意答应我吗？

伯爵夫人：是的……是的……当然……当然。

托尔斯泰：谢谢。你瞧，只要双方坦诚和信任，一切都变得好说。我们能和平和诚挚地交流，这多好。你又温暖了我的心。你看，你刚进来的时候一脸怀疑。你满是激动和怨恨的神情，对我来说是多么奇怪，我在你身上看不到过去的你。现在，你的面貌又清晰了，我又认出了你的眼睛，索菲娅·安德烈耶芙娜，就像你在姑娘时代的那双眼睛，对我既亲切又满怀爱意。现在请你休息吧，我亲爱的。很晚了，我衷心地感谢你。

（他吻了她的前额。伯爵夫人离开了。到了门口，她又一次激动地转过身来）

伯爵夫人：但你能告诉我一切吗？一切？

托尔斯泰（仍然非常平静）：一切，索菲娅。不过你也要记得你的许诺。

---

① 谢廖什卡和安德烈：两人均是托尔斯泰的儿子。

（伯爵夫人慢慢地离去，同时不安地看了一眼书桌）

托尔斯泰（在房间里踱了几次步，然后坐在书桌前，在日记里写了几个字。过了一会儿，他站起来，踱来踱去，又回到书桌前，若有所思地翻着日记本，响亮地读着他写的东西）：我努力在索菲娅·安德烈耶芙娜面前表现得平静和坚定，我相信我或多或少会达到让她安心的目的……今天我第一次看到了用善意和爱，可能会使她做出让步……哦，但愿……（他放下日记本，深深地呼吸了一次，最后走到隔壁房间，点着了灯。随后他又走了回来，吃力地脱下沉重的农夫穿的靴子，脱掉上衣。然后他只穿着他的宽大的内裤和工作时的衬衫，走进了隔壁的卧室，熄了灯）

（在很长一段时间里，房间里完全寂静无声，一片黑暗。什么也没有发生。一点声响也听不见。突然，通往工作室的门被轻轻地打开了，开门的人做贼似的小心翼翼。那人光着脚摸索着走进漆黑的房间，手里拿着一盏牛眼灯，灯光只在地板上投射出一个狭窄的光柱，原来是伯爵夫人。她焦虑不安地环顾房间四周，先是在卧室门口偷听了一会儿动静，然后似乎放下心来，蹑手蹑脚地走到书桌前。我们只能看到她在灯光的光圈中颤抖的双手，她首先伸手去拿被留在桌上的日记本，开始紧张不安地读日记，然后一个接一个地拉开书桌抽屉，越来越匆忙地在纸堆中翻找，什么也没找到。最后，她又猛地拿起灯笼，摸索着出去了①。她的脸色憔悴，像个疯子。她刚刚关上身后的门并离开，托尔斯泰就猛地推开了卧室的门。他手里拿着一支蜡烛，由于他非常激动，蜡烛来回地摇晃着。原来他刚才偷看到了他妻子所做的一

① 这部分及下面的内容应该是根据托尔斯泰的日记改写的。托尔斯泰1910年10月28日的日记写道："十二时半寝。一直睡到三点钟……我又听到了开门的声音和脚步声……从门的缝隙间望过去，只见书房里面灯光明亮，还可以听见衣裙的窸窣声。原来索菲娅·安德烈耶芙娜正在找寻什么，大概正在阅读什么。她曾关照过我不要闩门。不，与其说是关照过不如说是要求过。那间屋子两边的门都是开着的，因此无论我的怎样微末的动作她都清楚。这样，不分昼夜，我所做的事情、所说的话，她都心头雪亮，都不能不在她的监视之下。又听见脚步声，悄悄地小心谨慎地把门打开，她就跑过去了……"

切，他已经追上了她，抓住了门把手，却猛地转过身来，沉着地把蜡烛放在桌上，走到另一扇门前，小心翼翼地轻轻敲门）

托尔斯泰（轻声）：杜尚……杜尚……

杜尚（声音隔壁房间传来）：是您吗，列夫·尼古拉耶维奇？

托尔斯泰：小声点，小声点，杜尚！马上出来……

（杜尚从隔壁房间出来，同样只穿了一半衣服）

托尔斯泰：你去叫醒我的女儿亚历山德拉·利沃芙娜，叫她马上到这儿来。然后你迅速跑到谷仓，叫格列高里套上马，不过告诉他得悄无声息地套好，这样屋子里的人就不会注意到任何动静。你自己也要安静！不要穿鞋子，要小心。不要让门嘎吱作响。我们必须马上离家①，没有时间了。

（杜尚匆匆离去。托尔斯泰坐了下来，毅然下定决心。他蹬上靴子，拿起外套匆匆穿上，然后找来一些纸张，把它们卷在一起。他的动作很有活力，但有时也会显得性急。当他在桌子上的一张纸上写下几个字的时候，他的肩膀甚至在颤抖）

萨莎（悄悄地进来）：发生了什么事，爸爸？

托尔斯泰：我要出走了。我终于……终于……终于下定了决心。一个小时前，她对向我发誓她会信任我。凌晨三点的时候，她却偷偷溜进我的书房里翻找纸张……不过，这也好，也很好……这不是她的意愿，而是上帝的意愿。我无数次请求上帝给我发出离家出走的时间信号。现在信号已经发出，我有权离开这个女人，这个不了解我灵魂的女人了。

萨莎：但是，你打算去哪里，爸爸？

托尔斯泰：我不知道，我不想知道……去哪儿都行，只要能远离

---

① 托尔斯泰 1910 年 10 月 28 日的日记："……我突然下了离家的最后决心。写信给她（指伯爵夫人），并开始准备必要的东西。然后就只剩下出走这件事了。把杜尚和萨莎喊了起来，他们两人帮我收拾行李。我想：她一听到，就会跑出来，歇斯底里地吵闹一场，那就再也不能够悄悄地离家了。这么一想，我战栗起来了。快到六点钟的时候，总算把行李收拾好了……"

这种不诚实的生活……去哪儿都行……世间多的是路，在某个地方可以找到稻草或床，一个老人可以在那儿平静地死去。

萨莎：我会和你一起去……

托尔斯泰：不，你必须留下来，安慰她……她会发疯的……哦，可怜的女人，她会多么痛苦！而让她痛苦的人正是我……但是，我又不得不这样做，我不能继续待下去……否则我会在家里窒息。你留在这里，直到安德烈和谢廖什卡回来。在那之前不要跟着我。我要先去沙马尔迪诺修道院，向我的妹妹道别，因为我觉得向她道别的时候到了。

杜尚（匆匆返回）：马车夫已经套好了马车。

托尔斯泰：那你自己准备一下吧，杜尚，把那几张纸放在口袋里……

萨莎：可是爸爸，你一定要披上毛皮大衣，夜里很冷。我赶快给你收拾其他更暖和的衣服……

托尔斯泰：不，不，什么也不要。天哪，我们不能再犹豫了……我不能再等了……为了这一刻，为了这个信号，我已经等了二十六年了……快点，杜尚……不然，还会有人阻拦我们的。是的，赶紧拿上那几张纸、日记本、铅笔……

萨莎：还有购买火车票的钱，我去拿……

托尔斯泰：不，不要去拿钱了。我不想再碰钱了。火车站的人认识我，他们会给我车票的。除此之外，上帝会帮助我。杜尚，将一切打点好，就赶紧过来。（对萨莎）你把这封信给她，这是我的告别信。希望她能原谅我！给我写信，告诉我她是怎么度过这段时间的。

萨莎：可是爸爸，我怎么给你写信呢？要是我寄信的时候提到你的名字，他们马上就会知道你在哪里，然后就会追踪到你。你必须用一个假名。

托尔斯泰：哦，我一直在说谎！总是在说谎，做的事越是秘密，灵魂就越会败坏……不过你说得对……来吧，杜尚！……萨莎，照你所说……这才是最好的办法……那我该怎么称呼自己呢？

萨莎（迅速思考了一下）：我会用芙洛洛娃的名字签署所有发出的信，而你就叫自己 T. 尼古拉耶夫。

托尔斯泰（已经急得要发昏）：T. 尼古拉耶夫……好……好……好……现在我们告别吧（他拥抱了她）T. 尼古拉耶夫，你说我应该叫自己这个名字。又要说一次谎！现在——愿上帝保佑，但愿这是我对人们所说的最后一次谎。

（他匆匆离开）

# 第三场

三天后（1910 年 10 月 31 日），在阿斯塔波沃火车站的候车室。右边是通向站台的一扇大玻璃门，左边是通向站长伊万·伊万诺维奇·奥索林房间的小门。几个乘客坐在候车室的木条长凳上，一张桌子旁边也围坐着一些乘客，他们正等待从丹洛夫开来的火车，这些人中有裹着披肩睡觉的农妇，有穿着羊皮袄的小贩，还有几个城市里来的人，显然是官员或商人。

旅客甲（看报纸，突然大声说话）：他做得太妙了！这老头子做得太漂亮了！谁也料想不到。

旅客乙：发生什么事了？

旅客甲：他离家出走了，列夫·托尔斯泰，从他家出走了。没人知道他去了哪儿。他是晚上出走的，穿了靴子和毛皮大衣，没有带任何行李，没有告别，就这样乘着马车出走了，随行的只有他的医生杜尚·彼得罗维奇。

旅客乙：他把老伴丢在了家里。这对索菲娅·安德烈耶芙娜来说可一点都不好玩。他现在一定八十三岁了。谁能想到他竟会这么做？你说他去哪儿了？

旅客甲：这正是他的家人和媒体都想知道的。他们现在正往世界各地发电报。有人声称在保加利亚边境见过他，还有人说他去了西伯利亚。但是，没有人知道真相如何。这老头子可做得太绝了！

旅客丙（一位年轻学生）：你说什么？列夫·托尔斯泰已经离家出走了？劳驾把报纸给我看看。（读报纸）哦，好事啊。他终于振作起来了，这是好事啊。

旅客甲：为什么你会说是好事？

旅客丙：因为他的生活方式已经违背了他所说的。他们强迫他长时间地扮演伯爵的角色，用谄媚的奉承把他的声音扼住了。现在，列夫·托尔斯泰终于可以对人民说出他的心里话了，愿让全世界通过他知道俄罗斯人民所受到的待遇。是的，对俄罗斯来说，这是一件好事，是一种祝福，也是一种疗伤，因为这位圣人终于拯救了自己。

旅客乙：但也许报纸在胡说八道，事情根本就不是真的。也许（他转过身去，确定没有人听，低声说）也许他们只是把这些刊发在报纸上，用以迷惑人们，而实际上他们已经抄了他的家，将他带走了……

旅客甲：谁会有兴趣除掉列夫·托尔斯泰？

旅客乙：他们……所有知道他挡了他们道的人，神圣的主教、警察和军队，所有害怕他的人。已经有几个人就那样人间蒸发了。随后有人说，他们已经出国了，但是我们知道他们说的"出国了"是什么意思……

旅客甲（同样也低声说）：那么说，托尔斯泰有可能已经被除掉……

旅客丙：不，他们不敢这么做。这个人什么都没有，但只要他能说话，就强过他们所有人。不，他们不敢这么做，因为他们知道我们会用拳头把他营救出来。

旅客甲（急促地）：小心……留神……基里尔·格里戈罗维奇来了……快，把报纸收起来……

（警察局长基里尔·格里戈罗维奇穿着全套制服从通向站台的玻璃门后出现在候车室，随后他到站长的房外敲门）

伊万·伊万诺维奇·奥索林（站长，头上戴着值班帽，从房间里走出来）：噢，是你，基里尔·格里戈罗维奇。

警察局长：我必须马上和你谈谈。你妻子也在你的房间里吗？

站长：是的。

警察局长：那还是在这里说好了！（用尖锐、命令的语气对旅客说）从丹洛夫来的快车马上就要到了。请大家立即离开候车室，到站台上去。（他们都站起来，急忙往外挤。警察局长对站长说）我刚收到一份重要的密电。现在已经知道列夫·托尔斯泰前天离家出走以后，曾到过沙马尔迪诺修道院去看望他的妹妹。有迹象表明，他打算从那里出发旅行。从前天起，从沙马尔迪诺出发的每一列火车都安排了警探。

站长：不过，请您跟我解释一下，基里尔·格里戈罗维奇大人，他们为什么要这么做？列夫·托尔斯泰并不是鼓动闹事的人。毕竟他给我们带来了荣誉，是我们国家的真正财富，是一位伟人。

警察局长：但是，他可以闹出比整个革命党都要大的动荡和危险。再说，这关我什么事？我的任务是监视每一列火车，但现在莫斯科方面希望我们要不让人察觉地加以监视。因此我请求你，伊万·伊万诺维奇代我到站台上去，因为大家都能通过我的制服认出我。火车一到，就会有一名秘密警察下车，他会告诉你他一路上看到的情况。我会马上把报告向下一站传下去。

站长：包在我身上。

（从入口方向传来火车进站的铃声）

警察局长：你要不显山不露水地问候那位警探，就如同老熟人寒暄。你明白吗？不能让乘客注意到有人在监视。对于我们两个人来说，只要我们巧妙地做好一切，对我们只会有利，因为每一份报告都会传到圣彼得堡，直至最高当局。也许这次我们还能因此获得圣乔治十字勋章。

（火车轰隆隆地倒退进站。站长立即从玻璃门冲了出去。几分钟后，第一批乘客——农民和他们的妻子提着沉重的篮子，通过玻璃门大声喧哗着进来了。有些人坐在候车室休息或沏茶喝）

站长（突然从门外进来，激动地对坐在候车室的旅客大喊）：马上离开候车室！大家都给我离开！马上！……

众旅客（惊讶地埋怨着）：这是为什么？我们付了钱……为什么不

允许我们坐在这候车室里？我们只不过在等客运列车。

站长（大喊）：听着，马上离开！你们都马上离开这里！（他急急把他们赶开，又急忙跑到门前，他把门打开）来，请你们把伯爵带进来！

托尔斯泰（由杜尚在右边、女儿萨莎在左边搀扶着，疲惫地走了进来。他将毛皮大衣的领子翻起，脖子上围着一条围巾，但可以看出，他被包裹着的身体仍长冻得发抖，身后跟着五六个人，想挤进来）

站长（对从后面挤的人）：待在外面！

众旅客：就让我们跟着吧……我们只是想侍候列夫·尼古拉耶奇……也许我们能给他一杯酒或茶……

站长（大吼）：谁也不许进来！（他强行把他们推了回去，并锁上了通往站台的玻璃门，但在整个过程中，仍可以看到一些好奇的面孔向里面张望，他们是从这里经过的旅客。站长已经迅速拿起一张扶手椅，放在桌子旁边）伯爵大人，请您坐下来歇息一会儿吧！

托尔斯泰：不要叫伯爵大人……谢天谢地，我再也不是了……再也不是了。已经结束了。（他激动地环顾四周，注意到玻璃门后的人）走开吧，让那些人走开吧……我想一个人待着……总是那么多人……这回，让我一个人待着吧……

（萨莎急忙走到玻璃门前，将大衣挂在门上作为遮挡）

杜尚（与站长轻声交谈）：我们必须马上让他上床睡觉。他在火车上突然发起了高烧，超过一百零四度①。我认为他的情况很糟糕，这附近有没有房间像样一些的旅馆？

站长：没有，一家都没有！整个阿斯塔波沃都没有这样的旅馆。

杜尚：但他得马上上床睡觉。您可以看到他一直发着高烧，这种情况很可能会很危险。

站长：当然，我会将我的房间让给列夫·托尔斯泰，这是我的荣幸……但是请原谅……它太寒酸了，非常简陋……这是一间办公室平房，很狭小……我怎么敢让列夫·托尔斯泰住在里面……

① 一百零四度：这是华氏温度，换成摄氏温度为四十度。

杜尚：没关系。现在当务之急是让他躺到床上去。（*托尔斯泰坐在桌旁冷得直发抖，杜尚对托尔斯泰说*）站长好心给我们腾出了他的房间。您现在必须马上休息。明天你又会精神焕发了，我们可以继续旅行。

托尔斯泰：继续旅行？不，不，我想我不会再去旅行了……这是我最后一次旅行，我已经到达目的地了。

杜尚（*鼓励他*）：不要担心发烧。没有事的，您只不过是有点儿感冒了，明天就会好的。

托尔斯泰：现在，我已经觉得全好了……非常非常好……只不过昨天晚上，那实在太可怕了。我当时想到，他们可以从家里出来抓捕我。他们一旦抓住我，我就得回到那个地狱……然后，我起来了，把你们叫醒，这激起了我强烈的欲望。那种发烧得牙齿打战的恐惧，一直没有离开我……可是现在，自从我来到这里……可是我到底在哪里？我从来没有见过这个地方……现在忽然觉得完全不一样了。现在，我一点也不害怕了，他们不会找到我了。

杜尚：当然找不到您了，肯定找不到您。您可以安心睡觉了。没有人会发现您在这里。

（*他们俩把托尔斯泰扶起来*）

站长（*走到他面前*）：请您原谅……我只能提供一间非常简陋的房间……我自己的房间……而且床也许也不好……只有一张铁床……但我会安排好一切的。我马上打电报，让下一班火车再运送一张床过来……

托尔斯泰：不，不，什么床都一样……太久了，太久了，我一直拥有比别人好得多的东西！现在东西越糟糕，对我来说就越好！农民是怎么死的，不也得到了安息吗……

萨莎（*帮助他*）：上床吧，爸爸，您大概累极了。

托尔斯泰（*再次停下来*）：我不知道……你说得对，我累了。我的四肢都在往下坠。我很累，但我还在等待着什么……就像你困了却睡不着，因为你在想着即将来临的美好事物，你不想睡觉。多奇怪。我以前从来没有这种感觉……也许这是死亡的一部分……你知道，多少年来，我一直害怕死亡，害怕得不敢躺在床上，害怕得像动物一样尖叫和躲藏。现在死神或许在那里，在那个房间里。死神在等待着我，我却要毫不畏惧地走向他。

（萨莎和杜尚一直扶着他走到房门边）

托尔斯泰（在门口停下，朝里面看）：这里很好，非常好。狭小、封闭、低矮、破旧……我似乎曾梦见过这间屋子，里面有一张像这样的奇怪的床，上面躺着……一个又老又累的男人……等等，他叫什么名字来着？我几年前写的剧本。那老人叫什么名字来着？……他曾经很富有，但后来变得很穷，没有人认识他，他爬到炉子旁边的床上……哦，我的脑袋，我愚钝的脑袋！……刚才那个老人叫什么名字来着？……他曾经很富有，现在只剩下一件衬衫了……当他死时，那个折磨他的女人不在他身边……是的，是的，我现在想起来了，我想起来了，在我的故事里，我管那个老人叫柯尔涅依·瓦西里耶夫。在他死去的夜晚，上帝唤醒了他妻子的心灵，她，玛尔法来了，再一次见到了他……但是，她来得太晚了，他已经闭起了眼睛，身体僵硬地躺在陌生人的床上。她不知道他是还在生自己的气，还是已经原谅自己了。她再也不会知道了，索菲娅·安德烈耶芙娜……不，她的名字是玛尔法……我已经开始糊涂了……是的，我要躺下来了。（萨莎和站长带着他往前走，托尔斯泰对站长说）我感谢你，陌生人，让我住在你的房子里，就像给森林里的动物提供了一个临终的地方……感谢上帝把我——柯尔涅依·瓦西里耶夫送到了这里……（突然非常害怕地）但是把门关紧吧。不要让任何人进来。我不想面对更多的人……我只想单独和上帝相处，这会让我睡得更深、更好，比我以往生活中的任何时候都更好……（萨莎和杜尚将他带进卧室。站长小心翼翼地关上身后的门，站在门外发愣）

（通向站台的玻璃门外面传来猛烈的敲门声。站长打开门，警察局长急忙进来）

警察局长：他对你说了什么？我必须立即报告一切，一切！他打算待在这里吗？到底多久？

站长：他不清楚，别的人也都不清楚。只有上帝知道。

警察局长：但是，你怎么能让他住在政府公房里呢？这毕竟是你的公房。你不能把它提供给一个陌生人！

站长：在我心里，列夫·托尔斯泰可不是陌生人。对于我，他比兄弟还要亲。

警察局长：但是你有责任先请示。

站长：我请示了我的良心。

警察局长：好吧，你要为此负责。我会马上打个报告……太可怕了，要面对这种突然降临到一个人身上的责任。要是我们知道最高当局对托尔斯泰的态度就好了……

站长（非常平静地）：我相信真正的最高权威会一直友善对待托尔斯泰……

（警察局长惊愕地看着他）

（杜尚和萨莎走出房间，小心地关上门）

站长：你离开他的时候，伯爵看上去怎么样？

杜尚：他躺着一动不动，脸色安详平和，我从未见过他这样。在这里，他终于找到了人们会嫉妒他的东西——安详。他第一次独自和他的上帝在一起[①]。

站长：原谅我，他是一个单纯的人，但我的心在颤抖不止。我不明白，上苍怎么会把这么多的苦难降临到他身上，列夫·托尔斯泰不得不离家出走，死在我这可怜、和他身份不相称的床上……俄罗斯的人们除了虔诚地爱他，还能做什么呢？

杜尚：那些热爱伟人的人常常会阻碍他完成使命，他必须远离那些最亲近的人。不过发生的所有一切都是正确的。只有这种死亡才能

---

[①] 托尔斯泰 1910 年 5 月 4 日的日记中写道："所能做的事情都做完了。此后但求无害地等待死亡。比任何东西都重要的事情，就是在上帝跟前、和上帝一起、依靠上帝而生活。"5 月 6 日的日记写道："上帝啊，请赐给我力量吧。请帮助我吧。请让我直到临终之前，都只是在您的眼前，常常跟您在一块儿，依靠您而生活下去吧。"

成就他的人生，使他的生命变得圣洁。

站长：然而……我心里想不明白，也不能明白，这个人，这个我们俄罗斯土地上的珍宝，为了我们俄罗斯人民而受苦，而我却无忧无虑地度过我的时光……在这种情况下，我不得不对我自己的生活感到羞耻……

杜尚：不要哀悼他，亲爱的好心人。这最后暗淡而卑微的生活无损于他的伟大。假如不是为了我们人类而受苦，列夫·托尔斯泰永远不会像今天这样属于全人类。

# 跨越大洋的第一句话

赛勒斯·韦斯特·菲尔德

1858 年 7 月 28 日

## 新节奏

被称为"人类"的奇怪生物在地球上行走了数千年，也许是数万年以来，没有比马的奔驰、车轮的转动，或者轮船的航行更快的人类运动。在这个我们称之为世界历史的意识所照亮的狭窄世界里，所有技术进步的财富都没有使运动节奏产生明显的加速。沃伦斯坦的军队几乎不比恺撒的军队更快；拿破仑的军队并不比成吉思汗的军队更快；纳尔逊的小型护卫舰渡海的速度也只比维京海盗船和腓尼基商船稍胜一筹。拜伦勋爵在《恰尔德·哈罗德》一诗中所述的一天所走的旅程，并不比奥维德被流放到蓬图斯时一天所走的路程多；18 世纪的歌德的旅行不比千年之初的使徒保罗的旅行更舒适、更便捷。在拿破仑时代和罗马帝国时代，各国在时间和空间上的距离是一样的。物质的阻力仍然凌驾于人类的意志。

直到 19 世纪，地球的速度和节奏才发生了根本性的变化。各个民族和国家的联系速度比之前几千年都要快：铁路和蒸汽船使人们能够在一天内完成过去需要许多天的行程，以前需要数小时的旅行现在可以在几刻钟或几分钟内完成。但是，无论同时代的人如何欣赏火车和汽船所取得的胜利的新速度，这些发明仍然在人们的头脑所能掌握的范围之内。因为这些交通工具所做的一切，是将以前已知的速度提高了五倍、十倍、二十倍而已，所以其外在的景观和内在的意义还是有迹可循的，看似神奇的东西也是可以解释得通的。然而，电——一个仍在摇篮中的大力士，它最初获得的成就似乎完全出乎人们的意料，它推翻了所有早前的规律，粉碎了所有当前的准则。我们这些生于后世的人永远不会感受到最初的电报给那一代人带来的惊诧，我们看到微弱、几乎难以察觉的电火花闪烁，也不会涌现那一代人面对它时涌现出的巨大的惊喜和热情。这种昨天仅仅能够从莱顿瓶①里发出噼啪作响的手指关节般的一英寸长的火花，现在却突然获得跨越国家、山脉和地球的神奇力量。想象一下，一个念头还没有想好，一个字刚写完、墨迹尚未干，便已经在同一秒内传送到千里之外，使另一边的人们读到并理解。在小伏打电堆②的两极之间看不见的震荡的电流，可以从地球的一端传到另一端。或者想象一下，物理实验室中的设备看起来像玩具，但假如你摩擦玻璃板，昨天它还只能够吸引几张纸片，现在却可以获得百万倍甚至数十亿倍于人类肌肉和速度的力量，可以传送信息、驱动火车、照亮街道和建筑物，像看不见的埃里厄尔③精灵在空中盘旋。只有电这一发现，给时空关系带来了自世界诞生以来最重要的改变。

1837年对于世界意义重大，电报的出现使以前孤立的人类经验有可能被所有人同时感受到，但就连学校教科书也甚少提到这一年，因为学校教科书一直认为，书写各国和军事指挥家的战争和胜利，比书写人类真正共同取得的胜利——也就是电报在该年的发明，要更加重要。然而，就时间价值的改变对人类心理的影响而言，近代历史上没有哪个日期，其重要性可以与电报的发明日期相提并论。自从能够在巴黎同步了解到正在阿姆斯特丹、莫斯科、那不勒斯和里斯本发生的

---

① 莱顿瓶：原始形式的电容器，可以储存静电。

② 伏打电堆：是第一个能连续地向电路提供电流的电池。它是由意大利物理学家亚历山德罗·伏打发明的。

③ 埃里厄尔：莎士比亚戏剧《暴风雨》中的精灵。

事情以来，世界已经发生了变化。然而，还有最后一步尚待迈出，只有完成了这一步，世界的各个地区才能纳入这一伟大的联系网，并由此建立一种全人类的共同意识。

但是，大自然仍然抗拒这最后的统一，仍然阻碍着这一切的实现。这使得在接下来的二十年里，大洋两岸的国家之间仍然被海洋阻隔，无法通过电报联系。拜陶瓷电线杆的绝缘特性所赐，电流可以不受阻碍地通过电线传导，但海水是导体，会吸收分散电流。在完全绝缘的铜丝和铁丝被发明之前，电缆是不可能铺设在海里的。幸运的是，在进步的时代，一项发明会帮助另一项发明。在陆地上铺设电报线路的几年后，人们发现了古塔胶，这是一种适合在水中使用的电阻绝缘材料。现在，我们可以开始将欧洲大陆以外最重要的国家——英国，与欧洲的电报网连接起来。一位名叫布雷特[1]的工程师在布莱里奥[2]后来首次乘飞机穿越英吉利海峡的地方铺设了第一条电缆。然而，一个荒诞事件的发生使电缆的铺设功败垂成：在电缆铺设好之后，布洛涅[3]的一位渔民打鱼时以为他发现了一条特别肥大的鳗鱼，于是把电缆扯了上来，但是在 1851 年 11 月 13 日，第二次的尝试获得了成功。英国现在已经与欧洲大陆相连，因此欧洲也真正成了欧洲，欧洲各国用一个大脑和一个心脏体验世界上发生的一切。

在人类历史上，十年意味着什么？在如此短暂的几年时间内取得如此巨大的成功，必会唤起那一代人的无限勇气。人们尝试的一切都以梦幻般的速度取得了成功。仅仅几年时间，英国就依次与爱尔兰、丹麦和瑞典建立了电报联系，科西嘉岛[4]也与欧洲大陆建立了电报联

---

[1] 布雷特：华金声·布雷特，英国工程师，他帮助开发了英国的内陆电报系统，还建立了大西洋电报公司。

[2] 布莱里奥：路易斯·查瑟斯·约瑟夫·布莱里奥是一名法国飞行员、发明家和工程师。他是第一个制造出可工作、有动力、有人驾驶的单翼飞机的人。1909 年，他因首次驾驶飞机横渡英吉利海峡而闻名于世。

[3] 布洛涅：法国北部的一个沿海城市。

[4] 科西嘉岛：地中海的一个岛屿，在政治上是法国的十八个地区之一。

系，并且已经有人尝试将埃及和印度也连接到这个电报网络。然而，世界的一个地区且是最重要的地区之一，似乎注定要永远被排除在横跨世界其他地区的电报网之外，这就是美洲。因为大西洋或太平洋都浩瀚无际，没有任何地方可以停靠，又怎么可能用一根电缆跨越呢？当时处于电力发展的初级阶段，许多知识都还处于未知地带。海洋的深度还没有摸清，对海洋的地质结构也只有一种模糊的认识，在海底铺设电缆，没有人知道它是否能够承受上面这么多海水的压力。从技术上看，就算这样的深度可以安全地铺设这么长的电缆，问题是到哪里去找到一艘足够大的船来装载两千英里长的铁铜电缆呢？又到哪里去找功率足够大的发电机来不间断传送电流？要知道这样的距离，轮船至少也要花两到三个星期才能横渡。总之，由于缺乏条件，当时的人们不清楚海洋深处的磁场是否会使电流离散，同时人们还没有发现足够好的绝缘材料，也没有合适的测量仪器。那时人们所知道的只是电学的"第一条定律"①，它刚使沉睡了几个世纪的人们大开眼界。"不可能！荒谬绝伦！"学者们众口一词，一旦有人提到一个横跨大洋铺设电缆的计划，就会遭到他们的强烈反对。就算最具胆识的技术专家也只能含糊其词地说："只能假以时日。"这样一个计划似乎是一个鲁莽大胆的冒险，就连迄今为止对电报的广泛应用居功至伟的莫尔斯②，也认为这不可思议。不过他预言，假如铺设跨大西洋电缆的计划取得成功，必将被视为"本世纪的伟大壮举"。

要想使一个奇迹取得成功，第一步总是个人对这个奇迹深信不疑。在饱学之士犹豫不决的地方，一个缺乏理性之人的天真淳朴的勇气，很可能会带来一种创造性的冲动。在这件事情上，一如既往地，一个简单的巧合就让这个宏伟的事业继续进行了下去。1854 年，一位名叫吉斯伯恩的英国工程师，想铺设一条从纽约到美国最东端的纽芬兰的

①第一条定律：库仑定律，即静止点电荷相互作用力的规律——同名电荷相斥，异名电荷相吸。
② 莫尔斯：美国发明家和画家，他是莫尔斯电码的共同开发者，并帮助开发了电报的商业用途。

电缆，以便能提前几天收到船只航行的消息，他投入的资金用完了，项目不得不中途停止。于是，他去纽约寻找可以资助他的人。在那里，他碰巧遇到了一位名叫赛勒斯·韦斯特·菲尔德的年轻人，这人曾帮助他促成了许多事情的成功。吉斯伯恩是一位牧师的儿子，生意做得顺风顺水，身家丰厚，以至于只要愿意，他就可以在年纪轻轻的时候带着一大笔钱过惬意的隐居生活。目前，他并没有从事任何工作，但他非常年轻，精力充沛，无法忍受长期过无所事事的生活。吉斯伯恩找到他，并引起了他对铺设从纽约到纽芬兰的电缆计划的兴趣。赛勒斯·韦斯特·菲尔德不是技术专家，也不是任何方面的专家——在这件事情上，人们会说，幸好他不是专家。他对电一无所知，也从来没见过电缆，但这位牧师的儿子充满激情，满怀信念，具有美国人所特有的精力过人、胆大妄为的性格。专业工程师吉斯伯恩只看到了用电缆连接纽约和纽芬兰的直接目标，而年轻的狂热分子菲尔德却立即将目光投向了更远的未来。纽约到纽芬兰的海底电缆铺设好之后，接下来为什么不把纽芬兰和爱尔兰用电缆连接起来？赛勒斯·韦斯特·菲尔德身上有着克服一切障碍的百折不挠的力量，他立即着手工作。在那一年里，他跨越大西洋三十一次。他决心毕生致力于这个目标，这决心点燃了一个想法，而这个想法最终爆发变成了现实。于是，电这种新奇的力量与生命中另一种最强大的力量——人的意志——结合在了一起。一个人找到了他毕生的事业，这个事业也找到了完成它的人。

## 筹划

赛勒斯·韦斯特·菲尔德以令人难以置信的精力开始了工作。他与所有的专业人士接触，向政府要求特许权，在欧美两地发起了一场筹集资金的活动。这个完全不为人所知的人是如此强大，他对创造奇迹的"电"信念坚定、信心满满，以至于英国三十五万英镑的股本几天之内就全部认购一空。利物浦、曼彻斯特和伦敦最富有的商人联合起来创立电报建设和维护公司，资金源源不断地涌了进来。然而，认购者也包括萨克雷①和拜伦夫人②等人，他们没有附加的商业目的，纯粹出于道德热情想要支持这项事业。在这个产生了斯蒂芬森③、布鲁内尔④和其他伟大工程师的时代，没有什么能比这件事更能说明英国人对一切技术和机械的乐观态度，也没有什么能比这件事更能说明这个事实，即一个呼吁就足以为一个冒险事业筹集到如此巨大的资金，就算这个呼吁并不能保证认购者能够收回他们的投资成本。

铺设电缆的巨额费用是在这个事业开启之初就能计算出来的可靠数据，而实际实施的技术方法则没有模型可供参考，也无先例可循，因为类似规模的工程在 19 世纪之前从未实施过。横跨整个大西洋怎么能与连接多佛⑤和加莱⑥之间的狭长水域相提并论呢？因为在多佛和莱之间铺设电缆，一艘普通的桨式轮船就够用，只要从轮船的甲板上放下三四十英里长的电缆就好了，这做起来就像从绞盘上放锚一样容易。在英吉利海峡铺设电缆，可以选择一个风平浪静的日子实施，海底的准确深度是已知的，而且海峡两岸都在一个视线可及的范围内，不存在任何危险，这种铺设工作一天之内就可以轻松完成。但是，铺设横跨大洋的电缆可就不同了，船只要连续三个星期在海上航行，而且这条电缆要比英吉利海峡铺设的电缆长百倍、重百倍，考虑到可能要面临的严酷的天气，它不能放置于甲板上。而且，当时没有一艘船的船舱大到能装载下由铁、铜和古塔胶组成的庞然大物。至少需要两

---

① 萨克雷：威廉·梅克比斯·萨克雷，英国小说家。他以讽刺作品闻名，尤其是描写英国社会的全景的小说《名利场》(1848 年) 及 1844 年的小说《巴里·林登的运气》等。

② 拜伦夫人：安妮·伊莎贝拉·诺尔·拜伦，昵称安娜贝拉。她是英国数学家，也是被称为"拜伦勋爵"的诗人乔治·戈登·拜伦的妻子。

③ 斯蒂芬森：乔治·斯蒂芬森，英国土木工程师和机械工程师，也是第一台蒸汽火车机车的发明者，被称为"铁路之父"。

④ 布鲁内尔：马克·伊桑巴得·布鲁内尔，法国出生的英国工程师，他最出名的成就是修建了泰晤士隧道。

⑤ 多佛：英格兰东南部肯特郡的一个城镇和主要渡口。它与法国隔着多佛海峡相望，多佛海峡是英吉利海峡最窄的部分。

⑥ 加莱：法国北部的一个城市和主要渡口，从加莱可以俯瞰多佛海峡。

艘船，而这两艘主船还必须有别的船只相伴护航，以便它们能精确地保持在最短的航线内，当它们发生任何事故时，这些护航船能够随时提供帮助。的确，英国政府已经为这次冒险提供了"阿伽门农号"，它是英国最大的战舰之一，曾参加过塞瓦斯托波尔解围战①。美国政府则提供了一艘五千吨的"尼亚加拉号"，这是当时最大的护卫舰。然而，两艘船必须首先经过特别改造，以便每艘船都能装下连接世界两个大陆的没有尽头的电缆的一半。但主要的问题还在电缆本身的制造上：要制成一条连接地球上的两大洲之间的巨大脐带，面临着难以想象的压力。首先，缆索必须像钢丝绳一样坚固耐用，同时又要有足够的柔韧度，能够很容易地卷放。它还必须经得起任何压力和拉力，同时又能像丝线一样容易系结。它必须粗大，但又不能占太多的空间。它必须得坚固，同时必须具有足够的灵敏度，能够让最轻微的电波沿着它传导两千英里。这条巨大电缆的任何一个部位如果出现了哪怕是最小的裂缝、最小的不平整，都会使它在十四天的旅程中毁于一旦。

但是，冒险已经开始了，工厂日夜不停地工作，所有的机器齿轮都在驱动着菲尔德恶魔般的意志前进。整座铁矿和铜矿都开采用于制作电缆，整片橡胶林都用以提取乳胶液，制作能覆盖极长距离的古塔胶绝缘材料。没有什么能比三十六万七千英里长的单根电缆更能生动地说明这项事业的巨大规模，这根长电缆可以环绕整个地球十三圈，足以将地球和月球连接起来。自从建造巴别塔以来，人类还从未尝试过任何技术上比这更宏伟的东西。

## 初次航行

机器轰鸣了一年，做好的电缆从工厂里源源不断地卷到两艘船上，就像一根细细的流动的线。最后，在旋转了成千上万次之后，每艘船

---

① 塞瓦斯托波尔解围战：持续时间为 1854 年 10 月 17 日至 1855 年 9 月 11 日，属于克里米亚战争的主要战役之一。这场战役包围并最终占领了俄罗斯黑海舰队的主要海军基地。

的线轴上各卷了一半的电缆。笨重的新放缆机也已制造和安装好，它们配备了刹车和倒车装置，可以不断地把电缆下放到海洋深处，这个过程需要三周左右的时间。最顶尖的电工和技术专家，包括莫尔斯本人，都聚集在船上，以便在电缆铺设的同时监视和检查设备，确保电流没有中断。记者和艺术家们也加入了船队，用文字和图片描述这次自哥伦布和麦哲伦时代以来最激动人心的航行。

终于，一切都准备就绪，船队可以启航了，虽然到目前为止，持怀疑态度的人占多数，但现在英国的公众开始热情关注这项事业。1857 年 8 月 5 日，数百艘大小船只来到爱尔兰的瓦伦西亚港口，团团围住了装载有电缆的船队，他们要见证电缆被船只运送到海岸并在欧洲大陆上固定的历史性时刻。船只的离港成为一个庄严的仪式。政府派出了代表，在一篇感人的讲话中，一位牧师祈祷上帝保佑这一大胆的冒险，他念道："永恒的上帝啊，是您让天空铺展，是您掌管大海，是您让风浪都听从您的召唤，请您以慈爱之心看顾您的仆人……请您护佑我们克服一切障碍，排除一切阻碍，让我们完成这项伟大的使命。"然后，船只启航了，成千上万双手在挥动，成千上万顶帽子在岸边和海面上挥舞。慢慢地，陆地消失了，人类最大胆的梦想之一正在进行。

## 第一次失败

原本的计划是让"阿伽门农号"和"尼亚加拉号"这两艘大船各自装载一半的电缆，到事先计算好的大洋中间的一个点会合，之后将两半电缆铆在一起。然后一艘船向西驶向纽芬兰，另一艘船向东驶向爱尔兰。但是，第一次尝试就使用如此昂贵的电缆似乎太冒险了，而目前还没有人确切知道在如此远距离的情形下，海底电报传输是否能正常工作，因此人们决定从大陆开始铺设电缆。

铺设从大陆到大海中央的电缆的任务交给了"尼亚加拉号"。这艘美国护卫舰小心翼翼地缓缓驶向目的地，一路上把电缆从后面放下来，就像蜘蛛从它巨大的身体里吐出蛛丝。放缆机的引擎在船上缓慢而有规律地响起，海员们对此很熟悉，这就像是锚缆从绞盘上卸下时发出的声音。几个小时后，船员就像习惯了自己的心跳声一样，对这种有规律的摩擦声也很快习以为常，几乎无动于衷了。

船在海上越走越远，持续把电缆从龙骨后面放到海中。这种冒险似乎没有冒险应有的样子。只有电工专家们坐在一个特殊的房间里专心致志地听着声音，并不断地与爱尔兰本土交换信号。奇妙的是，虽然海岸早已看不见了，但沿着水下电缆传输的信号，就像欧洲的一个城市与另一个城市之间发出的电报信号一样清晰。他们已经把浅水区抛在身后，现在置身于爱尔兰以外的深海地区，而电缆线仍然像沙漏中的沙子一样在龙骨后面有规律地落入海底，同时发送和接收信号。

已经铺设了三百三十五英里长的电缆，比多佛到加来的距离还长十倍多；起初没有把握的五天五夜已经过去了。在第六个晚上，也就是 8 月 11 日，赛勒斯·韦斯特·菲尔德在经历了长时间的工作和压力之后要上床休息了，突然之间，绞盘的嘎嘎声停止了。发生了什么事？就像在行驶的火车里睡着的人，在火车意外停下时醒了过来，就像水车的轮子停止运动时，磨坊主在床上惊醒了一样，船上所有的人都立刻醒来，大家都跑到甲板上。一眼就看到放缆机的滚筒空了，电缆突然从绞盘上断裂，船员根本不可能在电缆掉下去时及时抓住断掉的一端，现在更不可能在海底找到丢失的电缆并把它拉上来。一件可怕的事情发生了：一个小小的技术故障毁了多年的工作，这些勇敢启航的人在失败后返回了英国；在那里，信号的突然中止早已经宣告了这个坏消息。

## 第二次失败

赛勒斯·菲尔德是唯一一个镇定自若的人，既是英雄，也是商人，他权衡了利弊。失去了什么？三百英里长的电缆，十万英镑的股本，还有更让他烦恼的——不可替代的整整一年。对探险队来说，夏季才有好天气，而今年的夏季已经早早结束，没法再进行尝试了。另一方面，菲尔德起草的报告中，提到了一个小收获：第一次尝试获得了大量的实践经验。铺设电缆已被证明是可行的，剩余的电缆可以缠绕起来放好，为下一次探险做准备。只是放缆机必须改造，因为它是造成电缆断裂的罪魁祸首。

于是，在等待和筹划工作中一年又过去了。1858 年 6 月 10 日，同样的两艘船带着新的勇气和旧的电缆再次出发。由于第一次航行时电报信号的传导非常顺利，所以菲尔德和其他人决定按最初的计划行事，从海洋中间开始向两边铺设电缆。第二次航行的头几天没有发生任何意外。他们第七天才会到达事先计算好的地点铺设电缆，真正的工作这才算开始。在此之前顺风顺水，大家仿佛在进行一次快乐的航行。工作还没开始，水手们可以好好休息，享受晴朗的天气。天空万里无云，水面风平浪静——也许是太平静了。

然而，到了第三天，"阿伽门农号"的船长暗暗感到不安。他看了一眼气压表，发现水银柱下降的速度非常惊人。一场不同寻常的风暴一定在酝酿着。果然，到了第四天，暴风雨真的爆发了，即使对于在大西洋经验最丰富的船员而言，这样的暴风雨也算罕见的。飓风袭击了英国铺设电缆的"阿伽门农号"，造成了致命的严重后果。作为一艘经受住了所有海域状况甚至战争考验的优良船只，这艘英国海军的旗舰理应也能经受住这次可怕的暴风雨。但不幸的是，这艘船已经进行过全面改造，以便有更大空间装载电缆。它不像货船，重量可以均匀地分布到货舱的各个角落；巨大的电缆的全部重量都在中间，只有一部分放在船头。更糟糕的是，当船在波涛汹涌的海面上颠簸时，船头越发剧烈地来回摆荡。这意味着暴风雨会和它的受害者进行一场危险的游戏：船前后颠簸，有时倾斜成四十五度角，浪花涌向甲板，任何没有被捆绑在上面的东西都被砸得粉碎。还有另一件糟糕的事——在暴风雨最猛烈的时候，船从龙骨到桅杆都猛烈摇晃，甲板上堆积的煤堆倒塌了。堆积如山的煤块像黑色的冰雹一样砸落到水手们的身上，使他们筋疲力尽，流血不止。有些水手因为摔倒而受伤，另一些水手则因厨房里的平底锅翻倒而被烫伤。一名水手在经历了十天的风暴后发疯了，船员们绝望之下已经在考虑将这条关乎性命的电缆的一部分扔到海里。幸运的是，船长拒绝承担责任，坚持留下电缆，他是对的。"阿伽门农号"经受住了十天的风暴袭击，吃尽了难以言喻的苦头，尽管严重延误，总算设法在海底开始铺设电缆的地方与其他船只会合了。

然而，直到现在人们才发现，贵重而敏感的电缆遭受了多大的损失，它们在波涛汹涌的大海中来回颠簸，无数次被缠在一起，成了一团乱麻，上面的古塔胶被磨损或撕裂了。尽管没有多少信心，他们还是几次尝试了铺设电缆，但唯一的结果是大约二百英里长的电缆电缆毫无用处地消失在了海中。第二次航行不得不放弃，他们又一次失败了，满怀失落和沮丧返航。

## 第三次航行

伦敦股东们已经知道了这个坏消息，他们脸色苍白地等待领头人——诱惑他们进入这个风险投资领域的赛勒斯·韦斯特·菲尔德。这两次失败的航行，损失了一半的股本，既没证明什么，也没收获什么。他们中的大多数人现在觉得已经受够了，这种看法是可以理解的。董事会主席建议把还能抢救的东西抢救出来，他赞成先把船上剩下的电缆拿回来卖掉，如果有必要的话，甚至不惜赔钱卖掉，然后要取消海底铺设电缆的疯狂计划；副董事长与他达成一致，并提出了书面辞呈，以表明自己不想再与这个荒谬的事业有任何瓜葛。但赛勒斯·韦斯特·菲尔德的坚韧和理想主义无法动摇。他解释说，其实没有什么损失。电缆本身成功地通过了检验，船上还有足够的电缆可以再做一次尝试；而且船队已集结完毕，已经招募了船员。上次之所以失败，是因为出现了不同寻常的恶劣天气，这一事实表明，现在有望出现一段良好、平静的天气。他说："大家鼓起勇气，再振作起来！现在不启航，更待何时。"

股东们面面相觑，难以置信：他们还要把投入该计划的最后一笔资金委托给这个傻瓜吗？但是有着坚强意志的人最终会拽着犹豫不决的人往前跑，赛勒斯·韦斯特·菲尔德迫使其他人下决心进行第三次航行。1858 年 7 月 17 日，上一次灾难性的航行过了五周后，船队第三次离开了英国港口。

现在，古老格言的真理得到了证实，即至关重要的事情几乎总是在不事声张的时候获得成功。这一次启航，没有人来送行，没有大大小小的船只包围大船祝他们好运，没有人群聚集在海滩上欢呼，没有节日晚宴，没有演讲，没有牧师呼吁上帝与这个壮举同在……船只悄悄出海。但是迎接他们的是友善的大海。就在约定的 7 月 28 日，也就是从皇后镇出发后的第十一天，"阿伽门农号"和"尼亚加拉号"开始在海洋中央的指定地点会合，开始它们伟大的任务。

这是一个奇怪的景象。两艘船彼此转向，船尾对船尾。电缆的两端被铆接在一起。没有举行任何仪式，就连船上那些因上次失败而疲惫不堪的船员都提不起兴趣观看，铁和铜的电缆在两艘船之间沉入用任何铅索都不能探测到的海底。两艘船的船员从甲板上向对方挥手，互相挥动旗帜致意，随后英国的船驶向英国，美国的船驶向美国。当它们彼此远离时，一条电缆将它们紧紧地连接在一起——在人类历史上，两艘船第一次可以超越风和水、空间和距离，进行相互看不见的信号交流。每隔几个小时，其中一艘船就会通过海洋深处的电缆朝另一艘船发出电报信号，记录它所航行的英里数；如果天气好的话，另一艘船也会发出信号回应，它也航行了同样的距离。一天就这样过去了，之后是第二天，第三天，第四天……最终，在 8 月 5 日，在铺设了不少于一千零三英里长的电缆之后，"尼亚加拉号"终于报告它抵达了纽芬兰的特里尼蒂湾，并且可以看到前方的美国海岸。"阿伽门农号"也同样取得了胜利，它已经安全地铺设了大约一千英里的电缆，这艘英国的船已经看得到爱尔兰海岸了。然而，这样惊天动地的壮举，却只有那两艘船，以及那几百个在船舱中的人见证，他们知道事情已经顺利完成了——世界还没有意识到这一点，人们早就忘记了这次冒险。没有人在纽芬兰或爱尔兰的海滩上等着他们——但是在那一瞬间，当海底的新电缆与陆地上的电缆连接起来时，全人类都将会知道他们共同取得了伟大的胜利。

## 伟大的欢呼 ①

正是因为出乎意料，这种喜悦如闪电从清澈的蓝天中发出，闪耀得如此辉煌明亮。8月初，新旧大陆几乎在同一时间收到了项目取得成功的消息。人们的欣喜之情难以形容。《泰晤士报》在一篇重要文章中写道："自从哥伦布发现新大陆以来，还没有任何事能比得上这一壮举，它以如此惊人方式扩展了人类活动的范围。"伦敦这个城市正欣喜若狂。但与美国那边掀起的飓风般的热情相比，人们在英国感受到的骄傲和喜悦还算克制和淡定。当横跨大洋的电缆成功铺设的消息传来时，美国人齐声欢呼，做生意的停止营业，大街小巷挤满了人，他们在互相打听消息，并大声讨论。一夜之间，之前寂寂无闻的赛勒斯·韦斯特·菲尔德成了国家的英雄。人们将他与富兰克林和哥伦布相提并论，整个纽约和全美一百多个城市都在激动地期待着见到这位决心使"年轻的美国和旧世界联姻"的人。但是，这种热情还没有达到最高点。目前，除了干巴巴地宣布电缆已经铺设完毕的消息，并没有什么好说的。它真的能传导话语吗？这个成就真的获得了成功吗？于是，这是一个伟大的场面——整个城市、整个国家都在等待和倾听一句话，第一句越过大洋的话。大家都知道，英女王会第一个发来贺电，因此人们越发迫不及待地期待电报的到来。但日子一天天过去了，电报还没收到，因为很不巧，纽约和纽芬兰的电缆被毁，直到8月16日晚，维多利亚女王的贺电才到达纽约。

盼望已久的消息来得太晚，报社来不及刊登官方消息，只能将摘要送到电报局和报社，那里顿时聚集了大量的人群。报童们不得不穿过乱哄哄的人群，衣服都被撕破了。城中的餐馆和剧院都在宣布这一

---

① 伟大的欢呼：原文音译为"和撒那"，在基督教和犹太教中指对上帝的欢呼之声。

消息。成千上万的人还不能理解电报信息可以比最快的船提前许多天到达的事实，他们跑到布鲁克林的港口，迎接在这和平时期完成壮举的英雄船只"尼亚加拉号"。第二天，也就是 8 月 17 日，报纸上的头条新闻欣喜若狂——"电报运行正常""大家欣喜若狂""全城轰动""普天同庆"。这是一种闻所未闻的感觉：自人类开始思考以来，一个想法第一次在思考的同时跨越了海洋。礼炮响了一百下，宣布美国总统对女王的贺电做出了回应。现在谁也不会怀疑了。那天晚上，纽约和其他所有城市都闪耀着成千上万的灯光和火炬。

每一扇窗户都被照亮了，市政厅的屋顶被烧毁的事实几乎没有打扰到欢乐的庆祝活动。因为第二天又开始了新的欢庆活动："尼亚加拉号"抵达纽约了，伟大的英雄赛勒斯·韦斯特·菲尔德随船回来了！剩余的电缆在城市里供人们兴奋地传递。船上的船员也受到了热烈欢迎。从太平洋到墨西哥湾的每个城市每天都在重复这样的庆祝活动，仿佛美国在庆祝第二次发现美洲新大陆。

这还不够，真正的庆祝将更加辉煌壮观盛大，是这个新世界有史以来最好的庆祝场面。准备工作花了两个星期，在 8 月 31 日，全城举办了庆贺赛勒斯·韦斯特·菲尔德个人成就的活动。自皇帝时代以来，还没有哪一位胜利者会受到人民如此热烈的称颂。在那个晴朗的秋日，节日的游行队伍绕城庆祝，从城市的一端到另一端一直走了六个小时。军乐队举着横幅走在前头，街道两旁旗帜飘扬，后面是永无止境的管乐队、合唱队、消防队、学生和退伍军人。能游行的人都参加了游行，能唱歌的人都高唱，能欢呼的人都发出了欢呼。赛勒斯·韦斯特·菲尔德坐着一辆四轮马车，横穿过城市，就像古代的皇帝一样庆祝他的胜利；另一辆马车上坐着"尼亚加拉号"的船长；第三辆马车坐的是美国的总统，市长、官员和教授跟在后面。之后是无休止的演讲、宴会、火炬游行，教堂的钟声敲起来了，礼炮发出轰鸣，人们的欢呼和庆祝献给了新哥伦布赛勒斯·韦斯特·菲尔德，他成功将两个世界连接在一起，战胜了时空的距离。在这一时刻，他成美国最著名和最受崇拜的人。

## 把他钉在十字架上！

那一天，成千上万的声音都在欢呼雀跃。只有一种声音，最重要的一种声音，在庆祝活动中奇怪地保持沉默——电报机传送电报的声音。在欢庆的时候，赛勒斯·韦斯特·菲尔德或许猜到了可怕的真相。对他来说，这真相一定是骇人的，因为只有他知道，就在这一天，大西洋电缆已经停止工作。而在过去的几天里，它传来了越来越多混乱和几乎无法辨认的电报信号。最后，那根电缆停止了喘息。全美国没有人知道或猜到逐渐出现的失败，除了在纽芬兰控制电报信号传输接收的少数几个人，就连他们也都考虑到了大众庆祝的欢欣鼓舞之情，犹豫了几天，没把这个不幸的消息发布给欢呼的人群。然而，人们很快注意到收到的电报很少。美国人曾期待新闻每个小时都通过海底电缆传送过来，但现在只不时传来一些无法核实的模糊信号。不久就有谣言传来：为了传输更好的信号，线路上施加了过强的电荷，从而彻底破坏了本来就存在问题的电缆。人们仍然希望障碍尽快解除，但不可否认的是，信号却变得越来越模糊，越来越难以理解。就在 9 月 1 日那个不幸的早晨，跨越大洋的电缆停止了信号输送。人类最不能原谅的是：在真正欢欣鼓舞的时候却被拉回到现实中，看到一个带来一切希望的人最终却让人大失所望。著名的《每日电讯报》证实失败的传言是真的，人们狂热的欢呼声立即变成了对有罪的赛勒斯·韦斯特·菲尔德的谴责。他欺骗了整个城市、整个国家和整个世界。伦敦城的人说，他早就知道电报传输信号出现了问题，但他自私地让自己享受着人们的奉承，同时利用这段时间抛掉自己的股票，获得了巨额利润。还有更恶毒的指责，其中最奇怪的指责是，有人蛮横地认为大西洋电缆从未正常工作过，所有关于它的说法都是骗人的，维多利亚女王的电报是事先写好的，从来没有跨越大洋电缆传送过来。这个谣言说，一直以来没有一条信息是真正从大洋彼岸传过来的，没有一句消息是可以理解的，都是公司的董事们凭空想出的一些虚构信息，这些信息由各种假设和零碎的信号组成。于是，一个真正的丑闻爆发了。

昨日最欢欣鼓舞的人现在最愤愤不平，全城、全国都为自己过热和过急的热情而感到羞愧。赛勒斯·韦斯特·菲尔德成了这股怒火的受害者；这位昨天还是国家英雄，被视为富兰克林的兄弟、哥伦布的后裔的人，现在却要像个坏人一样躲着他以前的朋友和崇拜者。一天造就的名声，一天就毁了。恶果无法预料，资本撤走了，信心消失了；就像传说中的米德加德之蛇①一样，那条跨越大洋的无用电缆，静静地躺在看不见的海洋深处。

## 沉默的六年

被遗忘的电缆在大洋里躺了六年，毫无用处；六年来，古老而冰冷的寂静再次主宰着两个大陆，它们曾在短暂的时间里相互发出脉动的信号。曾经因为互相传送了几百句话而无比亲近的美洲和欧洲，再次像几千年来一样，被无法逾越的距离隔开了。19 世纪最大胆的计划，在昨天几乎成为现实，现在却再次成为一个传说，一个神话。当然，没有人想回到功亏一篑的项目，可怕的失败削弱了他们所有的力量，扼杀了他们所有的热情。在美国，南北战争转移了人们对其他问题的注意。在英国，各委员会仍然不时开会，但他们花了两年时间才得出一个干巴巴的结论：原则上，铺设海底电缆是可能的，但是从学术论证到真正应用的道路并不是任何人都能走得通的。六年来，这项工程的所有工作就像被遗忘在海底的电缆一样无人问津。

然而，在浩瀚的历史空间中，六年不过是转瞬即逝的一瞬，但对于电学这样一门年轻的学科来说，六年却相当于一千年。在这个领域，每一年每一个月都有新的发现。发电机越来越强、越来越精密，应用越来越广泛，电器的功能越来越精确。电报网络已经覆盖了所有大陆板块的内陆地区，已经穿越地中海，将非洲和欧洲连接了起来。因此，

① 米德加德之蛇：在北欧古神话中，米德加德是一条海蛇，是女巨人安格博拉和诡计之神洛基的孩子。那条蛇长得很大，能够绕住地球并咬住自己的尾巴。

年复一年，横渡大西洋的想法在不知不觉中渐渐失去了长久以来的神奇光环。再次尝试的时机必然会不可阻挡地到来。所缺的只是为旧计划注入新能量的人。突然间，那个人出现了——瞧，他还是和以前一样，对其计划有着同样的信念和信心。赛勒斯·韦斯特·菲尔德，从沉默和恶意蔑视的流放中复活了。他第三十次越过大洋，回到伦敦。他成功地筹集到了购买旧的特许状所需的六十万英镑的新资本。最后，他梦寐以求的巨轮终于面世了，这是一艘可以独自运载巨大货物的船，著名的"大东方号"，由伊桑巴德·金特恩·布鲁内尔建造，它有四个烟囱，可装载两万两千吨货物。此外，令人惊奇的是，它在问世之后的第一年里竟然没有被投入使用，因为就像海底电缆工程本身一样，这艘船走在了时代的前面。菲尔德在两天之内就买下了它，并为远征做好了准备。

现在，昔日无比困难的一切都变得轻而易举。1865 年 7 月 23 日，这艘巨大的船载着一条新的电缆离开了泰晤士河。第一次尝试失败了，因为在铺设完成的前两天，电缆断裂了——贪得无厌的大海又吞噬了六十万英镑。但是，实现这项事业现在在技术上已经完全没有问题了，也没有必要感到气馁。1866 年 7 月 13 日，"大东方号"的第二次航行取得了胜利。这一次，电缆将信号清晰而明确地传输到了欧洲。几天后，丢失的旧电缆被找到了，两股电缆现在将新旧世界连成一体。昨天的奇迹，今天被视为理所当然，从那一刻起，地球可以说是有了单一的心跳。人类现在能够从地球的一端同时听到、看到和理解另一端发生的事情，因为人类自身的创造力使其变得神一般无所不知。对空间和时间的胜利造就了人类联结，如果人类能不被致命的错觉一次又一次地迷惑着去不断摧毁这宏伟的联结，能不用对付自然力量的同样手段来毁灭自己，那么人类将永远团结在一起。

# 征战南极：赍志以殁的探险家

斯科特上尉，南纬90度

1912年1月16日

## 争夺地球的斗争

　　20世纪是毫无神秘可言的世界：所有的国家都被探索过了，船只在最遥远的海洋中破浪前进。仅仅在一代人之前还在沉睡的不为人知的世外桃源，现在却在满足欧洲的需求。蒸汽船一直延伸到人们长期寻找的尼罗河源头。半个世纪前，欧洲人第一次看到维多利亚瀑布①，现在它已经顺从地为人类发电；最后一片荒野——亚马孙雨林因遭砍伐变得越来越空旷；西藏是这个世界上仅剩的一块处女地，但它的边境已经被攻破。知识渊博的人绘制的新地图，现在已经覆盖了旧的地图和地球仪上标注了"未知之地"②字样的地方，在20世纪，人类已经认识了自己生活的星球。探究的意志已经在寻找新的方向，它必定要一头扎入深海的奇异动物群里，或者翱翔于无尽的天空中。因为只有在那些地方才能找到人迹未至的道路，而现在大地已经休眠，不能再向人类的好奇心透露任何秘密了，飞机的钢铁翅膀已经飞向了新的高

---

① 维多利亚瀑布：非洲南部赞比西河上的一个瀑布，位于赞比亚和津巴布韦之间的边界，因其一千七百多米的宽度，被认为是"世界上最大的瀑布之一"。

② 未知之地：原文为拉丁语 Terra incognita。

度和新的远方。

　　但由于地球的谦逊，它的最后一个秘密在我们的目光注视下一直保存到了 20 世纪，它饱受折磨的身体中的两个小小的部位在其居民的贪婪中幸免于难：这就是南极和北极，地球的脊梁骨。这两个地方本身几乎没有任何特征和意义，地球已经围绕着这两极的轴转动了几万年。地球守护着它们，让它们纯洁无瑕。地球在这最后一个秘密前放置了冰封的障碍，用永恒不变的冬天来保护它们免受贪婪的侵袭，用严寒和风暴来禁止人类涉足其间；危险和恐怖以死亡作为威胁，吓跑了胆大无畏的人。人类的眼睛无法窥视这个封闭的区域，就连太阳也只是匆匆一瞥便逃离。

　　几十年来，人类在两极的探险活动接连不断。但没有一次达到目的。最大胆的探险家安德烈①希望乘坐热气球飞越北极点，却一去不复返，他的尸体在玻璃棺材似的冰层里躺了三十三年，直到现在才被人发现。人类每一次的尝试都在冰霜的绝壁面前被撞击得粉碎。千万年来，地球一直将它的容颜隐藏在这里，直至今日，它最后一次战胜了自己的造物——人的意志，以它的谦逊和纯洁，蔑视着世人的好奇心。

　　但是，年轻的 20 世纪不耐烦地伸出了它的手。它在实验室里制造了新武器和新盔甲以抵御危险，大自然的所有抵抗只会助长它的贪婪。它想知道全部的真相，在最初的十年里，它的目标是征服几千年来都没法征服的东西。国家间的竞争与个人的胆识互相结合、相得益彰。人们现在不仅仅是为了到达极点而竞争，也是为了首次在新发现的土地上悬挂自己国家旗帜的这份荣誉而竞争。这是一场各个种族和各个国家对渴望的圣地发起的讨伐。人们对地球的每一个角落争相发起攻击。人类不耐烦地等待着，知道这种探险所得的奖赏将是获得我

---

① 安德烈：萨洛蒙·奥古斯特·安德烈，瑞典工程师、物理学家、航空家和极地探险家，他在一次率队乘坐氢气球抵达北极的探险中和其他三名参与者失事丧生。

们居住的地球的最后秘密。皮尔里①和库克②准备从美国出发去征服北极，同时还有两艘船向南极航行，一艘由挪威探险家阿蒙森③指挥，另一艘由英国人斯科特上尉指挥。

# 斯科特

斯科特，英国海军上尉。他是一名普通的上尉，有着与他的军衔相称的经历。他的服役表现令上司非常满意，后来他参加了沙克尔顿④的探险队——他的行为丝毫不能说明他是个英雄。从照片上看，他的脸和成千上万的英国人没有什么不同：冷峻、精力充沛、不动声色，肌肉好像被内心的能量冻结住了一样。他的眼睛是铁灰色的，嘴唇紧紧地抿着。他的脸上丝毫看不出一丝浪漫的气息，也没有一丝幽默感，只看得到意志力和谙于世故的神情。他的笔迹也像英国人的典型笔迹，毫不晦涩，也不繁复，下笔如飞而又苍劲有力。他的文章风格清晰而正确，质朴无华，但缺乏想象力，像一份干巴巴的报告。斯科特用英语写作，就如塔西佗⑤用拉丁文写作，都像是在未凿过的石头

---

① 皮尔里：老罗伯特·埃德温·皮尔里，美国探险家和美国海军军官，他在19世纪末20世纪初曾多次到北极探险。他最为人所知的是声称自己的探险队在1909年4月6日到达了地理上的北极，但有人提出了质疑。

② 库克：弗雷德里克·艾伯特·库克，美国医生和探险家，他自称于1908年发现了北极，这使他成为一个颇具争议的人物。他的同行、美国探险家老罗伯特·埃德温·皮尔里谴责了库克的说法。

③ 阿蒙森：罗尔德·恩格尔布雷格特·格拉夫宁·阿蒙森，挪威极地探险家，也是南极探险英雄时代的关键人物。他于1903年至1906年领导了第一支海上穿越西北航道的探险队的探险，并于1911年领导了第一支到达南极的探险队。1926年，他率领一支探险队首次乘坐飞艇到达北极，被证实。1928年，他在参加意大利号飞船的救援任务时失踪。

④ 沙克尔顿：欧内斯特·亨利·沙克尔顿爵士，爱尔兰南极探险家，曾率领三支英国探险队去过南极。他是南极探险英雄时代的主要人物之一。

⑤ 塔西佗：罗马帝国的元老和历史学家。塔西佗被认为是"最伟大的罗马历史学家之一"。他生活在"拉丁文学的白银时代"，以简洁紧凑的拉丁散文以及对强权政治心理的深刻洞察而闻名。

上雕刻，厚重而强韧。人们会觉得他不是一个好高骛远的人，非常讲究实际，但事实上他是一位地地道道的英国人。在他身上的每一分天赋都表现出了明确的责任感。像斯科特这样的人在英国历史上出现过数百次，他们征服过印度和东印度群岛的无名岛屿，殖民过非洲，与整个世界作战，总是带着同样的钢铁般的能量，同样的集体意识和同样冷漠、含蓄的表情。

　　他的意志像钢铁一样坚硬，人们不待他采取任何行动就可以感觉到这一点。斯科特打算完成沙克尔顿开启的南极探险事业，于是他装备了一支探险队，但他的财力不足。这并没有难住他，他贡献出了自己的所有财产，并借了一大笔债，深信自己能够取得成功。他年轻的妻子生了一个儿子，但这也阻挡不住他探险的决心，他就像另一位赫克托耳①，毫不犹豫地离开了他的安德洛玛刻②。他很快就找到了朋友和同伴，这个世界没有什么能改变他的想法。这艘将探险队带到南极海洋边缘的怪船被称为"新地球③"，说它奇怪是因为它上面有两种设备：一半像是诺亚方舟，里面装满了各种生物；另一半是一个现代实验室，里面放了一千本书和科学仪器。因为南极是一个无人居住的空旷地带，所以他们必须装备人的身体所需要的物质，以及心灵所需要的精神食粮。于是，原始人的原始设备、毛皮和活的动物与最先进的现代设备奇怪地同时并陈。这整个计划具有双重性，就像这艘船本身的两种设备并陈一样，令人难以置信：这是一次冒险，却又像一次商业交易，既英勇无畏，又小心谨慎。为了预防所有可能的意外和危险，他们事先做了极其精确周密的部署和安排。他们于1910年6月1日离开英国，因为每年的这个时候，大不列颠群岛正是一年中最美丽的时候，芳草地绿意盎然，万里无云的天空中阳光普照，温暖而灿烂。当海岸消失在他们身后时，他们情绪激动，因为他们都知道，他们将与温暖的阳

----

① 赫克托耳：在希腊神话和罗马神话中，赫克托耳是特洛伊的王子，也是特洛伊战争中最伟大的特洛伊战士，最终被阿喀琉斯杀死。

② 安德洛玛刻：古希腊神话中的人物，赫克托耳的妻子。

③ 新地球：原文为拉丁语 Terra Nova。

光告别，再见会是很久之后，对有些人来说兴许会是永别。但是，船上挂着英国国旗，他们只要一想到这个标志正带着他们前往这个被征服的地球上唯一没有主人的地方时，心里就会感到安慰。

## 南极世界 ①

翌年 1 月，在新西兰稍做休整后，他们在永久冰层边缘的埃文斯角 ② 登陆，并在那里建起了一座可以过冬的营地。在南极洲，12 月和 1 月是夏季，因为只有这时，太阳才会在白色的天空中一天照耀几个小时。他们房子的墙壁是用木头做的，和早期探险队建造的营地并无什么不同，但时代的进步是显而易见的。他们的先辈们只能点燃鱼油灯 ③，忍受着昏暗的光线和难闻的臭味勉强度日，由于晒不到阳光，日子过得单调至极，饱受折磨，甚至疲惫到对自己的面孔也感到厌倦。而这些 20 世纪的人们却在他们的四堵墙中，以可简化的形式，将整个世界的知识全部掌握。乙炔灯给他们带来温暖的白光，神奇的电影给他们带来了遥远地方的影像，让他们看到从气候温和的地方到热带的种种景象。他们带了一台钢琴，可以演奏音乐，有一台留声机，可以播放人类的声音。在图书馆，他们能感受那个时代的智慧。打字机在一个房间里噼啪作响，隔壁就是显影电影胶片和冲洗彩色照片的暗房。探险队中的地质学家在检测石头的放射性，动物学家在捕获的企鹅身上寻找新寄生虫，此外他们还进行气象观测和物理实验。在这几个月的黑暗中，探险队的每个成员都有自己的工作，这个智慧的体系把他们孤立的调查变成了共同的研究。三十位成员每天晚上轮番讲学，在极地的冰封世界上大学课程，通过生动的对话交流，他们对世界有了一个立体的认识。在这里，专业化的研究放下它骄傲的身段，促进了

---

① 南极世界：原文为拉丁语 UNIVERSITAS ANTARCTICA。

② 埃文斯角：南极洲罗斯岛西侧的一个岩岬，形成埃里布斯湾入口的北侧。

③ 鱼油灯：鲸脂或鱼油等制作的油灯，人们可以直接把灯芯放在黄油棒上，然后点燃照明。

和他人的相互理解。他们仿佛置身于原始世界的中央，孤独地在一个永恒的地方。这三十个人互相交流着 20 世纪最新的科学发现，在这个营地里，他们不仅能感受到世界的每一小时，还能感受到它的每一秒。当人们在日后读到这些严肃的人在南极营地的生活时，会被深深地打动。他们过圣诞时为别具一格的圣诞树感到开怀，自编了搞笑的刊物《南极时报》——像鲸鱼浮出水面、小马摔倒这样的小事，他们极其在乎，郑重其事；而探险活动中的大事，如极光的光芒、可怕的冰冻天气、深深的孤独感，他们反倒习以为常，不当一回事儿。

他们会时不时地冒险进行小规模的外出活动。他们尝试使用机动雪橇，学习滑雪，训练猎犬。他们为之后的伟大旅程搭建了一个补给站。但日历上的日子过得很慢，一直要到这里的夏天（12 月），才会有船带着来自英国家乡的信穿过冰层送到他们身边。这个小团体还会进行一整天的旅行，以让他们的身体在南极最恶劣的冬天变得强壮起来。他们会检验帐篷牢固与否，以积累经验。并不是每件事都一帆风顺，但就算困难重重，这些事也能激发他们的活力。当他们远征归来，浑身冰冷，疲惫不堪时，他们会受到同伴和壁炉中温暖的炉火的欢迎。在经历了许多天的艰苦训练后，他们觉得南纬七十七度那个营地小屋是世界上最温暖和幸福的地方。

但是有一次，远征队从西部带回来一个消息，令整个营地的人们鸦雀无声。在外出途中，他们发现了阿蒙森的冬季住所。眼下，斯科特了解到，除了严寒天气和重重危险，还有另一个人在与他竞争，这个人就是挪威探险家阿蒙森。对方要夺去他的荣耀，成为第一个发现地球这个难以抗拒的最后秘密的人。他在地图上测量距离，意识到阿蒙森的冬季营地比他的营地离南极更近，近了一百一十公里，我们后来可以从他写下的文字中感受到他的恐慌。他感到震惊，却并没有绝望。他在日记中自豪地写道，他决心为祖国的荣誉坚定不移地前进。阿蒙森的名字只在斯科特的日记中出现过一次，此后便再没出现过。但读者日后可以感受得到，打那天起，冰天雪地中那座孤独的营地小屋笼罩上了焦虑的阴影。从那天以后，无论醒着还是睡着，那个名字都在时时刻刻地折磨着他。

## 出发去南极点

在离营地小木屋一里的小山上，他们经常轮流值班观察。那里安装了一种类似大炮的装置——一种用来对付看不见的敌人的大炮。它的目的是测量即将出现的太阳带来温暖的最初迹象。他们一连几天都在等待它的出现，冰封地面反射的光线已经能让人联想到早晨初升的灿烂阳光，但是圆圆的太阳还没有升起。然而，反射的前奏已经预示那片天空即将充满太阳显现时的神奇光芒，使这群急不可耐的人欢欣鼓舞。终于，山顶上的电话铃响了，他们高兴地收到了消息：太阳升起来了。这是几个月来它第一次露面，一下子驱散了冬日寒夜的冰冷，虽然只出现了短短的一个小时。它的光线苍白而微弱，几乎不足以使冰冷的空气充满活力；几乎不能使仪器的振荡波产生更活泼的信号，但光是看到太阳的出现就够令人振奋的了。探险队员们热火朝天地装备起来，毫不拖延地利用太阳照耀的短暂光阴。这光阴意味着春、夏、秋三季合一，其实按照我们比较温和的标准来看，南极此时仍处于隆冬的严寒之中。机动雪橇在前面奔跑，后面是西伯利亚的矮种马和狗拉的雪橇。这条路线被仔细地划分为几个阶段：每走两天，都会设立一个补给点，用来储备回程的衣物等，最重要的是储备在经历了无尽的寒冷后用于保暖的煤油。他们全部人一起出发，然后分批逐步返回，因此最后一批人，即被选中征服南极点的人，留下了最充足的装备、最有力的牲畜和最好的雪橇。

这个计划想得很周全，甚至考虑到了意外出现后的细节安排。而意外确实发生了：他们行走了两天后，机动雪橇坏了，他们不得不将其丢弃在地上，以免成为无用的负担。矮种马也没有他们想象中那么强悍，但在这种情况下，这些动物还是战胜了技术设备：这些不得不被射杀的矮种马为狗儿们提供了大受欢迎、富含血液的温暖补给，给它们提供了新的能量。

他们于 1911 年 11 月 1 日分批出发，从拍下来的照片可以看出，这是一支奇怪的队伍，分四组人马，第一组三十人，然后是二十人，再之后是十人，最后只有五人。他们在毫无生机、白茫茫的荒野世界前进。总有一个队员在前面开路，他身裹毛皮和大衣，只露出眼睛和胡子，看起来像是一个野人。他手上戴着一双毛皮手套，牵着小马的缰绳，马拉着一架沉重的雪橇。他身后跟着另一个穿着同样的衣服，以同样的姿势前进的伙伴，他们的后面跟着排成一条线的二十多个黑点，在那宽广无际和耀眼的白色世界中移动。晚上，他们挤在帐篷里，迎风建起一面雪墙以保护矮种马。到了第二天早上，他们又开始了单调而沉闷的行进。他们在冰冷的空气中移动，几千年来，这是这个地方第一次容纳了人类的呼吸。

但出现了越来越令人忧心的情况。天气一直很糟糕——他们不能按原计划每天前进四十公里，有时只能前进三十公里，而每一天对他们来说都非常宝贵，因为他们知道有另一拨人正从另一个方向朝同一个目的地前进。他们发生的每一件小事都可能酿成大祸——一条狗跑了，一匹小矮种马不吃东西了——所有这些小事都令他们担忧不已，因为在这片荒野中，人们的价值观念发生了明显的变化。在这里，每一种生灵都是无价的，甚至是不可替代的。他们不朽的功业可能系于一匹小矮种马的四只蹄子上，一个预示暴风雪来临的阴天就可能会永远使得大事难以完成。而队员们自身的健康状况也开始恶化：有人得了雪盲症，有人四肢被冻伤。小矮种马的身体越来越疲惫，且食物短缺，不得不让它们停止进食；最后，就在比尔德莫尔冰川[①] 前，它们全都瘫倒在雪地上，寸步难行。队员们不得不悲哀地履行职责：在过去与世隔绝的两年里，这些勇敢的动物成了他们的好朋友，现在却必须被杀死。每位队员都知道它们的名字，他们对这些矮种马有着极深的感情。他们伤心地称这个地方为"屠宰营地"，因为他们不得不将这些

---

① 比尔德莫尔冰川：南极洲的比尔德莫尔冰川是世界上最大的山谷冰川之一，长二百公里，宽四十公里。

矮种马杀掉。探险队的一些队员在这个血迹斑斑的地方与队友分道扬镳，他们返程了。个别队员则在做最后的努力——翻越比尔德莫尔冰川，也就是环绕南极点的危险冰墙。对这样一堵冰墙，只有满怀激情的人类意志才能够战胜它。

他们每天行走的距离越来越短，因为雪结成了坚硬的雪粒，他们没法乘雪橇，不得不拖着雪橇前进。坚冰划破了雪橇板，也磨破了他们的脚。当走过沙砾一般硬的雪地时，他们感到疼痛无比，但没有放弃。12 月 30 日，他们到达了南纬八十七度，沙克尔顿探险队曾止步于此。在这里，一批人必须回头，只留下五名被挑选出来的探险队成员继续前往南极点。斯科特看着那批人。他们不敢抗议，但一想到他们必须在离目的地这么近的地方返程，将先看到南极点的荣耀留给同伴，他们的心情显然很沉重。但骰子已经投出。双方再一次互相握手，使出全身力气以掩饰自己的情绪，然后那批人转身返程。两支规模实在很小的队伍继续前行，一拨人向南，去往未知的地方；另一拨人向北走，那是回家的方向。两拨队员一次又一次地回望，只是为了看活着的朋友最后一眼。很快，往北的队伍末尾的身影也消失了。被选中参加最后阶段旅程的五人，继续进入未知的领域，他们是斯科特、鲍尔斯、奥茨、威尔逊和埃文斯。

# 南极点

从五人生前留下的文字看，他们在最后的日子里显得越来越不安；就像罗盘的蓝针一样，他们在靠近南极点的地方发抖。"确实充满压力，因为阴影从我们的右边落到前边，又慢慢地落到左边！"但希望的光芒也不时地越来越亮。斯科特描述着他们所达到的距离，感触越来越强烈："离南极点只有一百二十英里了，但很明显，这将是一场势均力敌的拉锯战。"这反映了他们疲惫的心声。但两天后他写道："今晚离北极点只有八十五英里了。我们应该能成功，但是……哦，要是是一个更平坦的冰层就好了！"然后，我们突然听到了一种全新的胜利的呼声："今晚离南极点只有七十四英里了。就算我们不能到达那里，我们离它也很近了。"1 月 14 日，希望似乎得到了实现："我们离南极点只有不到四十英里了。这是一个关键时刻，但我们应该能挺过去。"在第二天的日志中，他的欢快之情溢于言表："还剩二十七英里，无论如何我们都会到达那里。"从斯科特饱含深情的句子中，人们能感受到他们的肌肉因为希望绷得多么紧张，他们的神经因为期待颤抖得多么厉害。奖品就在眼前，他们正在揭开地球上最后的奥秘。最后再努一把力，他们就会抵达目的地。

# 1 月 16 日

斯科特的日记开始写道："我们情绪高昂地出发。"他们从睡袋里醒来，迫不及待地想尽快看到那可怕而美丽的秘密，于是比往常更早地出发。这五位不屈不挠的队员兴高采烈地在没有人迹的白色荒原中行进了七英里半。现在，他们不可能错失目的地了，他们几乎已经代表人类完成了一项伟大的事业。但突然间，其中一个同伴鲍尔斯变得不安起来。他的目光定格在茫茫雪原上的一个黑色小点上。他不敢把自己的怀疑说出来，但此时此刻，他们每一个人都因为脑海中的同一个可怕念头而心惊胆战——那个路标可能是人手弄出来的。他们设法让自己安定下来。就像鲁滨孙·克鲁索[①]徒劳地试图把岛上的奇怪足迹当成自己的足迹一样，他们认为自己一定是看到了冰中的裂缝，或者是反射造成的结果。紧张不安的他们越走越近，仍然强装镇定，尽管现在他们全都知道了真相：挪威人阿蒙森已经捷足先登，比他们更早抵达了南极点。

很快，最后的怀疑被一个不可否认的事实所摧毁——在被遗弃的营地上，有一面黑色的旗帜悬挂在一根滑雪杆上，周围还留下了雪橇板和狗的爪印——阿蒙森在这里扎过营。这里发生了人类难以理喻的

---

① 鲁滨孙·克鲁索：英国作家丹尼尔·笛福的长篇小说《鲁滨孙漂流记》的主人公。

大事：这个几千年来无人居住、也无人看见的地球的南极点，却在短短两周的时间内先后被人类两次发现。他们是第二批发现者，是第二批到达南极点的人——在几百万个月中只晚了一个月。但是，对他们来说，第一意味着一切，第二则什么都不是。所以，他们所有的努力都是徒劳的，所有的私欲都是可笑的，几周来、几月来、几年来，他们所有的希望都是荒谬的。斯科特在他的日志中问这一切都是为了什么——除了梦想，一无所有？"所有的白日梦都必须消失，这将是一次令人讨厌的返程。"他们的眼睛充满了泪水，尽管疲惫不堪，却无法入眠。他们怀着悲伤和绝望，像被判处死刑的人一样向南极点开启了最后进发，他们原希望能欢欣鼓舞地征服它。没有任何一位队员试图去安慰其他队员，他们一声不吭地拖着步子走。1月18日，斯科特上尉和他的四个同伴到达了南极点。既然成为登上南极点的第一个人的想法已经烟消云散，不再使他感到目眩神迷，于是他所能看到的，就只有荒凉的景色。这里没什么可看的。斯科特总结道："与过去那些天里看到的可怕的单调景观没有什么区别。伟大的上帝！这是一个可怕的地方！"他们发现的唯一奇怪的东西，不是自然界创造的，而是他的竞争对手留下的。阿蒙森的帐篷上，挪威国旗在人类已经攻克的城墙上勇敢地、胜利地飘扬着。这位南极点征服者的一封信正等待着继他之后将踏上这里的未知的第二位来者，他请后来者将这封信转交给挪威国王哈康。斯科特主动履行了这个最艰难的职责，在全世界面前，作为别人完成的功业的见证人，而这功业正是他梦寐以求想要完成的。

他们悲伤地在阿蒙森的胜利标志旁边竖起了英国国旗，"我们可怜的迟来的联合王国的国旗"，然后他们离开了"我们雄心壮志的目的地"。斯科特怀着预言性的担忧写道："现在我们要回家，我们将要进行一场绝望的斗争。我不知道我们是否能做到。"

## 遇难

返程的危险要比来时大十倍。去南极点的时候，指南针为他们提供指引。现在，他们还必须小心，避免在连续几个星期的返程路上错过自己做下的标记，否则他们会找不到补给点，那里面有食物、衣服和几加仑煤油所代表的温暖。他们每走一步都感到不安，因为飞扬的雪花会阻碍他们的视线，每一次偏离路线都会导致死亡。他们的身体缺少了第一次行进去找南极点时的那种新鲜感，那时他们还有充足的食物提供热量，还能从南极的营地里获得温暖。

此外，他们当初所具有的钢铁般意志的弹簧，现在已经松弛了。在向南极点冲击的旅程中，他们代表了全人类的好奇心和渴望。这种不可思议的希望将他们的能量英勇地集中在一起，他们认为自己在做不朽之事，这种意识使他们获得了超人的力量。然而现在，他们只是为了不让身体发肤受损伤，为了必朽肉身的存在，为了一种不光彩的回家而战，也许可以这么说，与其说他们渴望回家，不如说他们觉得回家很可怕。

后来的人们读到他们那些天留下来的笔记，会感觉他们处于很糟糕的状况。天气越来越坏，冬天比往常来得早，柔软的雪变成了一层厚厚的硬壳，粘住他们的靴底，使他们寸步难行，严寒的天气也磨损了他们疲惫的身体。每次当他们经过几天的迷路和恐慌，到达一个补给点时，心里总会有一种小小的喜悦。然后在他们的记述中，那种稍纵即逝的信心的火焰又回来了。最能证明这几个人的英雄主义精神的，莫过于科学家威尔逊仍然不忘进行他的观察，他在自己的雪橇上增加了十六公斤稀有岩石样本。

但渐渐地，人类的勇气屈服于超强的自然力量，自然在这里以其千百年来的威力炼，无情地用严寒、冰冻、飞雪和狂风等一切力量来对抗这五位勇士。他们的脚已经完全冻坏了。由于口粮不足，每天只能吃一顿不够热的饭，他们的身体变得虚弱，开始吃不消了。一天，同伴们惊恐地发现，他们当中最强壮的埃文斯突然行为异常。他落在了大家后面，不停地抱怨种种他们遇到的或是想象中的麻烦。他们惊恐地从他古怪的言语中得出结论：这个可怜的人由于摔倒或是极度痛苦而失去了理智，发了疯。他们该拿他怎么办？要把他丢在这冰冷的荒原中吗？但另一方面，他们必须毫不拖延地到达补给点，否则……斯科特自己不愿写下接下来会发生什么。不幸的埃文斯于 2 月 17 日凌晨一点死亡，当时离"屠宰营地"还剩不到一天的路程，那里还有一个月前杀掉的矮种马，这给剩下的四人提供了丰富的食物补充。倘若埃文斯能硬撑到那里，就不会殒命了。

剩下的四个人继续前进，但是发生了一场灾难。下一个补给点带给他们的更多是痛苦和失望。那里没有足够的煤油油，这意味着他们必须节约燃料，而温暖是抵御寒冷的唯一武器。在冰冷彻骨的暴风雪夜里，他们被冻醒过来，心头充斥着灰心丧气的感觉，他们几乎没有余力将毡鞋套在脚上，但他们还是拖拖拉拉地勉力前行，其中队员奥茨的脚趾都被冻掉了。风刮得比以往任何时候都要急，他们于 3 月 2 日抵达下一个补给点，发现那里的燃料更少，无法燃烧，这让他们感受到了一种残酷的失望。

从他们当时留下的记述，可以感受到他们的恐惧。我们能感受到斯科特是如何试图压制这种恐惧的，但日记中一次又一次绝望的呐喊打破了他一直想保持的平静："我们不能再这样下去了""我们只能说'上帝保佑我们'，然后拖着疲惫的步子踉跄前行"或者"悲剧一直在上演"。他希望于上天帮助他们，因为他们已经不可能指望人类了。

然而，他们虽然走得拖拖拉拉，看似毫无希望，却仍咬牙挺进。奥茨越来越跟不上大家的脚步，他渐渐成为伙伴们的负担而不是帮手。为了不让他落下，他们不得不在正午零下四十二度的时候放缓前进的步伐。这个不幸的人清楚地意识到，他给伙伴带来的拖累正在将大家带进死亡。他们已经在为末日做准备了。科学家威尔逊给他们每人发了十片吗啡，以便他们在必要的时候让自己的生命结束得更快一些。他们带着这位生病的同伴又走了一天。之后这个不幸的人想让队友们把他留在睡袋里，和大家就此诀别。他们坚决拒绝了，尽管他们都意识到，他的建议对双方来说都是一种解脱。奥茨勉力用他那冻伤的双腿继续向前挪动，终于抵达了他们的夜晚宿营地。他和队友们一起睡到第二天早上。他们醒来时，往外一看，外面下起了暴风雪。

奥茨突然站了起来。"我到外面去转转，可能要花一点时间。"他告诉伙伴们。其余的人都在发抖，他们都很清楚这意味着什么，但没有人敢说一句挽留的话，也没有人敢和他握最后一次手，因为他们都怀着敬重的心情，认为英尼斯基伦龙骑兵卫队的劳伦斯·E.G. 奥茨上尉正像一位英雄一样去赴死。

剩余的三位疲惫、虚弱的人拖着步子，穿过没有尽头、冰冷、坚硬如铁的荒原，疲倦而绝望，只有那自我保护的迟钝本能撑起了他们的脊梁，使他们步履蹒跚地前进。天气变得越来越坏，每到一个补给点，他们得到的总是新的失望，他们永远没有足够的煤油，永远得不到足够的温暖。3 月 21 日，他们离下一个补给点只有二十公里远，但是风刮得很凌厉，像要杀人似的，他们没办法离开帐篷。他们每天晚上都希望第二天早上天气会好转，这样他们就可以赶到目的地。而与此同时，他们的食物快要耗尽了，连同他们最后的希望——燃料也要用完了，温度计显示气温是零下四十度。所有的希望都破灭了，他们的命运不是饿死，就是冻死。这三个人在白色荒原世界中央的一个小帐篷里奋斗了八天，对抗那不可避免的结局。3 月 29 日，他们知道现在已经不可能出现拯救他们的奇迹。于是，他们决定不再前行，而是迎接命运，骄傲地等待死亡，像迎接他们之前遭受的每一次不幸一样。他们爬进睡袋，始终没有向外面的世界哀叹过他们最后的痛苦。

## 临死前写的信

暴风雪像疯子一样袭击着薄薄的帐篷。面对看不见但已经迫在眉睫的死亡，此时的斯科特上尉想起了他所有的亲友。他独自面对最冰冷的寂静，这寂静从未被人类的声音打破，他满怀豪情地意识到自己对国家、对全人类的博爱之情。在这白茫茫的荒原上，他脑海中的种种海市蜃楼，唤起了他在爱情、忠诚和友谊等种种感情中遇到的人们的形象，他要向他们进行最后的致意。在临死之前，斯科特上尉要用冻僵的手指，给还活在这个世界上的他深爱的男女写信。

这些信写得缠绵悱恻。面对强大死神的存在，一切渺小和琐碎的东西都被摒弃了；那空旷天空中晶莹剔透的空气仿佛融进了他的文字。它们是写给个人的，却好像在向全人类诉说；它们写于某一特定时刻，却体现着永恒。

他给妻子写信，请她好好照顾儿子，这是他留给她的最好遗产。最重要的是，他说："他必须警惕，而你也要提防，不要让他成为一个懒散的人，要让他成为一个勤奋上进的人。"关于他自己，在完成了世界历史上其中一个最伟大的成就之后，他说："我不得不强迫自己成为一个努力奋进的人，你知道——我过去总是有懒散的习气。"即使离死亡如此之近，他对自己探险的决定也从没有后悔过，而是感到荣幸："关于这次的探险之旅，我想要告诉你的真是太多了。参加探险之旅，比待在家里舒舒服服地躺着，实在是好很多。"

他怀着忠诚的同志情谊，分别给和他一样将要罹难的伙伴的妻子和母亲写信，为他们的英雄主义留下见证。虽然他自己也快要死了，但他却以极其强烈、近乎超人的情绪，安慰着伙伴们的家属，让对方感受到他们伟大和难忘的死亡。

他给他的朋友们写信，对自己只是谦逊地带上一笔，但为整个国家感到自豪，他为自己在这一刻成为这个国家的儿子而感到骄傲。他承认，"我可能不是一个伟大的探险家"，"但我觉得这本日记将表明，我们这个民族并没有失去勇敢的精神和坚毅的意志"。现在，在死亡来临之际，他告诉一个朋友，他的矜持使他一生都没有对朋友倾诉他的情感。"在我一生中，我还没有遇到过像你一样让我敬爱和钦佩的人，但是我从来没有告诉过你，你的友谊对我来说有多么重要，你给了我很多，我却无以为报。"

他给他的国家——英国，写了最后一封信，是所有信中最好的一封。他觉得自己有义务对自己在这次探险中为英国的声誉所做的事情进行总结，并将其不幸结局归咎于灾祸。他列举了种种对他不利的事件，并以一个将死之人的悲怆的声音呼吁"同胞们，请看顾我们那些需要照顾的亲人"。

他最后想到的不是自己的命运，而是所有活着的国人的生命："看在上帝的分儿上，照顾好我们的人民。"剩下的几页信纸皆是空白。

斯科特上尉一直持续书写日记，直到生命的最后一刻，铅笔从他冻僵的手指上滑落了下来。他希望人们能找到他写的那些日记和他的尸体，作为对他所做的事情和英国人的英勇胆识的见证，也许是这种期望才支撑着他做出了这种超人般的努力。他用冻得发抖的手指写下的最后一句话是："请将这本日记转交给我的妻子。"但随后，怀着一种残酷的清醒，他画掉了"我的妻子"这几个字，代之以可怕的"我的遗孀"。

## 回响

早前返回的四批队员在营地里等了他们几个星期。队员们起初满怀信心，之后便是担忧，最后越来越不安。营地两次派出小队帮助他们，但是恶劣的天气将其赶回了营地。

这些失去领头人的队员整个冬天都待在宿营地小木屋里，不知所措，灾难的阴影一直笼罩在他们的心底。在那几个月里，罗伯特·斯科特上尉的成就和命运被封锁在静寂无声的冰雪中。他和他的伙伴被冰封在一个玻璃似的棺材里；一直到了 10 月 29 日，南极的时序已是春天，探险队队员们才开始寻找英雄的遗体和他们留下的信息。队员在 11 月 12 日到达他们死时的帐篷，发现他们的遗体被冻在睡袋里，斯科特死时像搂兄弟一般用手臂紧紧搂住了威尔逊。他们还找到了信件和文件，并为这些悲剧英雄们挖了一个坟墓。雪堆上有一个普通的黑色十字架，它孤零零地站在白色世界里，为永远埋在它下面的人类壮举作见证。或许可以说，这一切并没有被埋葬，探险队的辉煌成就出人意料地复活了。这是我们现代科技世界的一个奇迹。死者的朋友们带回了记录了探险之旅的底片和电影胶片，这些照片和影像被化学溶液洗印出来，人们可以再次看到斯科特和他的伙伴们在极地的探险景观，而这些景观只有另一位探险家阿蒙森亲眼看到过。斯科特的文字和信件沿着电线传送到了到全世界，所有人均深受震撼。在英国国家主教堂里，国王也跪下行礼，向英雄们致意。于是，看似徒劳的事情又结出了硕果，看似没有完成的事情，却被人们称誉为"代表了人类为达到不可企及的目标而做的努力"。在一个显著的逆转中，更伟大的生命来自英勇的死亡：失败唤起了人的意志，使之上升到无限的高度。偶然的成功和轻而易举的成就只点燃起雄心壮志，但是当一个人与不可战胜的强大命运抗争时，他的心灵会升华。这是所有悲剧中最伟大的悲剧，但它有时会激励诗人，并千百倍地塑造人生。

# 封闭的列车：列宁的蛰伏与出山

列宁

1917 年 4 月 19 日

## 租住在修鞋匠家的人

　　1915 年至 1918 年，瑞士，这个在世界大战的血雨腥风的包围之中的和平孤岛，不断上演着一个个侦探小说一般的场景。在这个国家的豪华酒店里，相互敌对的国家的使节彼此擦肩而过，装出互不认识的样子，殊不知他们一年前还在一起友好地打过桥牌，互相拜访过彼此的家。一大群神秘莫测的牛鬼蛇神在房间里出出进进：国会议员、秘书、使馆专员、商人、戴面纱或不戴面纱的女士，他们各自都身负秘密任务。带有外国标志的豪华轿车在酒店外面停了下来，车上走下来的工业家、记者、艺术家表面上是来度假旅游的，但几乎都身负相同的任务：打探消息，做间谍之事。就连带他们进房间的搬运工、打扫房间的女服务员，都被逼着去干盯梢和探听的活儿。不论在餐馆和寄宿公寓，还是邮局和咖啡馆，在任何地方都有各个组织在互相较劲。所谓的宣传多半是间谍活动，所谓的情爱其实是背叛，这些匆匆来此的人们所做的每一笔公开交易的背后，都隐藏着第二笔或第三笔交易。一切都被报告，一切都处于监视之中，不论什么来头的德国人只要一踏入苏黎世，设在伯尔尼的敌方大使馆就能知道，一小时后巴黎也会知道。日复一日，大大小小的情报机关把大量虚虚实实的情报交给使馆专员，使馆专员又会把这些情报逐级上报。所有的墙壁都透明如玻璃，电话受到窃听，人们从废纸篓和吸墨纸间拼凑出被撕碎的情报。在这样群魔乱舞的境况下，许多身在局中的人已然分不清自己是猎人还是猎物，是间谍还是反间谍，是背叛者还是被出卖者。

但在那些日子里，关于一个人的情报却很少出现，也许是因为他太不重要了。他不住大酒店，不上咖啡馆，也不参加宣传讲座，而是和妻子赁居在一个鞋匠的家里，不事声张。他的住处在利马特河后面的古老、狭窄、曲折的斯皮格尔加塞街，位于一栋坚固的房子的二楼。这栋房子的屋顶是拱形的，墙壁被烟熏得黑乎乎的，一半是因为房子年深日久了，一半是因为院子里有一家制作香肠的小作坊。他的邻居包括一位面包师的妻子、一位意大利人和一位奥地利演员。他的房东太太对他知之甚少，只知道他不爱说话，以及他是俄罗斯人，名字佶屈聱牙，很难念出来。她从这对夫妇廉价的饭菜和寒酸的衣着推断，他们的家当几乎填不满他们搬来时带来的小篮子。他多年前就离开了故土，没有多少积蓄，也不从事赚钱的营生。

这位身材矮小的男子很不起眼，生活中也尽量不惹人注意。他避免与人打交道，别的房客很少看到他那狭长的眼睛里闪动的狡黠而深沉的神色。他很少有访客。但他会在早上九点准时去图书馆，在那里一直待到十二点图书馆关门。十二点十分他会准时回家，下午十三点十分他又会准时离开，这样他就是第一位重新回到图书馆的读者了，在那里他会一直坐到晚上六点。新闻记者们只注意那些夸夸其谈的人，他们却不知道，说到煽动叛乱，那些勤学多才的独行者才总是最危险的，所以他们不可能会写那个住在鞋匠家的不起眼的人物的新闻报道。在社会主义圈子里，人们都知道他是俄国移民所办的一家激进小刊物的编辑；在彼得堡，他是某个难以形容的特殊党派①的领袖人物。但是，当他严厉而轻蔑地谈到那些最受尊敬的社会主义者，并称他们的方法错误的时候，拒于人千里之外，一点也不随和，因此没有人会太在意

---

① 特殊党派：布尔什维克。

他。晚上，他有时会在一家无产阶级的小咖啡馆里举行会议，至多只有十五到二十人出席，多数为年轻人，因此人们通常将这个特立独行者看作那些俄罗斯移民中的一员——他们常常喝很多茶，进行长时间的讨论，情绪总是变得慷慨激昂。但是，没有人会认为这位声调低而严厉的人是大人物，苏黎世认识他的人不超过三十几个人，除此之外的人听到这位住在鞋匠家里的弗拉基米尔·伊里奇·乌里扬诺夫的名字时，并不会感到如雷贯耳。假如那个时候，一辆以最快速度在不同的大使馆之间穿梭的豪华轿车不小心在街上把他撞死了，那么全世界的人就都不会知道这个人的名字，不管他叫乌里扬诺夫还是列宁。

## 实现

1917 年 3 月 15 日，苏黎世图书馆的管理员感到很诧异。时钟的指针显示现在是早上九点，而那位每天来图书馆最准时的读者每天坐的地方现在却空无人影。九点半，十点，那人依然没有出现。实际上那位不知疲倦的读者再也不会来图书馆了。因为在他去图书馆的路上，他碰到了一位跟他打招呼的俄国朋友，或者更确切地说，那人打乱了他的安排，因为那人带来消息说俄国发生革命了。

列宁一开始不敢相信此事。他好像被这消息惊呆了。但随后他就急匆匆地走了，迈着短促的步伐，来到湖边的报刊亭，此后一天又一天，一时小又一小时，他都在报社编辑部外面等着新出的报纸，以证实革命发生的事。那个消息确实是真的，而且对他来说，随着时间的流逝，它只会变得更加真实。一开始只有发生了宫廷革命的传言，似乎是换了大臣；然后沙皇被废黜了，继而成立了一个临时政府——杜马①，之后俄罗斯获得了自由，大赦政治犯。他多年来梦想的一切，过去二十年来他在秘密组织中、在监狱里、在流亡中、在西伯利亚为之奋斗的一切，现在居然成为现实。突然之间，在他看来，数百万人在

---

① 杜马：俄语中"议会"的意思，是 1906 年至 1917 年俄罗斯选举产生的半代表机构。

这场世界战争中并没有白白牺牲。他不再认为他们的死是毫无意义的，他们是为了自由、正义和永久和平的新时代而献身的。列宁，这位平素头脑冷静、精于算计的冷酷梦想家，现在却被这个消息冲昏了头脑。而那些委身于日内瓦、洛桑和伯尔尼移民的狭窄房间里的成百上千俄国人，也在为事态的这一可喜变化而激动颤抖、欢呼雀跃：他们可以重返俄罗斯了！他们现在不必再用伪造的护照，不必再用假名冒着生命危险进入沙皇的领域，而是作为自由公民，回到自由的国土！他们已经收拾好自己少得可怜的财产，因为报纸刊登了高尔基的简短电报，电报说他们都可以回家了。他们向四面八方发送信件和电报说自己正在回家的路上。他们必须集合起来必须团结起来！现在，他们必须再次把自己的生命奉献给从第一次觉醒时起就一直在从事的工作：俄罗斯革命！

## 失望

但几天后，他们惊愕地得知，让他们的心像苍鹰一样翱翔的激动人心的俄罗斯革命，并不是他们梦想的那种革命，它根本就不是真正的俄罗斯革命。这是一场反对沙皇的宫廷起义，是由英国和法国的外交官煽动的，目的是阻止沙皇与德国媾和，而绝不是呼吁和平和人民权利的人民革命。这不是他们为之而生、为之而死的革命，而是赞成战争的党派、帝国主义者和将军们因为不想让其计划被打乱而策动的阴谋。很快，列宁和那些想法一致的人就意识到：那个让他们安全返国的许诺，其实并不是为他们这些想要开展真正的卡尔·马克思式的激进革命的人准备的。米留科夫 [①] 和其他自由主义者已经下令不让他们进入俄国。温和派社会主义者有助于这些人继续战争，于是像普列

---

① 米留科夫：帕维尔·尼古拉耶维奇·米留科夫，俄罗斯政治家和历史学家，在导致1917 年俄罗斯革命的事件中发挥了重要作用，并在利沃夫王子的临时政府中担任外交部部长。

汉诺夫①这样的人就在官方护送下，从英国坐鱼雷快艇回了彼得堡；但是托洛茨基②则被关在了哈利法克斯③，而像他一样的激进分子被堵截在俄罗斯境外。在协约国④所有国家的边界上，都有一份列有参加过第三国际齐默瓦尔德会议⑤的与会人员名单。列宁拼命地一次又一次给彼得堡发电报，但这些电报要么被截获，要么就永远发不出去。苏黎世不知道这个人，欧洲几乎没人知道这个人，但他在俄罗斯却众所周知。对他的政敌来说，弗拉基米尔·伊里奇·列宁强大有力，他的目标坚定，他这个人具有致命的危险性。

那些被俄罗斯拒于国门之外的激进分子无能为力，他们的绝望之情难以形容。多年来，他们在伦敦、巴黎和维也纳举行了无数次会议，策划开展俄国革命的方略。他们思考、评估和讨论了革命组织的每一个细节。几十年来，他们在自己的刊物上权衡过理论上和实践上的困难、危险和机遇。列宁一生都在思考革命的复杂构想，一次又一次地修订它，直到它最终成形。而现在，由于他滞留瑞士，他构想的革命蓝图将被别人削弱和破坏，他神圣的人民解放思想将被别人利用，为外国及其他利

---

益效劳。在这里，我们可以对列宁和兴登堡①进行多少显得怪异的类比。列宁正是在那些日子里听说了兴登堡在一战时的命运——兴登堡一直为了对抗俄罗斯的战役进行演习和部署，但当一战爆发时，他却被排挤，无用武之地，只能穿着便服待在家里，在一张标有小旗的地图上跟随战场上的将军们的步伐前进，并看着他们犯下错误。列宁平时是一位意志坚定的现实主义者，但在这些绝望的日子里，却做起了最愚蠢和最荒诞不经的梦：他难道不能租一架飞机，飞越德国或奥地利然后回到俄罗斯吗？但是，第一个提供帮助的人却是一个间谍。列宁要逃回俄国的念头变得越来越疯狂和混乱。他写信到瑞典，请在那里的党组织人员帮他弄一本瑞典护照，他在信中说他将假装成一个哑巴，这样面对盘问他就不必泄露自己的个人信息了。胡思乱想一夜之后的第二天早晨，列宁意识到他疯狂的想法不能实施。但是一件事令他心心念念，即使在白日清醒之下也萦绕在他脑海中，那就是：他必须回到俄国去，必须开展真正的光荣革命，而不是为了政治目的而革命。他必须回到俄国去，而且要尽快。必须不惜一切代价回去！

## 途经德国：行还是不行？

瑞士位于意大利、法国、德国和奥地利之间。作为革命者的列宁，是禁止途经协约国的；而作为敌国的臣民，他想取道德国和奥地利回国也是不可行的。虽然看似荒唐，但列宁可以指望和德国皇帝威廉②友好地打交道，这要比和米留科夫的俄国及庞加莱③的法国打交道容

---

① 兴登堡：保罗·冯·兴登堡，第一次世界大战期间德国的陆军元帅和第二魏玛共和国的总统。他的总统任期因政治不稳定、经济萧条和阿道夫·希特勒上台而受到破坏。1933 年，他任命希特勒为总理。

② 威廉：德国皇帝威廉二世，第一次世界大战（1914—1918 年）中最著名的公众人物之一。一战时获得了一个狂妄的军国主义者的声誉。

③ 庞加莱：雷蒙德·庞加莱，法国政治家，1912 年担任总理，主要制定了导致法国参与第一次世界大战的政策，一战期间担任第三共和国总统。

易得多。在美国宣战前夕，德国需要不惜任何代价与俄罗斯实现和平。因此，一个能给英国和法国的特使制造麻烦的革命者，对于德国人来说是一个受欢迎的帮手。

然而，自己突然要与曾在著作中一再抨击和辱骂的德意志帝国进行谈判，这事儿事关重大。因为根据以往所有的道德准则，在交战期间，在敌人总参谋部的同意下，进入并取道敌国，毫无疑问是要被判叛国罪的。当然，列宁必定知道，这意味着从一开始他就是在损害自己的党和事业，他将受到质疑，被视为被德国政府雇佣并派到俄国的间谍。假如他实现了他撰写的立即和平的方案，那么他将永远受到历史的谴责，因为他妨碍了俄国实现真正的胜利的和平。因此，当他宣布，如有必要，他会采取这种妥协的危险行动时，不仅那些比较温和的革命者，就连大多数和他志同道合的同伴都瞠目结舌。他们沮丧地指出，瑞士社会民主党很久以前就开始谈判，希望以合法和中立的方式交换俘虏，让俄罗斯革命者回国。但是列宁知道这样的做法旷日持久，俄罗斯政府会耍诡计，会蓄意地无限期地拖延他们回国的时间。而他清楚地意识到，对他来说，现在每一天和每一个小时都很重要。他只认准了目标，而别的人不那么愤世嫉俗，也没有胆识，根本不敢采取这么一种行动，因为从现有的法律和舆论来看，这种行动是背信弃义的。但是，列宁已经横下一条心，承担起了与德国政府谈判的责任。

## 协定

正因为列宁知道这一步会引起多大的关注，也知道这一步会引起多大的挑战，他才尽可能采取公开的行动。瑞士工会书记弗里茨·普拉滕代表他去会见了已经同俄国移民进行了一般性谈判的德国大使，并将列宁的条件摆在他面前。列宁，这个此时无足轻重的不知名逃犯，仿佛已经预见了他未来的权威，因此并没有向德国政府提出什么请求，而是开出了条件，指出只有德国政府满足了这些条件，俄国旅居者才准备接受和德国政府的合作。他坚持认为，铁路车厢必须享有公认的治外法权①：上下列车时不得检查护照或个人，旅客将按正常价格自行支付旅费；不得强令他们下车，他们也不得擅自离开车厢。部长隆贝格②把这些情报呈递了上去。这些情报送到了鲁登道夫③手中，他对此无疑是赞同的，尽管他后来在回忆录中只字没有提到这可能是他一生中做出的最重要的决定。德国大使试图对许多细节进行修改，因为列宁故意让措辞模棱两可，这样不仅俄罗斯人，就连拉狄克④这样的奥地利人都可以坐火车而不受任何检查。然而，和列宁本人一样，德国政府也忙得不可开交——因为在 4 月 5 日这一天，美利坚合众国对德国宣战了。

因此，在 4 月 6 日中午，弗里茨·普拉滕收到了一个令人难忘的决定："此事按既定的愿望予以批准。"于是，1917 年 4 月 9 日下午两点半，一小群衣着简陋的人提着行李箱离开了蔡林葛霍夫餐厅，前往苏黎世火车站。他们一共有三十二人，包括妇女和儿童。在这些人中，只有列宁、季诺维也夫⑤和拉狄克的名字日后还为人所知。他们一起吃了一顿简便的午餐，并签署了一份文件。他们看了法国报纸《小巴黎人》的报道，得知俄罗斯临时政府打算将取道德国的当事人视为叛国。他们用难看的字体签了字，声明这次旅行的全部责任都由他们自己承担，并且接受所有的条件。此刻，安静而坚定的他们正准备踏上这段历史性的旅程。

---

① 治外法权：不受当地法律管辖的状态，通常是外交谈判的结果。

② 隆贝格：一战期间德国驻瑞士伯尔尼的特使。隆贝格与瑞士外交部长阿瑟·霍夫曼和瑞士社会民主党领袖罗伯特·格林姆保持着密切联系。

③ 鲁登道夫：德国将军、政治家和军事理论家。第一次世界大战期间，德国军队在列日和坦嫩堡获得胜利，他因在其中扮演核心角色而声名鹊起。1916 年 8 月，他升任总参谋部第一军需官，成为在一战剩余时间里统治德国的军事独裁政权的主要决策者。1918 年 10 月，在德国攻势失败后下台。

④ 拉狄克：原名卡尔·索贝尔松，共产主义宣传者和共产国际的早期领导人。

⑤ 季诺维也夫：斯大林在 1925 年将他从苏联的政治领袖位置上除名，1926 年又将他从彼得格勒赶走。1934 年他被斯大林开除出党，1936 年他被斯大林下令处死。

他们抵达火车站，并没有引起任何人的注意。没有记者或摄影师出现。在瑞士，又有谁认识这位乌里扬诺夫先生呢？他戴着一顶皱巴巴的帽子，穿着破旧的大衣，脚蹬一对可笑的沉重登山靴（他一直穿到瑞典），站在一群背着篮子、拖着箱子的男男女女中间，默默地、不显山不露水地在火车上找了一个座位。他们和其他出门在外的人并无区别：来自巴尔干国家、鲁塞尼亚①和罗马尼亚的人们经常在苏黎世车站逗留，坐在木箱上休息几个小时，然后再转去法国和沿海地区，接着远渡重洋。瑞士社会党也批准了这次旅行，但没有派代表来送行。只有几个俄国人给这些旅行者们送来了一点食物和信息，让他们带到祖国去，也有几个人在最后一刻试图劝阻列宁，让他不要去参加这趟"毫无意义又暗藏危险的旅行"。但列宁的决心已下，不可改变。三点十分，列车员发出信号。火车驶往德国边境车站戈特马丁根。从那时起，世界时钟出现了一种不同的时间刻度。

## 封闭的列车

第一次世界大战发射了数以百万计的致命炮弹，这些炮弹是弹道工程师们设计的最重、威力最大、射程最远的炮弹。但在现代历史上，没有哪一发炮弹能比那列火车走得更远，也没有哪一发炮弹比那列火车更致命，那列火车载着本世纪最危险、最坚定的革命者，从瑞士边境出发，穿越整个德国，到达彼得堡。在那里，它将把当时的秩序炸得粉碎。

在戈特马丁根火车站，这枚独一无二的炮弹就停留在站台的铁轨上。车厢里有二等和三等座位，妇女和儿童坐在二等车厢，男人坐在三等车厢。地面上的一条粉笔线将俄国人乘坐的车厢区域划为中立区，与押送这批活炸药的两名德国军官占据的座位区分开来。火车在夜色中平稳向前行驶，没有发生事故。直到到了法兰克福车站，那些听说

---

① 鲁塞尼亚：相当于现在乌克兰西部的部分地区。

这位俄国革命者正乘火车途经德国的德国士兵才突然冲上来。而德国社会民主党人曾经试图与这位俄国革命者交流，却遭到了拒绝。列宁必定知道，他在德国的领地上哪怕只和一个德国人聊上一句，也必定会使他引起怀疑。他们在瑞典受到隆重的欢迎，然后如饥似渴地坐在瑞典的早餐桌上，瑞典自助餐对他们来说像是一个不可思议的奇迹。列宁不得不买了一对新鞋子以替换他那双沉重的登山靴，还买了几件新衣服。他们终于到达了俄罗斯边境。

## 炮弹出膛了

列宁在俄国土地上做的第一件事具有典型的列宁风格：他没有见任何人，而是立即拿起报纸来看。虽然他和俄国已经阔别十四载，这期间他没见过祖国的大地，没见过祖国的国旗，没见过祖国士兵的军装，但这位意志坚定的思想家并不像其他人那样泪流满面，也不像女人那样拥抱那些莫名其妙的士兵。他先看《真理报》[①]，他想看看，他们自己人的报纸是否有足够的决心坚持其国际立场。他悻悻地将它揉碎。不，并没有，关于祖国的内容还是太多，爱国主义的内容还是太多，在他看来，真正革命的内容还是不够。他想，是时候回来掌舵了，推动他的人生理念走向胜利或失败。但他会有机会吗？他一到彼得格勒[②]——这个城市还没有命名，但很快就会命名——米留科夫就会立刻把他抓起来吗？来接他的朋友们现在都在火车上，加米涅夫[③]和斯大林，带着奇怪而神秘的微笑，出现在因灯光微弱而显得一片昏暗的三等车厢里。他们没有或不愿回答他的问题。

---

① 《真理报》：最早由俄国社会民主工党领导人托洛茨基于 1908 年 10 月 3 日创建于奥地利维也纳，针对俄国工人发行。1918 年至 1991 年，《真理报》是苏联共产党的官方机关报。

② 彼得格勒：1924 年改名为列宁格勒，1991 年后恢复圣彼得堡的名字。

③ 加米涅夫：布尔什维克革命家，也是苏联著名的政治家。他是 1917 年为管理布尔什维克革命而成立的第一届政治局的七名成员之一。

但是，现实给出了惊人的答案。当火车驶入彼得格勒的芬兰车站时，巨大的中央大厅挤满了成千上万的工人，手持各种武器的仪仗队正在等待这位回国的流亡者，《国际歌》响起来了。当弗拉基米尔·伊里奇·乌里扬诺夫走出火车站时，前天还住在鞋匠家里的这个人被数百只手抓住，并被抬上了一辆装甲车。聚光灯的光芒从建筑物和堡垒上照射在他身上，他站在装甲车上，向人民发表了他的第一次演讲。大街上欢呼声响彻一片，不久，"震撼世界的十天"①开始了。这一颗炮弹出膛，击中了目标，摧毁了一个帝国、一个世界。

① 震撼世界的十天：源自美国记者和社会主义者约翰·里德写的一本书的书名，这本书讲述了他亲身经历的 1917 年俄国十月革命，后来人们就以"震撼世界的十天"来指代十月革命。

# 威尔逊的理想与失败

凡尔赛和约

1919 年 6 月 28 日

　　1918 年 12 月 13 日，载着伍德罗·威尔逊总统的巨轮"乔治·华盛顿号"正驶向欧洲海岸。自从世界诞生以来，从来没有一艘船为怀着如此大的希望和信心的千百万人所期待。欧洲各国的激烈对战已经持续了四年[①]；双方都有成千上万的青壮年被机枪和大炮、火焰喷射器和毒气杀害；四年来，他们用语言和文字表达的，除相互仇恨和谩骂之外没有别的。但是，所有的糟糕情绪都无法压制一个内心的声音，这个声音告诉他们，这些欧洲国家所说所做的，使我们这个世纪蒙羞。所有人的内心自觉或不自觉地隐隐出现一种感觉，即这个时代的人类已经一头栽进了被认为早已经死亡和消失的残暴野蛮中。

　　然后，从世界的另一边——美国，一个声音越过仍然血肉横飞的战场，清晰地发了出来，要求"永远不要再有战争"。永远不要再有

---

[①] 持续了四年：第一次世界大战从 1914 年 7 月 28 日开战到 1918 年 11 月 11 日战争结束，历时四年。战争过程主要是同盟国和协约国之间的战斗。这场战争是欧洲历史上破坏性最强的战争之一。大约有六千五百万人参战，一千多万人丧生，二千多万人受伤。一战给交战双方和全人类带来了深重的灾难。

不和，永远不要再有罪恶的旧式秘密外交①——这种秘密外交迫使各国在不知情或不自愿的情况下进行屠杀，而要建立一个新的、更好的世界秩序，它是"建立在被统治者同意的基础上，并由人类有组织的舆论维持的法律统治"。引人注目的是，所有的国家、讲不同语言的人们都同时听懂了这个声音。这场战争——昨日还只是一场围绕着土地、边境、原材料、矿山和油田展开的毫无意义的争执，现在突然之间就具有了更高的近乎宗教的意义：世界将获得永久的和平，成为法制和人道的弥赛亚②之国。突然之间，千百万人的鲜血似乎没有白流：这一代人所遭受的苦难，只是为了使这种苦难永远不会再降临在这世界上。千千万万怀着狂热信任的声音召唤着这个人——威尔逊要在战胜国和战败国之间缔造和平，并确保它会成为公正的和平。威尔逊就像另一位摩西③，他要为那些误入歧途的人们带来他的石板——新的国际联盟④。于是，几周之内，伍德罗·威尔逊的名字就具有了一种宗教、救世主般的力量。许多街道、建筑物和儿童都以他的名字命名。每一个认为自己正在苦难中或处于不利地位的国家和民族都派代表来找他。来自世界各地的信件和电报，连同建议、请求和劝告，成千上万，纷至沓来，越积越多，最后整箱的信件和电报都被装上了他那艘驶向欧洲的船。全欧洲、全世界都一致要求这个人作为争执的最后仲裁者，实现他们梦寐以求的最终和解。

　　威尔逊无法抗拒这一召唤。他在美国的朋友劝他，不要亲自去

---

① 旧式秘密外交：第一次世界大战中协约国和同盟国各方为了自己的利益，互相展开了许多秘密外交。其中的一个例子是《伦敦条约》的签订——《伦敦条约》（1915年4月26日）是中立的意大利和法、英、俄三国的联合军队为将意大利卷入第一次世界大战而签订的秘密条约。尽管大多数赞成中立的意大利人反对，意大利还是在5月加入了对抗奥匈帝国的战争。一战中类似的秘密外交多不胜举，这产生了极为恶劣的影响。

② 弥赛亚：在犹太人的历史中的"救世主"。

③ 摩西：希伯来先知，在公元前13世纪，将他的人民从埃及的奴隶制中解救出来。在西奈山的盟约仪式上，颁布了上帝亲自写在两块石板上的十条诫命。此处作者将威尔逊比作摩西，将他的"十四点原则"比作写在石板上的《十诫》。

④ 国际联盟：是第一次世界大战后发展起来的一个国际外交团体，是在国家间的争端爆发为公开战争之前解决争端的一种方式。也是联合国的前身。

出席巴黎和平会议。他们说，作为美国总统，他有责任不离开自己的国家，只要远程指导谈判就好了。但伍德罗·威尔逊是不会被说服的，在他看来，与他所要承担的使命相比，就算是他的国家的最高职位——美国总统，也无足轻重。他要效力的不是一个国家，不是一个大洲，而是全人类，他不为一个短暂的时刻效力，而是要为更美好的未来效力。他不愿意心胸狭窄，只为美国的利益行动，因为"利益不会把人们团结在一起，只会离间人们"。相反，他想为所有人的利益效力。他认为自己必须小心翼翼，谨防军人和外交官再滥用民族情绪：人类的团结一心将意味着为这些人的致命职业敲响了丧钟。他必须亲自保证"人民的意志，而不是他们领导人的意志"被听到。与会代表的每一句话，都要在这个和平大会——人类最终的和平大会上开诚布公地向全世界宣布。

他站在船上，看着从迷蒙的雾气中浮现的欧洲海岸，它模糊不清，没有定形，恰似他自己对未来各国之间和睦亲善友好的梦想。他站得笔直，身材挺拔，神情坚毅，眼镜后的双眸炯炯有神，眼光敏锐而清澈，下巴向前突出，具有典型美国人的活力，但他的厚嘴唇则紧紧地抿着。他是长老会①牧师的儿子和孙子②，有着他们的力量和局限眼光。对他们来说，这世上只有一种真理，而且他们确信这真理就是他们知道的那一种。他的血液中流淌着他所有虔诚的苏格兰和爱尔兰祖先③的热忱，以及加尔文教派信仰的热情。这种信仰给这位领袖和教师设定了使命：拯救罪恶的人类。更不用说他身上必定还存在着异教徒和殉道者的执着，他们宁愿为自己的信仰被烧死，也不愿意丝毫偏离《圣经》的圣言。对他来说，作为一个民主党人和学者，"人性""人类""解放""自由"和"人权"这些概念不是冷冰冰的字眼，而是具有《福音

---

① 长老会：基督新教三大流派之一。
② 孙子：伍德罗·威尔逊出生在一个长老会牧师和教师的家庭。
③ 爱尔兰祖先：伍德罗·威尔逊的祖父母是来自爱尔兰的移民。

书》①之于其祖先的那种意义。对他来说，它们并不是模糊的意识形态概念，而是宗教信仰的信条，他决心捍卫其中的每一个字，就像他的祖先捍卫福音传道者②的教义一样。他打过许多次硬仗，但当他看着眼前越来越清晰的欧洲大地时，他觉得这一次的斗争将是具有决定性的一战。他本能地绷紧了他的脸，"不管是否能取得一致意见，是否会互相争执，我都要为新秩序而战"。

当他眺望远方时，他那严肃的目光很快就消失了。在布列斯特港③迎接他的礼炮和旗帜，不过是外交礼节上对一位盟国总统的致意而已。但是，他觉得从岸上传来的声音，不是刻意安排和组织的迎接，也不是事先策划的庆祝，而是全体国民熊熊燃烧的热情。他乘坐的列车所到之处，每一个村落、每一个村庄、每一户人家中都有人挥舞旗帜——这就是希望的火焰啊。人们向他伸出手，人们的声音在他耳边呼喊，当他乘坐的汽车沿着香榭丽舍大街驶入巴黎时，人潮涌动，热情无比。巴黎的人民，法国的人民，作为遥远的欧洲国家的象征对他欢呼，他们把期望都寄托在他身上了。他的脸色越来越松弛，露出自由、快乐、近乎陶醉的微笑，他向左右两边的人群挥舞着他的帽子，好像在向全世界致意。是的，他亲自来出席会议是来对了。唯有坚强的意志才能战胜僵化的法律。一个人难道不应该为大家创造一个充满幸福的城市，创造一个充满幸福希望的人类大同世界，并且让其千年万载永世长存下去吗？稍事休息一晚后，他就将开始工作，带给世界梦想了几千年的和平，从而完成人类有史以来最伟大的事业。

记者们迫不及待地拥向法国政府为他安排下榻的宫殿前，拥到法国外交部的走廊里，拥到美国代表团总部——克里雍酒店④。这些记者本身就是一支具有一定规模的队伍。仅北美就派出了一百五十名记者；

---

① 《福音书》：《圣经·新约》的前四部。

② 福音传道者：《福音书》的作者被称为福音传道者。

③ 布列斯特港：法国第二大军港，它位于欧洲大陆的西部边缘。

④ 克里雍酒店：世界上最具代表性的宫殿酒店之一，位于巴黎市中心的协和广场。

每个国家、每个城市都派出了通讯员，他们叫嚷着要获得参加所有会议的参会证。因为大会已经向世界做出了"完全公开"的承诺，所以这次会议不会有任何秘密协议。十四点原则的第一条是："公开的和平条约，应公开缔造，此后不得有任何私下的国际谅解，但外交应始终坦诚地在公众的面前进行。"秘密条约的瘟疫——它造成的死亡人数比其他任何流行病造成的死亡人数都要多——将被威尔逊"公开外交"①的新药方彻底治愈。

但是，令记者们失望的是，他们的莽撞急躁碰上了和会的拖延战术。是的，他们当然都被允许参加大型会议，而那些公开会议的记录——事实上，已经对所有引发紧张的根源进行了处理——将被完整地传达给全世界。但目前还不能提供任何消息，因为首先必须确定谈判的程序。那些想知道更多的记者们觉得会议可能出了什么岔子。遗憾的是，消息发布者所说实际上并非完全是不实之词。正是在谈判程序上，威尔逊在"四大巨头"②之间的第一次磋商中感觉到了协约国之间的抵制；他们并不想将谈判程序公开，且有充足的理由。秘密协议存在于所有军事国家的档案和记录中，这些协议确保他们都能得到他们应得的战利品。有些肮脏的事情只能私下偷偷摸摸、鬼鬼祟祟地进行，不宜公之于众。假如整个和会从一开始就互不妥协，那么这些上不得台面的丑事就能够关起门来协商并净化了。然而，不仅在谈判程序方面存在分歧，在更深层次上也存在着不一致。从根本上说，美国和欧洲这两大阵营的形势是完全明确的，欧洲代表明确的右翼立场，美国则代表鲜明的左翼立场。这次会议要实现的不是一种和平，而是两种和平，要缔造的是两种完全不同的和平条约。一种和平是要结束与已经放下了武器的战败国德国的战争；同时还有另一种和平，那是着眼于未来的和平，是要使未来的任何战争永远不可能发生的和

---

① 公开外交：是对一战时带来种种灾难和恶果的"秘密外交"的反拨。

② 四大巨头：英国首相劳合·乔治、意大利首相奥兰多、法国总理乔治·克里孟梭和美国总统伍德罗·威尔逊。

平。一方面是以旧的强硬的方式缔造的和平，另一方面是按照威尔逊倡导的通过建立国际联盟的方式来缔造的新和平。哪一种和平要先谈判呢？

在这一点上，两种观点出现了尖锐的交锋。威尔逊对只着眼于当下的和平兴趣不大。他认为确定边界、支付赔偿、做出战争赔偿等应交由专家和专门委员会根据他的"十四点原则"来决定。那是艰苦、细致、次要的工作，是属于这些领域的专家的工作。另一方面，各国政治家的主要任务应当是，而且他希望是建立一个国家间的联盟，缔造永久和平——这是新生事物。对每一方来说，他们自己的想法都是极其重要的。欧洲的协约国合理地指出，不能让战后疲惫不堪、满目疮痍的欧洲长达数个月苦苦等待和平的到来，否则的话，欧洲将陷入混乱。首先，他们必须解决实际的问题，即边界问题和战争赔偿问题。要将还带着武器的男人们遣返回他们的妻子和孩子身边，还要稳定货币、恢复贸易和商业，只有到了那时，已经打下了稳固的秩序，才能允许威尔逊的海市蜃楼般的计划焕发出熠熠光辉。正如威尔逊对一时的和平——为和平而和平不感兴趣一样，克里孟梭、劳合·乔治和桑尼诺①这些务实的人和谋略家们对威尔逊的要求也漠不关心。他们之所以对他富于人道的要求和思想表示敬意，是出于政治上的算计，当然在某些程度上也是出于真诚的赞同，因为无论是有意识还是无意识，他们都感到这一种无私的原则对他们的国民来说有着迷人、令人信服的力量。因此，他们愿意讨论他的计划，但这个讨论是有条件的，并且是打了折扣的。总而言之，首先要做的事情是与德国缔结和平条约，以宣告战争结束，随后再来磋商威尔逊提出的国际联盟的盟约。

然而，威尔逊本人也老于世故，他深谙他们的拖延战术会如何影响一项至关重要的计划，并榨干其力量。他自己知道如何通过烦人的干扰来推迟事情的发展；没有人能仅凭理想主义就成为美国总统。因此，他固执地坚持自己的观点：首先必须制定出国际联盟盟约，他甚

---

① 桑尼诺：意大利外相。

至要求在与德国缔结的和平条约中明确加入盟约的内容。双方的第二个冲突有机地体现在他的这一需求中。在协约国看来，将这些原则纳入对德和平和约，将意味着将德国不应得的人道原则奖励提前给了德国，而德国是侵略比利时、粗暴违反国际法的罪魁祸首，德国的霍夫曼将军还在布列斯特·立托夫斯克的谈判中树立了残酷无情的可怕榜样，当时俄罗斯在革命后退出了第一次世界大战。因此他们坚持先采用老办法以硬通货结算德国的战争赔偿，然后才磋商威尔逊的盟约计划。当时，欧洲的原野依然满目疮痍，一座座城市被炮火摧毁。为了给威尔逊留下深刻印象，欧洲人力劝他亲自去田野看看。但是，威尔逊这个"不切实际的人"，却故意越过废墟不看过去。他的眼睛注视着未来，他看到的不是被大炮摧毁的城市，而是即将到来的永久和平的大厦。他只有一个任务："废除旧秩序，建立新秩序"。他不顾自己的顾问兰辛①和豪斯②的反对，沉着冷静地坚持自己的要求。首先讨论国际联盟盟约的事，首先讨论全人类的事业，然后才讨论各个国家和民族的利益。

这是一场艰苦的战斗，浪费了大量的时间——这被证明是灾难性的。不幸的是，伍德罗·威尔逊未能事先更清楚地表述他的梦想。他提出的国际联盟盟约计划还没有完全成形，只是初稿，不得不在无数次会议上讨论、修改、增强或削弱。此外，出于礼貌，他需要不时访问巴黎和其他协约国的首都。威尔逊去了伦敦，在曼彻斯特发表了演讲，又访问了罗马；他不在会场的时候，由于别的政治家对推进他的计划没有表现出任何热情，在举行第一次全体会议之前，整整一个多月的时间被浪费了。在这一个月里，正规和非正规部队在匈牙利、罗马尼亚、波兰和波罗的海地区发生了争夺领土的战斗，而维也纳的饥荒越来越严重，俄罗斯的状况也相当糟糕。

① 兰辛：罗伯特·兰辛，国际律师，在威尔逊的第二个任期担任国务卿，最终因对国际联盟的态度不同而与威尔逊总统决裂。
② 豪斯：爱德华·曼德尔·豪斯，美国外交家，美国总统伍德罗·威尔逊的秘密顾问，在制定结束第一次世界大战的和平条件方面发挥了关键作用。

　　但是，即使在 1 月 18 日的第一次全体会议上，也仅仅是在理论上确定《国际联盟盟约》是"和平总条约的一个组成部分"。文件本身还未起草，从一个人的手上传到另一个人的手上，仍在进行无休无止的磋商讨论。又一个月过去了，这是最可怕的动荡不安的一个月，欧洲越来越明显地想要实实在在的和平。直到 1919 年 2 月 14 日，即停战过后三个月，威尔逊才提出了最终形式的盟约，即被与会各国一致接受的形式。

　　世界再次欢欣鼓舞。威尔逊赢得了他的胜利。今后，和平将不再靠恐怖和武力而是靠对最高法律的认同和信仰来维系。威尔逊离开凡尔赛宫时，受到了热烈的欢呼。他再一次，同时也是最后一次，怀着自豪、感激的喜悦微笑地看着他周围的人群，感受到这个国家和民族背后其他国家和民族的存在。在饱经苦难的这一代人身后，他看到，由于盟约这一终极保障，今后世世代代的人们将永远不会再感受到战争的祸害和独裁的羞辱。这是他一生中最伟大的一天，也是最快乐的一天。然而，因为过早离开战场，威尔逊毁掉了自己的胜利成果。第二天，即 2 月 15 日，他返回了美国，将这份永久和平的"大宪章"放在他的选民和同胞面前，然后再返回巴黎签署另一项和平条约，也就是结束战争的最后一项和约。

　　当"乔治·华盛顿号"驶离布雷斯特港时，礼炮声再次响起，但是欢送这艘船离开的人群已经不再那么密集了，他们的神情也显得更加冷漠。随着威尔逊离开欧洲，民众那种巨大的充满张力的激情已经消退，各国人民把他看作救世主的希望已经破灭。他在纽约也受到冷淡的接待。没有飞机护送他的船返航回国，没有民众狂风暴雨般的欢呼；在白宫办公室、参议院、国会和政党里，人们对他并没有那么赞同。欧洲不满意，认为威尔逊做得还不够。美国不满意，觉得他做得太过分了。对欧洲来说，他为了人类的普遍利益而致力于调和相互冲突的利益所做的承诺似乎还不够深谋远虑；在美国，那些已经把目光投向了下一届的总统选举的对手对他的构想感到不安，因为他们说，威尔逊在没有正当理由的情况下，使新大陆与动荡不安、不可预测的欧洲大陆过于紧密地联系在一起，从而违反了美国国家政策的一个基本原则——门罗主义①。人们提醒伍德罗·威尔逊，他不应该创建自己梦想中的未来帝国，也不应该为其他国家着想，而应该首先考虑美国人，他们选他做总统是为了让他代表他们自己的利益。威尔逊已在欧洲谈判中筋疲力尽，他还不得不与本党代表和政治对手展开新的谈判。最重要的是，他必须在事后建立一个后门，也就是在他引以为傲的神圣盟约的大厦上开一道小门——一条危险的"美国退出国际联盟"的条款，允许美国可以随时退出国际联盟。这意味着移除了威尔逊创立的国际联盟的大厦的底部基石。这座大厦原本是永久挺立的，现在大厦墙上裂开了一道缝。这是一个致命的缺陷，最终将导致大厦的崩塌。

威尔逊的确成功地在美国推行了他的新大宪章②，就像他在欧洲所做的那样，尽管比起他最初的构想有所保留和修订。但这只是胜利的一半。他回到欧洲去完成他的另一半任务，但他的心情没有第一次出国时那么自在、自信了。船又一次驶向布列斯特港，但他不再像上一次那样满怀希望地凝视法国海岸。短短几个星期里，他变得越来越苍老，越来越疲倦，因为他越来越失望，脸色变得更加严厉，嘴巴紧抿，嘴角开始出现一道粗粝而冷酷的线条，他的左脸颊时不时地抽搐一下，这是他体内积累的疾病的不祥之兆。陪同他出行的医生不断警告他要爱惜自己的身体。一场新的、或许更艰难的战斗即将打响。他知道贯彻一个原则比阐述一个原则更困难，但他决心不牺牲自己纲领中的任何一部分内容。要么就全有，要么就全无；要么是永久和平，要么没有和平。

现在，他登陆的岸上已经听不到欢呼声了，巴黎街头的民众也不再因见他而欢欣鼓舞。报纸很冷静，等着看他的好戏，人们对他既充满戒心又满怀疑虑。歌德这句名言的真谛再次应验："热情和腌菜不

---

① 门罗主义：1823 年 12 月 2 日，美国总统詹姆斯·门罗在国会发表的讲话中阐述了美国外交政策的基石，后来被称为"门罗主义"。门罗宣称旧世界（欧洲）和新世界（美国）有不同的制度，必须保持各自不同的领域，门罗提出了四个基本观点，其中之一是"美国不会干涉欧洲列强的内政或它们之间的战争"。
② 大宪章：原文为拉丁语 Magna Carta，此处指他构想和推动的"国际联盟盟约"。

一样，腌菜风味多年不变，热情则变化无常。"威尔逊没有在事情一帆风顺时抓住时机，他没有趁热打铁，而是让他的关于战后欧洲新秩序的理想蓝图冷却了下来。他离开了欧洲一个月，一切都改变了。劳合·乔治和他一样暂时离开了会议。克里孟梭被一名刺客的手枪击中受了伤，已经两个月不能工作了。各种私利集团的支持者们利用这段群龙无首、无人监管的空隙，纷纷强行闯入委员会的会议大厅。高级军官们工作最积极，他们也是最危险的人物。所有那些多年来一直处于聚光灯下的元帅和将军们——他们曾经以其言论、决定以及专横的意志让成千上万的人在四年里俯首帖耳地听命于他们——此时丝毫没有退隐的倾向。他们的生存正受到一项剥夺他们的权力手段——军队——的盟约的威胁，因为该盟约声明其目的旨在"废除强制征兵和所有其他形式的强制兵役"。这会剥夺他们的作为军人的价值。因此，他们必须不惜一切代价去根除这些关于永久和平的胡言乱语，也就是国际联盟的盟约，或使其完全作废。他们出言威胁，要求扩充军备，而不是威尔逊所说的裁减军备，要求划定新的国界并获得国际保障，而不是威尔逊的超国家的解决方案。他们说，"十四点原则"不啻空中楼阁，无法保障国家的福利，而这只有通过为自己的军队提供武器并解除敌人的武装才能实现。站在这些军国主义者背后的，是维持战争机器运转的军火商，是计划从赔款中获利的掮客。而外交官们背后受到反对党的威胁，他们都想为自己的国家获得一块好土地，因此越来越首鼠两端、摇摆不定。他们狡狯地引导舆论，于是所有的欧洲报纸，在美国同行的配合下，都在用各种语言反复地强调同样的主题：威尔逊的好高骛远拖慢了和平的步伐。他们宣称，他的乌托邦理念本身诚然值得称道，并且充满理想主义精神，却凌空虚蹈、不切实际，妨碍了欧洲的稳定。时间不能再浪费在道德顾虑和超道义的考虑上了。假如眼下不立即缔结和平，欧洲很快就会陷入一片混乱。

不幸的是，这些指控并非完全没有道理。威尔逊考虑的是未来千秋万世的宏伟基业，他并不是用欧洲国家的标准来衡量时间的。对他来说，用四五个月的时间来完成一项旨在实现千秋梦想的任务，这个时间并不算长。但与此同时，由黑暗势力组织的被称为"自由军团"①的私人军队正在东欧四处出动，在被他们占有的领土上，大片土地还不知道属于谁，也不知道属于哪个国家。四个月后，德国和奥地利代表团仍然没有受到接待；在还没有划清的边界后面，民众躁动不安。这种种明显而不祥的时局变化的迹象表明：在绝望之下，匈牙利和德国可能很快就会相继被移交给布尔什维克统治。因此，外交官们大声疾呼：和会必须迅速有一个结果，必须迅速缔结一个和约，不管这和约公正不公正，并且必须清除缔结和平条约的所有障碍，首先是不祥的国际联盟盟约！

威尔逊刚返回巴黎没多久，事态已经足以向他表明，他在此前三个月里苦心孤诣建立起来的一切，在他离开的一个月里都遭到了破坏，现在有分崩离析的危险。福煦②元帅差一点成功地将国际联盟盟约从和平条约中删除，此前三个月的工作几乎要前功尽弃，但是威尔逊坚决不在这个关键问题上让步。第二天，即1919年3月15日，他通过媒体正式宣布，1月25日通过的决议仍然有效，"国际联盟盟约是和平条约的一个不可或缺的组成部分"。这一声明是他第一次反击，反对了与德国缔结条约过程中的不良企图——不以新的国际联盟的盟约为基础，而是在协约国之间签订旧的秘密条约。威尔逊总统现在确切地知道了，那些刚刚还庄严宣誓尊重各国自决的一些大国打起了什么鬼主意。法国要求得到德国的莱茵地区和萨尔地区；意大利想要得到富姆和达尔马提亚地区；罗马尼亚、波兰和捷克斯洛伐克都想分得自己的一份战利品。假如威尔逊不反击，和平条约就会以当初拿破仑、塔列朗和梅特涅③的旧方法来实现。这些做法都是他要谴责的，因为没

---

① 自由军团：德国在第一次世界大战中战败后，1918年2月首次出现在该国的几个私人准军事组织之一。其成员大多数都是民族主义者和极端保守主义者。

② 福煦：法国将军和军事理论家，曾在第一次世界大战期间担任盟军最高指挥官。

③ 梅特涅：奥地利政治家、外交部长，保守主义的捍卫者，他帮助建立了反对拿破仑一世的胜利联盟，并在1814年至1815年主持召开了维也纳会议，恢复了奥地利作为欧洲主要强国的地位。

有按照他所制定并已被大会庄严接受的原则来实现。

　　激烈的争论持续了两个星期。威尔逊本人并不想把萨尔地区割让给法国，因为他认为这是对自决权的第一次破坏，将成为一个不好的先例。事实上，意大利已经开始威胁着要退出会议了，因为它觉得自己的所有要求都与想让德国割让萨尔区的法国差不多。法国媒体更加猛烈地煽风点火，说布尔什维克主义正从匈牙利向前推进；欧洲各协约国成员国也说，这一浪潮很快将会占领世界。就连威尔逊最亲密的顾问豪斯上校和罗伯特·兰辛，也表现出越来越明显的反对意见。他们曾经是他的朋友，现在却建议他面对眼下世界一片混乱的状态，必须尽快缔结和平条约；他们说，与其出现混乱局面，不如牺牲一些理想主义的要求。在威尔逊面前，一个一致的阵线已经筑起，而在他的政敌和竞争对手的煽动下，美国的公众舆论正在他的背后敲打着他。很多时候，威尔逊感觉自己真的已经筋疲力尽了。他向一位朋友承认，他自己无法与众人抗衡太久，他还表示，假如他无法实现自己的愿望，他将离开和会。

　　在他对抗所有人的战斗中，一个最终的敌人也加入了袭击他的阵营——一个来自内部的敌人——那就是他自己的身体。4月3日，正当残酷的现实与尚未成形的理想的交锋达到最关键的时刻，威尔逊的身体再也顶不住了，双腿瘫倒在地。他已经六十三岁了，突然发作的流行性感冒使他卧床不起。然而，时间的要求比他发烫的血液更加紧迫，使这位病人不能多休息一刻。灾难性的消息犹如阴郁的天空中滚过的闪电：4月5日，共产主义在巴伐利亚掌权了；慕尼黑社会主义共和国[①]宣布成立；处于半饥饿状态并且夹在布尔什维克的巴伐利亚和布尔什维克的匈牙利中间的奥地利，随时都可能加入他们的阵营。威尔

---

[①] 慕尼黑社会主义共和国：1919年4月7日，德国独立社会民主党、无政府主义派和巴伐利亚农民联盟的代表曾组织过一个巴伐利亚苏维埃共和国。社会民主党没有参加。以勒菲内为首的德国共产党慕尼黑地区的领导也拒绝参加。这个苏维埃共和国并未触动资产阶级（大企业、银行、新闻界）的权力地位，它被德共称为"虚假的苏维埃共和国"。

逊的反抗每坚持一小时，他个人对和会成败的责任就会增加一分。精疲力竭的威尔逊甚至在床边也被人纠缠。在隔壁房间里，克里孟梭、劳合·乔治和豪斯上校正在磋商。他们都下定决心，不惜付出一切代价都要让和会有个结果，而这个代价就是威尔逊放弃他的要求和理想。所有出席和会的政治家们一致同意，威尔逊的"持久和平"理念必须推迟实行，因为它们妨碍了真正的、物质的和军事的和平的实现。

威尔逊尽管疲惫不堪、疾病缠身，受到媒体攻击，被指责拖延和平，因其顾问的抛弃而发怒，被其他国家的政府代表纠缠不休，却仍然没有让步。他认为他不能违背自己的诺言，只有当他能把和平与未来的非军事的和平与持久的和平调和起来，尽最大努力建立能够拯救欧洲的"世界联盟"，他才算真正为和平进行了战斗。

然而他几乎才刚刚可以站起身，人们就给了他决定性的一击。4月7日，他给华盛顿的海军部发了一份电报："'乔治·华盛顿号'能起航前往法国布雷斯特的最早日期是哪一天？到达布雷斯特的最早日期是哪一天？总统要求该舰尽快启航赴欧。"就在同一天，全世界都得知了威尔逊总统已下令该船驶往欧洲。这个消息犹如晴天霹雳，人们马上就明白了。全世界都知道，威尔逊总统拒绝接受任何违背国际联盟盟约原则的和平，即使只违背一点，也会让他决心离开会议，而不是让步。一个历史性的至关重要的时刻来临了，这个时刻将决定欧洲的命运，将决定世界几十年乃至几百年的命运。如果威尔逊从会议桌上起身，旧的世界秩序将崩溃，随之而来的将是一片混乱；但也许从这种混沌状态中，会升起一颗新星。整个欧洲都在焦躁不安地颤抖。参加和会的其他代表会承担这个责任吗？威尔逊自己会负起这个责任吗？这是一个关键时刻。

一个至关重要的时刻。在那一刻，伍德罗·威尔逊的想法仍然坚定不移。坚决不妥协，坚决不屈服，坚决不要"硬和平"，而只要"正义的和平"。不能让法国人占领萨尔地区，不能让意大利占领富姆地区，不能让土耳其被瓜分，不能拿民族利益做交易。正义必须战胜强权，理想必须战胜现实，未来必须战胜现在！即使世界灭亡，也要维持正义。那短暂的一刻将是威尔逊最伟大、最富于人性、最英勇的一刻。假如他有能力承受得住这一刻，那么他的名字将在为数不多的人类朋友心中永垂不朽，他将取得无与伦比的成就。但在那短暂的时刻之后过后，接下来的一个星期里他遭到了四面八方的抨击。法国、英国和意大利的媒体指责他这位和平的缔造者，以僵化的神学理论破坏和平，为实现他私人的乌托邦而牺牲了现实世界。连一向对他抱有很大希望的德国，现在也因为巴伐利亚爆发的布尔什维主义运动感到痛心疾首，于是转而反对他。他自己的同胞豪斯上校和兰辛也恳求他改变主意。而他的私人秘书图马尔蒂几天前还从华盛顿发来电报，鼓励他说："只有总统的大无畏行动才能拯救欧洲，或许还能拯救世界。"但在威尔逊做出了那个大胆的行动后，图马尔蒂却从同一个城市发来这样的电报："……退出和会是最不明智的，而且在国内外都可能会带来危险……总统应该……把中断和会的责任让应该承担的人去承担……在这个时候退出和会将是一种背弃。"

威尔逊惊慌失措，绝望万分，他的信心也被这一致的猛攻动摇了，他抬眼看向四周，没有人站在他这边，会议室里的人都是反对他的，连他自己的手下也不例外；千千万万无形的声音在远处呼唤他保持决心，并忠于自己，但这些声音却无法触及他。他不清楚，假如他真的实施了他发出的威胁举动，站起来离开和会，会不会使他的名字永垂不朽？假如他真的忠于自己，他完美无瑕的理念能否留给未来，并不断被人创新？他不知道假如他向贪婪、仇恨和愚蠢的几个大国宣布"不"，会产生什么样的创造性力量。他只觉得自己孤立无援，自己的力量太弱了，无法承担和会失败的最终责任。因此，致命的事情发生了，威尔逊逐渐做出了让步，他放松了自己的僵硬立场。豪斯上校充当了调停人。关于边界的谈判进行了一周。最终，在 4 月 15 日——历史上一个黑暗的日子——威尔逊怀着沉重的心情和不安的良心，同意了克里孟梭提出的已经大为让步的军事要求：德国的萨尔地区移交给法国，但不是永久移交，时间为十五年。从不妥协的威尔逊第一次做出了妥协，巴黎新闻界的情绪仿佛变了魔术似的一夜之间发生了变化。

昨天还谴责他是和平的破坏者、世界的破坏者的各大报刊，现在却纷纷称赞他是世界上最聪慧的政治家。但这种赞美却像责备的火焰一样在他内心深处燃烧。威尔逊知道，他可能真的拯救了和平，眼下一时的和平；但是，以和解精神为基础的持久和平——拯救我们的唯一方式——已经失去了，机会也白白浪费了。无知战胜了理智，激情战胜了理性。这个曾激烈批判超越时空的理想的世界，被打回了原形。而威尔逊这个理想的领袖和旗手，已经输掉了决定性的一战，输掉了与自己的战斗。

威尔逊在那攸关命运的时刻做对了还是做错了？谁能评说？至少在那无可挽回的历史性的一天，一个决定被做出了。它的影响远远超过几十年和几百年，我们将要用我们的鲜血、绝望和对破坏的无能为力，为这一个决定付出代价。从那天起，威尔逊的力量——在他所处的时代曾是一股无与伦比的道德力量——被摧毁了，他的威望消失了，他的能量也随之消失了。人一旦做出让步，就会不停地让步。妥协不可避免地会导致更多的妥协。

欺骗带来更多的欺骗，暴力招致更多的暴力。威尔逊梦寐以求的是作为一个完整的实体永远持续下去的和平，实际上得到的和平却是不完整的，因为它并没有着眼于未来，也不是出于人性的精神和纯粹的物质理性而设想的。一个独一无二的机会，也许是历史上影响最为深远的一个机会，就这样遗憾地被白白错失了。这个绝望的世界，再一次被剥夺了任何神圣的元素，落入了阴郁和混乱的情绪中，承受着这种缺失。那个曾经被奉为世界救世主的男人，现在已经不是任何人的救世主了，只是一个受了致命伤的疲惫的病人。不再有欢呼声陪伴他，也没有旗帜在他身边飘扬。当其舰船从欧洲海岸出发返航时，这个被打败的人转过了身。他不愿回头看看我们这块命运多舛的欧洲大陆，这个大陆几千年来一直渴望和平与统一，但从未实现。一个人性世界的永恒愿景又一次遁入迷雾中，消失在远方。

# 西塞罗：挂在讲坛上的头颅

当一位精明能干但并不是很勇敢的人遇到比自己更强大的人时，他最明智的做法就是避其锋芒，毫不羞愧地等待时机出现，直到脚下的路途畅通无阻。在那个时代，马尔库斯·图利乌斯·西塞罗是罗马帝国首屈一指的人文主义者和演讲大师，也是权利的捍卫者。三十年来，他把自己最好的精力投入到服务法律和维护共和国的事业当中去；他的演讲被载入史册，他的文学作品是拉丁语的重要组成部分。他在反喀提林①的阴谋中曾斥责过无政府主义；他抨击韦尔雷斯②的腐败；在胜利的巨头

---

① 反喀提林：西塞罗在任执政官时的主要政绩是挫败了喀提林企图推翻罗马共和国的阴谋。喀提林是没落的罗马贵族，由于在执政官选举中失败，因而对罗马的政治体制不满，于是煽动了同样不满的贵族和穷人一起推翻罗马共和国。公元前63年8月，他和同谋在伊特鲁里亚起事，一路扩张到高卢，危及罗马城，西塞罗也差点被杀。经过双方错综复杂的斗争，最后西塞罗得到了喀提林参与阴谋的证据，并派人将后者抓到罗马，在小加图和元老院的支持下，西塞罗最终将喀提林处决。后来的史学家撒路提乌斯将此事件写成了《反喀提林》一书。

② 韦尔雷斯：盖乌斯·韦尔雷斯，罗马地方执政官，因其对西西里岛的不当统治而臭名昭著。他对当地农民的勒索和对寺庙的掠夺导致了西塞罗的起诉，西塞罗的指控是具有毁灭性的，以至于辩护律师只能建议韦尔雷斯离开这个国家。西塞罗的起诉演说后来被发表为《维林演说》。

们①身上，他察觉到了独裁的威胁，由于抨击他们而招致敌意；他的《论共和国》长期以来被认为是对理想国家形态的最佳和最合乎伦理的描述。但现在，他不得不面对一个比他更强大的人，那就是尤利乌斯·恺撒。西塞罗本人比恺撒年纪要大，名声也更高，起初他曾自信地提携过恺撒，不过恺撒利用高卢军团②取得了对意大利的绝对控制权。作为军队的绝对统帅，恺撒只需要伸出手，就能够夺取马克·安东尼③在众人面前递来的王冠。当恺撒越过卢比孔河④对抗法律时，西塞罗徒劳地挑战了恺撒的专制权力。他试图召集最后的自由捍卫者反对侵略者，但没有成功。与以往一样，事实证明，武力比言语更强有力。恺撒不仅是位实干家，而且头脑灵光，他一路取得胜利。假如他像大多数独裁者一样复仇心切，那么在他取得压倒性胜利之后，可以轻而易举地粉碎西塞罗这个冥顽不化的法律捍卫者，至少可以将他判为罪犯。但是，恺撒在这个时刻表现出来的宽宏大量，比他取得的胜利更加引人注目。在战胜了对手之后，他只是温和地责备了一番，就饶了西塞罗一命，同时强烈建议他退出政治舞台。他要求西塞罗从此和别人一样，满足于在国家事务中扮演一个沉默和顺从的旁观者角色。

对一个智力超群的人来说，还有什么能比远离公众并远离政治生活更好的呢？因此，这位思想家和艺术家，远离了一个只能通过野蛮或狡猾来掌权的世界，回到了他不受侵犯和不可摧毁的世界。对于一位饱学之士来说，每一种形式的放逐都是对其回归内心的宁静和专注

---

① 胜利的巨头们：被称为罗马前三巨头的恺撒、庞培和克拉苏结盟。

② 高卢军团：恺撒于公元前49或48年建立的，他在与另一三巨头对手庞培的战争中需要这个军团。军团名"高卢"表明它的士兵来源于意大利北部或普罗旺斯，即恺撒辖下的两个行省：加利亚·西斯尔皮纳和加利亚·泛阿尔卑斯。

③ 马克·安东尼：马尔库斯·安东尼乌斯，罗马的将军和政治家，他与埃及的克利奥佩特拉七世的爱情最为著名。作为恺撒的朋友和得力助手，他在恺撒遇刺后发表了葬礼演说，扭转了舆论对刺客的看法。作为罗马后三巨头的一员，他与屋大维和雷必达统治不睦，在阿克西姆战役失败后，于公元前30年自杀。在没有其他权力竞争者的情况下，屋大维以奥古斯都·恺撒的身份成为罗马的第一位皇帝，罗马共和国成为罗马帝国。

④ 卢比孔河：意大利东北部的一条浅河，位于拉文纳以南。

的一种激励，而对于西塞罗来说，这种不幸的政治厄运来得正是时候。这位伟大的雄辩家即将迎来人生的转折，迄今为止，在各种政治的风暴和压力下，他几乎没有机会进行创造性的思考。在他那个时代的有限环境之下，这位六十岁的老人被迫忍受了多少冲突和矛盾啊。他以其坚韧、多才多艺和强大的精神力量而出类拔萃，作为一位"新人"①，他一次又一次地获得了通常出身低微的人无法获得的公共职位和荣誉，这些令人歆羡的职位和荣誉通常是为贵族集团而保留的。他曾赢得公众的最大支持，也曾招致公众的最大反对。在他挫败喀提林的阴谋后，他在元老院的地位显赫，受到公众的拥戴，并被元老院②授予"祖国之父"的称号。另一方面，当他被同一个元老院放逐，被同一批公众抛弃时，他不得不在夜间逃亡③。没有什么重要的职位是他不能担任的，也没有什么头衔是这位不屈不挠的政论家不能获得的。他在讲坛④上主持过审判，在战场上指挥过军团，作为执政官治理过共和国，作为总督治理过各行省。数百万塞斯特尔⑤从他的指缝中穿过，在他的手中化为债务⑥。他拥有帕拉丁⑦最好的房子，又看到它被敌人烧毁，

---

① 新人：罗马社会对不是名门望族出身而身高居位的人的称呼。西塞罗出身于骑士家庭，但非望族。

② 元老院：罗马元老院是罗马执政官的咨询机构，由罗马最有经验的公务员和社会精英组成，其决定具有很大的影响力。

③ 夜间逃亡：公元前58年，保民官普布利乌斯·克洛迪乌斯-普尔彻颁布了一项法律，威胁要流放任何未经审判就处决罗马公民的人。西塞罗被迫逃亡到希腊的塞萨洛尼卡。后在新当选的保民官提图斯·安尼乌斯-米洛的干预下，元老院将西塞罗召回。公元前57年，他回到意大利，在布伦迪辛登陆，受到人群的欢呼欢迎。

④ 讲坛：罗马讲坛，是一个长方形的广场，周围环绕着几座重要的古代政府建筑，现位于罗马市中心。古代罗马市民把这个原本是集市的空间，称为"大讲坛（或大市场）"，简称"讲坛"。

⑤ 塞斯特斯：罗马的一种硬币和货币单位。

⑥ 债务：西塞罗任职行省总督时为了造福民众建造娱乐设施等花了国库很多钱。

⑦ 帕拉丁：帕拉丁山是罗马七山的最中心，是罗马城最古老的地方之一，被称为"罗马帝国的第一核心"。

变成废墟 ①。他写过令人难忘的论著，发表过已经成为经典的演讲。他拥有了孩子，又失去了孩子。他既勇敢又软弱，既固执又卑躬屈膝，既受人钦佩又遭人憎恨，是一个性格摇摆不定的人，他的缺点和优点同样引人注目。总而言之，他是那个时代最有魅力、最具活力的人物。然而有一点，也是最重要的一点，他没有闲暇，从来没有时间把目光投向自己的生活。他被奔竞躁进弄得不得安生，从来没能够心平气和地接受他人的忠告以及安静、从容地总结他的知识和思想。

现在，恺撒的政变终于使西塞罗与公共事务断绝了联系，他终于能够卓有成效地处理那些世界上最引人入胜的私事了。他毫无怨言地离开了讲坛、元老院，任由尤利西斯·恺撒施行独裁统治。对政治的厌恶占据了这位被赶出阵营的政治家的心灵，他开始听天由命。罗马的民众对角斗表演和类似的娱乐活动比对自由更感兴趣，就让别人 ②去保障他们的权利吧。从今以后，他将更关心寻找、发现和培养自己内心的自由。就这样，西塞罗第一次反思审视他的内心，决心向世界展示他曾经对这个世界发挥过何种作用，以及他活着的意义是什么。

西塞罗是一位天生的艺术家，只是偶然的机会把他从书房诱进了一个变幻莫测的政治世界，他努力根据自己的年龄和基本爱好来安排自己的生活方式。他从喧闹的大都市罗马隐退到图斯库伦 ③（今天被称为弗拉斯卡蒂 ④），在这里他可以享受意大利最美丽的风景之一。树木葱郁的小山蜿蜒起伏地缓缓向坎帕尼亚 ⑤ 平原伸展，淙淙溪流弹奏出银铃般悦耳的音乐，越发显出这个偏远地区的幽静宁谧。在市场、讲坛、战地露宿帐篷或到行省旅行的马车上待了许多年之后，他终于可以毫无顾虑、毫

---

① 废墟：公元前58年，由于政敌陷害，元老院通过了抓捕西塞罗的法案，他被迫逃亡，他的家园也被焚毁。

② 别人：恺撒。

③ 图斯库伦：现在是意大利拉提姆地区阿尔班山的一座罗马废墟。

④ 弗拉斯卡蒂：意大利中部拉齐奥地区罗马首都的一个大都市。

⑤ 坎帕尼亚：意大利南部地区，该地区包括现今阿维利诺、贝内文托、卡塞塔、那不勒斯和萨勒诺等省。

无保留地把他的思想投入到创造性的思考中去了。罗马那个城市，虽然诱惑力十足，但也令人疲惫不堪。现在，对他来说，它就像远处地平线上的一缕薄雾。不过由于相距不远，从罗马到他的住宅是一趟轻松的旅程，朋友们经常来此享受生动有趣的畅谈：这些交流者当中有他最亲密的朋友阿提库斯⑥，也有像布鲁图斯⑦和盖西乌斯⑧这样的年轻人；有一次甚至突然来了一位危险的客人——强大的独裁者尤利乌斯·恺撒。虽然有时候他的罗马朋友不会来，但他身边总不缺少那位最受欢迎的朋友，这位朋友不管沉默不言还是侃侃而谈，从来都不会令他失望。这位朋友就是书。马尔库斯·图利乌斯·西塞罗在他的乡间寓所为自己建造了一座富丽堂皇的藏书室，那是一个充满无穷无尽的智慧的蜂巢，里面收藏着希腊哲人和罗马历史学家的佳作和法律手册。有这么多不同年龄、不同语言的朋友陪伴，不论夜晚如何漫长，即便他一个人生活，都不会觉得寂寞。早晨是他的工作时间，如他选择口述，一位有学问的温驯奴隶就会随时在旁笔录。在他最喜爱的女儿图莉娅的照顾下，吃饭变成一件很惬意的事。他给小儿子上课，这给他的生活带来了调剂，给他带来了永久的安慰。此外，他虽然已年逾六旬，却认为自己还可以在晚年做最甜蜜的荒唐事——他娶了一位年轻的妻子，她的年纪比他女儿还小。他的艺术家气质使他不仅希望欣赏大理石和诗歌的美，而且希望欣赏形式最肉欲和最诱人的美。

　　因此，在六十岁的时候，马尔库斯·图利乌斯·西塞罗终于回到了自己的家。他只不过是一位哲学家，而不再是一位蛊惑民心的政客；他只不过是一位作家，而不再是一位雄辩家；他是自己闲暇时间的主

---

⑥ 阿提库斯：提图斯·庞波尼乌斯·阿提库斯，罗马的编辑、银行家和文学赞助人，最著名的是他与西塞罗的通信和亲密友谊。

⑦ 布鲁图斯：马尔库斯·朱尼厄斯·布鲁图斯，罗马政治家，公元前44年刺杀恺撒行动的领导者之一。

⑧ 盖西乌斯：盖西乌斯·卡西乌斯·朗基努斯，罗马元老院元老和将军，刺杀恺撒的主要策划者。他是布鲁图斯的妹夫，在腓立比战役中，他和布鲁图斯一起指挥军队，对抗马克·安东尼和屋大维领导的军队，被马克·安东尼击败后自杀身亡。

人，而不再是受大众喜爱的勤劳工作的公仆。与其站在集市上为容易腐败的法官们打圆场，不如通过撰写《论演说家》向所有人展示他的修辞才华，让未来的模仿者受益。同时，他还将通过撰述著作《论老年》来试图说服自己，真正的圣人必须将顺天应命视为老年的主要荣耀。他那些最为优秀、最为和谐的书信①也是在这段时期写成的。即使他心爱的图莉娅去世，灾难降临到他身上，他的艺术也帮助他维持了哲学上的尊严——他写的《论安慰》，给几个世纪以来为成千上万遭受了类似痛苦的人带来了宁静。正是由于这一阶段的流放，后人称赞他为杰出的作家，不亚于他作为伟大演说家的声誉，因为在这平静如水的三年中，西塞罗对他的工作和名声的贡献超过了他在公共生活中碌碌无为的三十年。这个法律的倡导者终于知道了每个从事公共事业的人最终都必须知道的痛苦秘密——个人不能长久地捍卫民众的自由，而只能捍卫他自己的自由，即内心的自由。

因此，作为一个世界主义者、人文主义者和哲学家，马尔库斯·图利乌斯·西塞罗在隐居后度过了一个愉快的夏天、一个富有创造力的秋天和一个意大利的冬天，他期望在余生完全远离世俗或政治的侵扰。他几乎不去留意罗马每日传来的消息和信件，对于不再需要他作为参与者的政治游戏，他漠不关心。他似乎治好了文人渴望出名的毛病，成了一个无欲无求的人，不再是那个现在已经腐败和被侵犯的共和国的公民——而这个共和国已然毫无抵抗地屈服于恐怖统治了。他这种宁静的隐居生活在公元前44年3月的一个中午被打断，当时一位风尘仆仆、气喘吁吁的信差冲进了他家。信差刚把独裁者尤利乌斯·恺撒在讲坛上被人暗杀的消息说出来，就筋疲力尽地倒在了地上。

西塞罗惊恐地跳了起来。就在几个星期前，这位宽宏大量的征服者还坐在他的桌子旁，尽管西塞罗憎恨这位他所反对的危险的强权人

---

① 书信：《西塞罗书信集》是由彼特拉克等后人发现的西塞罗的书信集的结集，内容显示西塞罗经常写信给各地的朋友，通知他们最新的政治谋划，转达他从别人那里听来的新闻，也发表自己的评论和意见。有些信的收件人不止一个，是供当众朗读或张贴在公共场所以飨大众的。

物，同时也在怀疑地观望着恺撒在军事上取得的胜利，但西塞罗始终对他众多敌人中的这位唯一可敬之人怀着一种秘密的钦佩之情，他钦佩恺撒及其仁厚的心灵、聪明的头脑、组织的天才。不过，尽管西塞罗对刺客用匕首来表达的粗暴争论感到厌恶，不论恺撒多么伟大，成就多么值得称道，恺撒自己不也犯下了最残暴的谋杀——身为祖国的儿子，却谋害祖国吗？不正因为他是一位杰出的天才，尤利乌斯·恺撒才会对罗马的自由造成极大的威胁吗？诚然，他的死是可悲的，但这种不端的刺杀行为却可能促成一桩神圣事业的胜利。恺撒死了，共和国不是可能会复活吗？独裁者的死难道不会带来最崇高的理想——自由的理想的胜利吗？

因此，西塞罗很快就从惊恐中恢复了镇静。他从来没有想过要做如此令人发指的事，也许连做梦都没有想到过要这样做。布鲁图斯和盖西乌斯（虽然布鲁图斯在从恺撒胸前拔出血淋淋的匕首时，曾呼喊过西塞罗的名字，并因此吁请这位共和主义的领袖为这一行为做证）从未要求他加入阴谋者的行列。但无论如何，既然已经发生的事情无法挽回，那么有可能的话，必须把它变成对共和国有利的事情。西塞罗知道，跨过这具帝王的尸体才能重建古罗马的自由道路，他有责任为其他人指明方向。这样的机会只有一次，绝对不能浪费掉。就在那一天，马尔库斯·图利乌斯·西塞罗将他的图书室、他的作品和艺术家神圣的闲暇抛在了脑后。他怀着狂热的激情匆忙奔向罗马，要捍卫恺撒真正的遗产——共和国，同时抵御那些谋害恺撒的凶手和那些试图为谋杀复仇的人。

西塞罗发现罗马已经成为一座迷茫、惊骇和困惑的城市。在刺杀发生的第一个小时内，刺杀恺撒的行动就被证明比刺客本身更伟大。阴谋家们只知道如何谋杀、如何消灭这个站在他们所有人之上的人。现在，轮到他们交代罪行的时候，他们却无可奈何、手足无措，不知道该怎么办。元老院的元老们犹豫不决，不知道是要宽恕还是谴责这次行动；而长期习惯于被发号施令的民众，却缺乏雷厉风行的果敢，不敢发表任何看法。马克·安东尼和恺撒的其他朋友害怕阴谋者，为自己的性命担心。阴谋者也害怕那些爱戴恺撒的人会对他们进行报复。

在一片惊慌之中，只有西塞罗表现出坚定的意志。尽管他过去像其他有头脑和神经紧张的人一样，经常犹豫不决、焦虑不安，但现在却坚定地站在他没有去促成的事情的立场上。他站在仍然浸染着被杀害的独裁者鲜血的石板上，面对着聚集在一起的元老院成员们，他对除掉恺撒表示赞同，认为这是共和理想的胜利。"我的人民啊，"他大声疾呼，"你们又找到了自由。布鲁图斯和盖西乌斯不仅代表罗马，还代表全世界做了最伟大的事。"同时他还要求立即对这本身就是谋杀的行为赋予更崇高的意义。恺撒死了，独裁的权力也随之消失了。他们必须立即着手拯救共和国，重建旧罗马宪法。必须剥夺马克·安东尼的执政官资格，布鲁图斯和盖西乌斯必须获得行政权。这位法律的捍卫者有生以来第一次敦促必须在一两个小时内打破法律条文，为的是让自由普照。

对马尔库斯·图利乌斯·西塞罗来说，自从喀提林被推翻以来，他一直热切盼望的时刻，终于随着恺撒被打倒的 3 月 15 日到来了。如果他能利用这个机会，我们在学校里学到的将会是一门不同的罗马历史。在此情形下，西塞罗的名字不仅会作为一位著名作家，而且将作为共和国的救世主，作为为罗马带来自由的天才，在李维①的罗马史和普鲁塔克②的《希腊罗马名人传》中流传开来。他拥有独裁者的权力，并自愿将其归还给人民，这将是不朽的荣耀。但是，历史一次又一次地重复着这一悲剧，即读书人由于背负着过度的责任感，甚少成为一个行动果断的人。我们在知识分子和有创造力的人身上看到了同样的分裂——他们比其他人更能洞察时代的愚蠢，因此渴望介入，并在一

---

① 李维：蒂托·李维，与萨卢斯特和塔西佗并称为"三位伟大的罗马历史学家"。他创作了一部关于罗马和罗马人民不朽历史的著作，题为《罗马建城以来的历史》，时间跨度从公元前 753 年传统建立之前的最早的罗马传说到奥古斯都统治时期，这本著作成为他一生中的经典，并对 18 世纪的历史写作风格和哲学产生了深远的影响。
② 普卢塔克：希腊哲学家、传记作家和散文家。他是一个中世纪柏拉图主义者，以写了许多哲学论文而闻名。

时的热情冲动下投身于政治舞台，但与此同时，他们又不敢以暴力对抗暴力。他们内心的责任感使他们不愿渲染恐怖手段，不愿发生流血事件；而在冒进和不顾一切必不可少的时刻，他们的犹豫和谨慎使他们的力量消失殆尽。经过第一次的冲动，西塞罗开始清楚地认识到形势的严峻。再看看昨天他还称赞为英雄的那些密谋者，他明白了，他们不过是些软弱无力的家伙，他们对自己的行为产生了后怕，眼看着正要抽身而逃。他注视着民众，发现他们现在已经不再是古老罗马时代英勇的民众了，只不过是一群堕落的乌合之众，一心只关心名利和享乐、面包和马戏。第一天，他们会崇拜杀害恺撒的布鲁图斯和盖西乌斯；但第二天，当安东尼召唤他们复仇时，他们会为安东尼鼓掌；而到了第三天，他们会赞美多拉贝拉 ①，因为他摧毁了恺撒的雕像。他意识到在这个堕落的城市里，没有一个人会无条件全身心地为自由的理想奉献自己。恺撒的血白流了，谋杀也徒劳无功，因为所有人都在相互竞争，都在密谋和争吵，希望获得最大的遗产，得到死者最大的财富，控制他的军团，掌握他的权力。他们不想促进一项神圣的事业——罗马的事业；每个人都只不过在谋求自己的优势，计较自己的利益。

那一夜，他过早地付出热情，此后西塞罗感觉越来越疲倦，对世事越来越怀疑。只有他一个人对共和国的重建忧心忡忡，民众对国家的情感已丧失，对自由的渴望也已消失。最后，他对这种毫无意义的骚乱感到厌恶。他再也不能自欺欺人了。他看到自己的话语是无力的，他承认自己的调停作用无法维持，他认为自己一定是缺乏力量或缺乏勇气，所以没法将他的祖国从即将到来的内战中拯救出来。因此，他决心让它听天由命。4 月初，他离开了罗马，又一次怀着失意和被打败的心情回到了他心爱的书本上，孤独地隐居于他在那不勒斯湾的普特奥里的别墅里。

马尔库斯·图利乌斯·西塞罗第二次从喧嚣的世界逃到了孤独之

---

① 多拉贝拉：普布里乌斯·科尼利乌斯·多拉贝拉，罗马将军，因其不择手段而臭名昭著。他与妻子法比亚离婚，之后娶了西塞罗的女儿图莉娅，以获得这位政治家的支持。他的效忠对象从庞培变为恺撒，在恺撒被刺身亡后，他又摧毁恺撒的铜像。

中。现在他终于明白了，作为一位有学问的人、人文主义者和法律的捍卫者，他从一开始就误入了歧途，进入了一个强权即正义的世界，在这个世界里，人们更需要的是肆无忌惮，而不是智慧。在充满敌意的现实世界里，他无法实施救赎之举，但至少会尽最大努力为后人的智慧世界保留他的梦想。他五十年来的劳动和经验不应该完全徒劳无功。因此，他以谦逊的态度提醒自己发挥最大的才能，在隐居的这些日子里，他写下了他最后、也是最伟大的一本书——《论责任》①。作为留给后人的遗产，这本书阐述了不屈不挠的人、有道德的人对自己和国家必须履行的义务。这是他的政治和伦理遗嘱，创作于公元前44年的秋天，这也是他一生中的秋天。这篇论述个人与国家之间关系的著作里的序言表明，一个已经从公共生活中退休并放弃了公共生活及其激情的人的最后这些话，实际上是一份遗嘱。这本书是写给他儿子的，他坦率地承认，自己不是因为冷漠而退出政治舞台的，而是因为他认为，作为一个自由主义者和罗马共和主义者为独裁统治服务是不合适的。"当初是国家情愿把自己委托给一些人治理；当这种人②治理着国家的时候，我曾把我的全部关注和思考贡献给国家。但是后来一切转入了一个暴君的绝对控制之下，我的政治才能和威信不再有用武之地了。最后，我又失去了那些曾经和我一起为国效劳的朋友③，而他们都是一些有着很高身份的人。"④既然元老院已经被取缔，法院已经被关闭，他怎么能在保留自尊的同时，继续在元老院或讲坛中谋求什么东西呢？迄今为止，公共和政治活动浪费了他太多的时间。"我不曾有空闲写作"，他从未能够以简洁的形式将他的哲学观念写下来。但现在，由于被迫不能从事政治活动，他至少可以有效地利用这次机

①《论责任》：也译为《论义务》，是在公元前44年恺撒大帝去世后，西塞罗以书信录的形式所写的一本著作。

② 这种人：被选出来的政治家，包括西塞罗本人。

③ 朋友：如庞培、加图、霍腾西乌斯、庇索等人。

④ 此段话引用自张竹明翻译的《论义务》。

会，正如西庇阿<sup>①</sup>精辟地指出："我从没有过比闲暇时更不空闲，比独处时更不孤独的时候。"<sup>②</sup>在许多方面，马尔库斯·图利乌斯·西塞罗传给他儿子的遗产——关于个人与国家之间关系的思想绝非原创<sup>③</sup>。这些著作将他所读到的思想和他从其他途径获得的思想结合起来。即使年逾六十，一位雄辩家也不会突然变成一位原创者，正如一位编纂家不会突然变成一位创作者一样。但是，西塞罗的观点由于通篇弥漫的悲伤和苦涩，而获得了一种新的感染力。在激烈的内战中，在各将帅的大军和各派系的强盗为争夺统治权而斗争的时候，一个真正具有人性精神的人再次梦想着（正如在这样一个时代活着的最崇高的人一直梦想的那样）通过道德启蒙与和解来确保世界和平的永恒梦想。正义和法律——只有这两者才是国家的支柱。必须是那些自始至终都很真诚的人，而不是那些煽动者去掌握权力，从而正确地统治国家。任何人都不得试图将他的个人意志以及他的专横观念强加于人民，我们应当拒绝服从任何这种抢夺领导权的野心家，应当拒绝接受"可憎可恶之徒"的指导。而西塞罗作为一个有着不可侵犯的独立精神的人，强烈反对所有与独裁者有任何共同之处的想法，为独裁者服务更是绝无可能。"我们的暴君没有任何的伙伴关系，有的只是最深的宿怨。"他认为，对个体的强制统治必然会暴力地侵犯人类的共同权利。只有当个人的私人利益服从于社会的利益，而不是从公共职位上谋取个人利益时，社会才会出现真正的和谐。就像所有提倡中庸之道的人文主义者一样，西塞罗要求消除各阶层之间的对立。一方面，罗马不需要苏

---

① 西庇阿：这里指小西庇阿，罗马共和国将领，出身名门，其祖父大西庇阿是罗马统帅及第二次布匿战争时罗马方面的主要将领。小西庇阿崇拜希腊文化，擅长演说，广交文人学士，一些罗马名人和希腊作家聚集其周围，共同研讨艺术、哲学及科学等问题。

② 西塞罗在解释这句话时指出，这句话说明西庇阿在闲暇的时候也思考着公务，即使在独处的时候也总是在和自己的心灵沟通，因此他不会感到无所事事，而且不会有需要人陪伴说话的时候。

③ 大多数思想史家或哲学史家认为，西塞罗虽然发表了不少著作，但大都缺乏原创性，他只不过是一个希腊思想的搬运工。

拉 ① 和恺撒；另一方面，罗马也不需要格拉古兄弟 ② 这样的人。独裁是危险的，但革命同样危险。

西塞罗所写的许多东西在之前柏拉图的《理想国》中也有体现，在他之后，让-雅克·卢梭和其他理想主义乌托邦哲学家也描述过。但是，他的遗嘱之所以如此引人注目地走在他那个时代的前面，是因为在这里，在基督教开始之前的半个世纪里，它体现了一种崇高的思想——人性的思想的表达。在这样一个残酷的时代，即使是恺撒在征服一个城镇后也会有两千名囚犯的手被砍断，殉难和角斗、钉十字架和屠杀每天都在发生，并被视为理所当然的事情。西塞罗是罗马人中第一个对滥用权力提出雄辩抗议的人，他谴责战争是野蛮的，谴责自己民族的穷兵黩武和对外扩张的帝国主义，嘲笑自己的国家对各行省的剥削，并宣布应完全通过文明和道德，而非武力将别国的领土纳入罗马王国。他以先知的眼光预言，罗马的毁灭将来自血腥的报复，因为罗马只通过武力征服世界的方式是不道德的。每当一个国家剥夺了其他国家的自由，这个国家也会因为由此招致的秘密复仇行动而丧失自己的自由。正当罗马军团（武装雇佣兵）进军帕提亚和波斯、日耳曼和大不列颠、西班牙和马其顿，追求帝国的意志时，这位现在已经无权无势的人类捍卫者恳求他的儿子将人类的合作视为最崇高的理想。因此，在他的职业生涯即将结束之际，马尔库斯·图利乌斯·西塞罗作为一个有教养的人文主义者，成了第一位仁慈的捍卫者，也是真正的精神文化的第一位代言人。

当西塞罗与世隔绝，平静地思考国家的道德构成的实质和形式时，罗马王国的动荡正在日益加剧。元老院和民众都还没有决定杀害恺撒的

① 苏拉：路西乌斯·科尔内利乌斯·苏拉，罗马历史上第一次全面内战的胜利者，后来成为独裁者。他在罗马共和国存在的最后一个世纪进行了引人注目的宪法改革，试图加强罗马共和国的实力。

② 格拉古兄弟：他们都在公元前 133 年到公元前 121 年间担任平民的保民官。除了其他的社会和宪法改革，他们还试图将公有土地——主要由贵族控制的公共土地——重新分配给城市贫民和退伍军人。在取得一些早期的成功后，两人都被反对这些改革的元老院保守派暗杀。

凶手应该被表扬还是被取缔。马克·安东尼正准备向布鲁图斯和盖西乌斯开战。第三个伪装者不期而至——屋大维 ①，恺撒指定他为继承人，现在他想继承恺撒的遗产。他一到意大利就写信向西塞罗请求帮助，但与此同时，安东尼邀请这位老人去罗马，布鲁图斯和盖西乌斯也从他们的营地向他求助。所有的人都同样希望这位伟大的政治家支持他们的事业，每个人都希望这位著名的精通法律之人能将他们的不法行径洗白为合法行为。渴求权力的政客总是本能地寻求知识分子的支持，一旦他们得手，他们就会轻蔑地把知识分子甩到一边。假如西塞罗还是从前那个虚荣心强、野心勃勃的花花公子，他可能早就上当了。

但是，西塞罗一方面对政治已经心生倦意，另一方面变得明智起来，这两种情绪之间有一种危险的相似之处。他知道现在只有一件事是至关重要的——完成他的书，使他的生活和思想井然有序。奥德修斯 ② 用蜡封住他手下的耳朵，以免他们被塞壬的歌声所迷惑。他也像奥德修斯一样，对那些拥有权力或寻求权力之人的诱惑关闭了自己的耳朵。他无视马克·安东尼的召唤，忽略布鲁图斯的请求，甚至告诉元老院，他会继续写他的书。他认为自己在言语中比在行动中更强大，独自一人的他比在人群中的他更强大，并且他预感《论责任》将是他告别世界的遗言。

直到他完成了他的这个遗言，他才举目环顾。这是一次令人不快的觉醒，他的祖国正面临内战的威胁：安东尼抢劫了恺撒的银库和神庙的金库，用偷窃来的钱财招兵买马，而与他对抗的是三支装备精良的军队——屋大维的军队、雷必达 ③ 的军队、布鲁图斯和盖西乌斯

---

① 屋大维：盖乌斯·屋大维，他是罗马政治家和军事领袖，也罗马帝国的第一位皇帝。作为罗马元首制的奠基人，他巩固了作为人类历史上最有效和最具争议的领导人之一的持久遗产。其统治开启了一个相对和平的时代，即罗马和平时期。

② 奥德修斯：希腊神话中的人物。

③ 雷必达：马尔库斯·艾米利乌斯·雷必达，是与屋大维（后来的奥古斯都）和马克·安东尼三足鼎立的罗马元老，也是罗马共和国最后一位元老。雷必达此前曾是恺撒的亲密盟友。

的军队。调解或调停的时机已经错过，现在必须决定的问题是罗马是否应该屈从于新的恺撒主义①，即安东尼的恺撒主义，或者共和国是否应该继续存在下去。在这样的时刻，每个人都必须做出选择。马尔库斯·图利乌斯·西塞罗曾经是一位小心谨慎和深思熟虑的人——一个喜欢妥协的人，一个凌驾于摇摆不定的党派之上的人，现在也必须做出他的选择。

就在这个时候，一件奇怪的事情发生了。西塞罗把《论责任》作为他的遗嘱交给儿子后，就像是一个对自己的生命变得漫不经心的人，身上焕发了新的勇气。他知道他的政治或文学生涯已经结束了。他想说的话都说过了，没有多少余地再去扩展自己的经历了。他年纪大了，该做的工作已经做完。那么，他为什么要费心去珍惜自己可怜的残余生命呢？就像一只被追捕到精疲力竭的动物，意识到猎犬的吼声已近，于是在绝境中转过身来，希望早日死去一样，西塞罗也蔑视死亡，并再次投身到最激烈的斗争中。几个月来，甚至几年来，他使用的只有那支无声的笔，现在他又一次求助于那雷鸣般的语言，以它为武器掷向共和国的敌人。这个惊心动魄的景象令人震惊：12月，这位白发苍苍的老人再次站在讲坛上，呼吁罗马人证明自己配得上他们的祖先。他用十四篇《反腓力辞》②抨击了那个拒绝服从元老院和人民的篡位者安东尼——尽管西塞罗不得不意识到，一个手无寸铁的人抨击一个独裁者有多么危险，这个独裁者的军队已经集结起来，正等候他的命令，随时准备杀戮。不过，一个期望别人具有勇气的人只能以身作则，树立起一个勇敢的榜样来激励他们。西塞罗清楚地知道，现在他不能像过去那样，独自在这个讲坛上用语言战斗，而是必须冒着生命危险捍卫自己的信念。他在讲坛上坚定地宣布："年轻时我就捍卫了共和国，现在我老了，我也不会放弃它。假如这座城市的自由能够恢复，我将

---

① 恺撒主义：统治者为绝对独裁者的一种政府形式（不受宪法、法律或反对派等限制）。

② 《反腓力辞》：从公元前44年9月到公元前43年4月，西塞罗一共发表了反对安东尼的演说十四篇，后来集成一辑，取名《反腓力辞》。这番对安东尼的猛烈抨击，使安东尼对他恨之入骨。

欣然献出我的生命。我唯一的愿望是，在死去的时候，我要把自由还给罗马人民。永生的诸神赐予我的，没有比这更大的恩惠了。"西塞罗直截了当地说，没有时间和安东尼讨价还价了，必须支持屋大维，尽管他是恺撒的亲戚，且是恺撒的继承人，但他却代表了共和国的事业。这不再是这个人或那个人的事，而是关乎一项最神圣的事业——自由事业已经到了紧要关头。当这项神圣事业处于危险的时候，犹豫不决将会招致全面的毁灭。因此，和平主义者西塞罗坚持共和国的军队必须在战场上对抗独裁政权的军队。正如他一千五百年后的学生伊拉斯谟①一样，他最痛恨骚乱，比起憎恨世界上的其他任何事情来，他更憎恨内战。他宣布国家情势危急，篡位者被剥夺法律权利。

西塞罗不再是受雇来代表可疑案件发言的辩护律师②，而成为一名崇高理想的倡导者，他的言辞令人印象深刻，充满了激情。"让别人像奴隶一样生活吧，"他对他的同胞们大声疾呼道，"我们罗马人拒绝这样生活。假如我们不能赢得自由，就让我们去死吧。"如果国家真的走到了那一步，主宰整个世界的罗马人就应该像那些在竞技场上成为角斗士的奴隶一样，与其卑鄙地屈从于懦弱并被击倒，不如勇敢地面对敌人死去。宁可在尊严中死去，不在耻辱中苟生。

元老院和围观的群众听了这些《反腓力辞》，都大感震惊。也许许多人已经预见到，这将是未来几个世纪里，最后一次有人在讲坛上说出这样的话。很快，在这个公共场所，人们只会在皇帝的大理石雕像前默默地鞠躬。因为恺撒的王国所能容忍的，不再是过去的自由言论，而是奉承者和寻欢作乐者的窃窃私语。看到这位老人怀着绝望的勇气，继续捍卫着分崩离析的共和国的独立，围观民众既感到害怕又

① 伊拉斯谟：荷兰哲学家和基督教学者，被广泛认为是"北方文艺复兴时期最伟大的学者之一"。在人文主义者中，他享有"人文主义者之王"的绰号，并被称为"基督教人文主义者至高无上的荣耀"。
② 辩护律师：西塞罗早年在著名的修辞学家、法学家和斯多噶派哲学家所办的学校接受教育。受完教育后，他起初从事律师工作，并很快崭露头角。公元前70年，他因起诉了西西里的前执政官而在法学界名噪一时。他被称为"罗马第一律师"。

表示钦佩。但即使是他的雄辩也没能点燃腐朽的茎杆——罗马的自豪。当孤独的理想主义者在讲坛上鼓吹自我牺牲的时候，罗马军团那肆无忌惮的主人已经签订了罗马历史上最可耻的条约。

西塞罗称赞屋大维是共和国的捍卫者，他主张建一座雕像来纪念为罗马人民服务的雷必达。他曾召唤这两个人镇压篡位者安东尼，而两个人却更愿意私下与篡位者达成协议。由于这三位军事首领——屋大维、安东尼和雷必达——中没有一个认为自己足够强大，可以独立地夺取罗马共和国。于是，这几位敌人达成了一项协议，秘密瓜分尤利乌斯·恺撒的遗产。罗马原本只有一位大恺撒，现在竟然一天之内出现了三位小恺撒。

这是世界历史上的一个重大转折，三位统帅没有服从元老院的命令及尊重罗马法律，而是联合起来组成了三头同盟，并轻而易举地瓜分了一个扩张到三大洲的强大帝国。在博洛尼亚[①]附近雷诺河和拉维诺河的交汇处的一个河中小岛上，一顶帐篷搭建了起来，三位巨头将在这里会晤。不用说，这些英雄中没有一人愿意相信另外两人。在他们各自的宣言中，他们经常把对方说成是恶棍、骗子、篡位者、国家的敌人和强盗，对他们未来盟友的堕落视而不见。但是那些渴望权力的人，他们看重权力胜于值得称赞的见解，只考虑战利品而不考虑荣誉。直到自封为世界领袖的这三个未来的合作伙伴采取了一切防范措施后，他们才彼此接近。他们不得不接受初步搜查，以寻找隐藏的武器。当他们确信对面的两方都没有携带武器时，他们才怀着友好的微笑见面，然后走进帐篷，准备在那里酝酿他们的阴谋。

安东尼、屋大维和雷必达在这个帐篷里待了三天，没有见证者。他们之间有三点要讨论。至于第一个问题，即如何瓜分帝国，他们没商讨多久就做出了决定。他们一致同意屋大维占有非洲大陆，包括努米底亚，安东尼占有高卢，雷必达占有西班牙。第二个问题是他们如何获得士兵和党徒所需的钱，他们的军饷已经拖欠了几个月了。这也

---

① 博洛尼亚：意大利北部艾米利亚-罗马涅地区的首都和最大城市。

没有太大的麻烦。根据一套行之有效的办法，问题很快得到了解决：他们会掠夺最富有的罗马人的财产，并迅速处决富人们以省去很多麻烦。三人舒舒服服地围坐在一张桌子旁，拟定了一份由两千名意大利最富有的人组成的黑名单，其中有一百名元老院成员。每个人都说出了他认为是富裕之人的名字，也没有忘记他个人的敌人和对手。他们仅用几笔就解决了领土和经济问题。

现在，第三个问题来了。一个希望建立独裁政权的人，为了维护他的统治，首先必须让那些永远反对暴政的人（那些人数甚少的独立派，那些永远拥护那种无法消灭的乌托邦和精神上自由的人）闭上他们的嘴巴。安东尼提议以马尔库斯·图利乌斯·西塞罗作为黑名单第一人。西塞罗比他这一代的任何人都更危险，因为他精力充沛，渴望独立。那就杀了他吧！

屋大维吓坏了，他拒绝了这个提议。他还年轻（当时只有二十岁），还没有变得冷酷无情，还没有被政治的背信弃义所毒害，他对通过杀害这位意大利最杰出的文学家来开启自己的统治充满疑虑。西塞罗一直是他的忠实拥护者；西塞罗曾在国民和元老院面前称颂过他。仅仅几个月前，屋大维还曾寻求西塞罗的帮助，恳求西塞罗的建议，虔诚地称这位老人为"真正的父亲"。屋大维对安东尼的提议感到羞耻，他坚决反对。出于对他最崇敬的人的本能情感，他强烈反对这个杰出的拉丁语言大师被受雇刺客的匕首杀死。然而，安东尼坚持认为，自己非常清楚精神和武力是不可调和的敌人。对独裁政府来说，没有人比一个善于使用语言的人更危险。争夺西塞罗人头的战斗持续了三天，但最后屋大维让步了，这一份可能是罗马历史上最令人憎恶的黑名单以西塞罗的名字结束了。黑名单最后一人的写入，为共和国打上了死刑的烙印。

自从西塞罗得知这三位一直强烈反对彼此的人已经和解的那一刻起，他就知道自己命不久矣。他知道安东尼是一个暴虐之人，而他自己在《反腓力辞》演讲词中也过于生动地描述了安东尼的贪婪和仇恨、狂妄和虚荣以及永不满足的残忍，以至于他不可能期望从这个三巨头同盟的成员身上得到一点恺撒大帝那样的宽宏大量。假如他想救自己一命，唯一的办法就是立即逃亡。他必须逃到希腊去；他必须在布鲁图斯、盖西乌斯和小加图 ① 身边寻找准备为共和自由而战的最后一个阵营。他似乎有两三次尝试投奔这个藏身之处，至少可以躲开那个正在警觉地追捕他的凶手。他做好了准备，通知了他的朋友们，然后登上船准备出发。然而在最后一刻，他又动摇了。他熟悉流亡的凄凉，对祖国的爱使他心神不宁，他觉得在逃亡中度过余生是有失尊严的。这是一种神秘莫测的冲动，它超越了理性，逆转了理性，它迫使老人直面迎接着他的命运。此前所发生的一切使他疲惫不堪，他希望能休息几天。他想安静地多思考一会儿，写几封信，读几本书；在那之后，就让注定的事发生吧。在这最后的几个月里，西塞罗时而躲在这个庄园，时而躲在那个庄园，一发觉有危险就立即离开，但从来没有离开他的家太远。就像一个因发烧而卧床的人不断地整理枕头一样，西塞罗也一次又一次地从一个隐蔽的地方转到另一个隐蔽的地方。他既没有下定决心去对付那些杀人凶手，也没有下定决心去躲避他们。他自己在《论老年》中所写的那句话，仿佛在引导他被动地准备迎接末日的到来，即一个老人对自己的余生既不应该过分贪恋，也不应当无故放弃——因为无论死亡什么时候来临，人们都应当毫不犹豫地接受它。对具有坚强灵魂的人来说，没有可耻的死亡。

　　怀着这种想法，当冬天来临的时候，已经去了西西里岛的西塞罗命令他的仆人和他一起乘船去意大利。他在卡伊埃塔（今天称为"加埃塔"）有一个小庄园。他在那里上岸，想在那里躲一会儿。事实是，疲劳——不仅仅是肌肉或神经的疲劳，还有对生活的厌倦，对死亡和坟茔的怀念——压倒了他。他会多休息一会儿，他会再一次呼吸家乡的芬芳空气，随后再一次与家乡告别。他想要多休息，哪怕只是一天或一小时。一上岸，他就恭敬地拜了拜守护家园的家神。这位六十四岁的老人非常疲惫，这次乘船出行令他筋疲力尽，于是他躺在家中的

---

① 作者的记忆有误。小加图早已于公元前 46 年死亡。马尔库斯·波尔基乌斯·加图，又名小加图，是监查官加图（老加图）的曾孙，也是试图保护罗马共和国不受权力追求者，尤其是恺撒等人的迫害的贵族党的领袖。

小隔间里，放松四肢，闭上眼睛。在温柔的睡眠中，他将预先尝到即将到来的永恒的安息。

但是，他刚躺下就被一个冲进房间的忠实的奴隶惊醒了。奴隶报告说附近有一些可疑的武装人员，家里有一位管家（西塞罗曾对这个人表示过许多善意），为了得到报酬出卖了主人的下落。家奴让主人立刻逃走，一顶乘舆已经准备好了，奴隶会武装起来保护他。家园离船只有一小段距离，到了船上他就安全了。这位疲惫至极的老人拒绝再挪动身子。"什么事？"他说，"我已经厌倦了东躲西藏，厌倦了再活下去。就让我死在我竭力想挽救的这个国家吧。"不过，他的忠实的仆人们终于说服了他。武装的奴隶抬着乘舆穿过一小片树林，沿着一条弯弯曲曲的小路来到了船边。但是，叛徒不想放弃赏钱，急忙召来了一个百夫长和一些军团。他们穿过树林追赶西塞罗，追上了他们的猎物。全副武装的奴隶围在乘舆周围，准备战斗，但西塞罗命令他们不要战斗。他自己的生命无论如何也要接近尾声了，为什么要牺牲年轻人呢？在这最后的一小时里，这个过去经常犹豫不决、缺少勇气的人，却在现在证明了他的坚决和无畏。作为一个真正的罗马人，他觉得作为一位世界闻名的哲学教师，他必须坦然地死去——最聪明的人总是能从容地赴死①。一听到这个命令，奴隶们都站到一边。西塞罗没有武器，没有反抗，把他那白发苍苍的脑袋献给那些杀人凶手，庄严地说："我早就知道自己不是永生不死之人。"然而，杀人者要的不是他的哲学思想，他们想要的是许诺给他们的报酬。百夫长毫不犹豫地狠狠挥出军刀，结束了这个没有武装的人的性命。罗马自由的最后捍卫者马尔库斯·图利乌斯·西塞罗就这样死亡了。他在这最后的时刻，比他以前生活的千千万万个小时中更英勇、更刚毅、更坚强。

悲剧之后，接着是血腥的讽刺。安东尼迫切要求实施这一特殊的谋杀，这一要求使得杀人犯认为西塞罗的头颅将获得一个特别好的价格。当然，他们无法预见他们那个时代和后代的知识分子将如何把一

---

① 最聪明的人总是能从容地赴死：原文为拉丁文，源于西塞罗《论老年》的一句话。

种价值赋予人类的大脑，但是他们能够理解三巨头将会付出的价钱，因为三巨头是如此渴望把这个敌人赶走。为了不让人怀疑他们的工作是否完成了，他们决定向安东尼献上无可争议的确切证据。他们的头目毫无顾忌地砍下了死者的头颅和手，把它们塞进一个袋子里，然后扛在肩上，尽管口袋还在滴血，他们还是扛着快步走向罗马，告诉独裁者，罗马共和国最优秀的捍卫者已经以惯常的方式被杀。

这位小强盗，这伙杀人强盗的首领，也就是百夫长，并没有算错。那位大强盗，也就是那位下令行刺的人安东尼，因为喜悦而表现出了他的慷慨大度。在意大利两千位最富有的人被屠杀和掠夺之后，马克·安东尼现在在经济上阔绰起来了。他付给百夫长不少于一百万赛斯特斯的钱，买下了那个沾满鲜血的装着马尔库斯·图利乌斯·西塞罗头颅和手的口袋。但是，他复仇的欲望还没有得到满足。这个嗜血成性的人对道德地位比他高的人充满赤裸裸的仇恨。这使他想出了一种可怕的耻辱招式——他不知道的是，这种耻辱将一直陪伴着他，直到世界末日。他命令将受害者的头颅和手钉在讲坛上，就在这个讲坛上，西塞罗曾经雄辩滔滔地呼吁罗马的民众团结起来，反对安东尼，捍卫罗马自由。

民众观看了这一奇观。在讲坛中央的休息室里，展示着最后一位自由斗士的头颅。一根巨大的生锈钉子刺穿了他的前额，那个前额，曾经构想过成千上万个伟大的想法；那苍白、萎缩、紧闭的嘴唇，发出过比其他任何语言更甜美的引发人们共鸣的拉丁语言；那闭上的眼睑，盖住了那一双六十年来一直注视着共和国的眼睛；那双无力的手，曾经写下当时最美丽的书信……但是，这位著名的演说家在这个讲坛上所表达的反对暴行、反对专制、反对不法行径的信念，没有一个能像现在这具沉默的、被谋杀的头颅那样，如此令人信服地谴责武力的永久邪恶。他残酷殉难的可怕场面比他在这个被亵渎的讲坛上发表的最著名的演说更具说服力。这本该是一个可耻的羞辱，却成了他最后也是最伟大的胜利。

# 附录

## 《马赛曲》歌词

起来，祖国的儿女们！
光荣之日已经来临！
血腥的旗帜已升起了，
那是暴君们的旗帜，
那是暴君们的旗帜，
听那战场上的呼喊声，
可怕的敌人在咆哮，
他们闯入到我们中间，
屠杀你们的孩子，
屠杀你们的伴侣。

公民们，武装起来！
公民们，严阵以待！
前进，前进！
用敌人污秽的血，
灌溉我们的壕沟！
这些家伙想做什么，
作为叛国者与疯国王的奴隶？
何来那些卑贱的枷锁，
还有那些准备已久的凶器，
还有那些准备已久的凶器！

法国人，冲着我们，啊！
何等羞辱，
多么令人愤慨！
冲着我们，有人胆敢算计
回到那陈腐的奴隶制！

公民们，武装起来！

什么！异国军队，
在我们家园建立法律！
什么！佣兵集团，
击溃我们引以为傲的战士们，
击溃我们引以为傲的战士们！
伟大的神啊！若双手被铐住，
我们只能低头伸向恶人的枷锁
独裁者们将会
成为我们命运的主宰！

公民们，武装起来！

战栗吧！暴君与尔等背信者
整个令人耻辱的狗党，
战栗吧！你们那弑亲的阴谋
终将得到应有的报应，
终将得到应有的报应！
人人都会是讨伐你们的士兵，
如果他们倒下，年轻的英雄们，
大地会孕育新血，
全都为了对抗你们而战！

公民们，武装起来！

法国人哪，身为宽宏的战士，
适时收放自己的攻击！
放了那些可悲的受迫者，
他们后悔对我们动武，
他们后悔对我们动武！
而那些嗜血的独裁者，
而那布耶侯爵的共犯，
那群豺狼虎豹正毫不留情地，
撕裂着他们母亲的胸口！

公民们，武装起来！

祖国神圣的爱啊，
引领，支持我们洗冤的手
自由啊，挚爱的自由，
与你的守护者们一起战斗吧，
与你的守护者们一起战斗吧！
在我们的旗帜下，让胜利
奔向你那雄壮的音符，
让你残喘中的敌人们
看看你的凯旋与我们的荣耀！

公民们，武装起来！

我们也将延续志业
当前辈们不在世上时，
我们会找到他们的灰烬

和他们美德的足迹
和他们美德的足迹
不红着眼希望他们生还
而是希望与他们共享灵柩，
我们将感到无比的光荣
为他们洗冤或追随他们而去！

公民们，武装起来！


## 马里恩浴场哀歌 [①]

当一个人停止悲叹，
上帝就让我讲述我悲伤的故事。
现在是否还抱再次见面的希望，
对那今天依然关闭的花苞？
天堂和地狱都向你敞开，
心旌如何摇荡——
不再怀疑！从天而降，
她将你拥入怀中，带往高处的王国。
你就这样被带进了天堂，
如同值得过一种纯净而无尽的生活；
再不需要愿望、希望和思想，
这是你内心努力的目标：
看到美如此公平，如此荣耀，
渴望的泪泉立即干涸了。
没有任何运动搅动白昼的转轮，

---

① 歌德此诗博大精深，限于译者学识，这里仅译出这首诗的大意供参考。

而在眼前，分分秒秒似乎都过去了；
黄昏的吻，是一个真实而有约束力的印记，
直到明日阳光照耀，依然存在。
时日如此相似，一样流逝，
如姐妹一般，然而每一个又彼此不同。
最后的吻，如此甜蜜而伤感，它斩断了
美丽错综缠绵的爱情之网。
匆匆奔跑，脚步却又在门槛上留连不前，
如有一个执火的小天使将他驱赶；
在阴郁的道路上，不情愿的眼睛凝望，
回眸处，天堂之门已经关上。
而现在，自己的心扉封闭起来，
仿佛，它从来没有打开，
仿佛，它没有在她的身旁度过幸福时辰，
与每颗星星比赛谁更璀璨。
悲伤、责备、懊悔和关心，
重重地折磨它，在沉闷的氛围中。
世界岂非还在？陡峭的岩壁，
难道它们已不再戴上神圣的面罩？
庄稼不再成熟？溪流边的灌木丛——
周边的树木芳草不再绵绵伸延？
那时而包罗万象，时而无形无相的
奇妙的天穹岂非还在上升？
就像六翼天使，从乌云中显身，
柔软、优雅、轻盈、美丽，
像她一样，在我们头顶的蓝色穹苍中，
一个纤细的身影盘旋徘徊。
于是，你看到她欢欣地前进，
最美丽舞蹈之中的最美丽之人。

然而，有那么一瞬间，你只敢
以一个轻盈的幻影代替她。
回到你的心里吧，在心里更好。
因为在心里，她的形象变幻莫测，
以前是一个人，现在演变成许多人，
千姿百态，一种更比一种珍贵。
就像在门口遇见她留连不去，
一次又一次地予我祝福，为我忠诚的热情。
就在末了的一个吻之后
又在我嘴唇上留下了最后一吻：
我们看到那可爱之人的形象，
如火焰烙刻在真诚的心上。
这一颗心，坚固如一座严阵以待的雉堞，
为她而存在，也为她而自重，
为她而欣喜于自己持久的力量，
当她自己出现时，这颗心更自觉：
在这样甜蜜的奴役中感觉更自由，
只为了向她表示感恩而怦怦跳动。
即使爱的力量和一切渴望的叹息
因为爱的回应被抹杀，被淹没；
一边却对欢乐的事业充满希望，
已经计划好了，立即就能迅速行动；
如果爱能让爱的人激发，
它曾慈爱地给了我它的火焰。
多亏了她！——我内心的悲伤
沉重地压在灵魂和身体上；
我的视线被悲伤的幻影所捕捉，
在凄凉的虚空中，一种悲哀折磨着心灵。
现在，在熟悉的门槛上希望在微笑，

她自己温柔出现在在阳光下。

神的安详平和，正如我们所读到的，

赐予我们幸福，胜于一切理智，

在最亲爱的人面前，

我真想拿来比较的，

是爱的幸福平和。

心在那里安息，最甜蜜的思绪在那里安息，

我想属于她，这想法毫无疑问。

在纯洁的胸怀里，涌动着一种渴望，

满怀感激的心情，

要献给一个更神圣、更纯粹的未知事物，

要解脱自己永久的无名。

我们称它为：虔诚！——这最幸福的喜悦，

我觉得有份，当在她的眼前。

在她的眼前，如同在炽热的阳光下，

在她的呼吸下，如同在春日柔和的微风下，

自爱的意识在深冬的洞穴里埋藏已久，

如今却已经融化。

没有自私和自我意志，

因为在她来临前，它们已逃遁无踪。

她仿佛在说："时间一分一秒过去了，

它们用善意的计划在我们面前铺展生命；

昨天给我们提供些微知识，

明日的事却又对我们隐藏；

如果我想到黄昏开始了，

落日的太阳使我的心欢畅。

那么像我一样行动起来，用快乐的心态去看。

面对这一刻，你不要停留！

迅速地迎接它，充满活力和仁慈。

在行动中，在爱中，现在如此光芒夺目。
让一切都在你所在的地方，永葆童真，
这样，你就永远不会被打败。"
我想，你说得很好，作为向导，
上帝赋予了这一刻的恩惠，
当在你身边，如此神圣的时刻，
每个人都觉得自己是命运的宠儿；
你叫我离去的眼神让我颤抖。
我关心这样高深的知识又有何用？
我现在已经远了！现在这一分钟，
我该如何度过？我几乎说不上来；
她给了我的心许多丰富的财产，
但这些只让我苦恼，我宁可拒绝。
无法抑制的渴望依然驾驭着我，
所有的忠告，除了无尽的眼泪，都已经消逝。
流淌吧，就永不停歇地流淌吧，
但是从未能熄灭我心中的火焰！
在我的胸膛里，有一股强大的力量，
在这里，死亡和生命在可怕地争斗。
药物可以平息身体的疼痛；
只有精神却因缺乏意志而失败了，
在观念上失败了，为什么会如此失败？
一千次地描绘她的形象；
时而迷人，时而又被迫离开，
时而模糊，时而又闪耀着纯净的光芒！
潮起潮落，去而复来，
又怎能带给我最微末的安慰？

现在就把我留在这里吧，我生命中真正的伴侣<sup>①</sup>！

让我一个人待在岩石上，荒野上；

但是鼓起勇气吧！整个世界向你敞开，

天宽广无垠，地也辽阔无边；

观察、探索，用你探究的眼光，

自然会坦露她的奥秘。

一切都属于我，我自己却充满了失落。

我曾经是众神的宠儿。

他们诱惑我，让潘多拉毁了我，

财富如此丰富，危险却更令人担忧；

他们把我推向他们的嘴唇，欣喜若狂，

却又抛弃我，让我沉沦尘世。

1823 年

---

① 狭义上指跟随歌德从卡尔斯巴德到魏玛的两位随从：施塔德尔曼和秘书约翰，广义上指人生旅途上的伙伴。

# 译后记

　　奥地利犹太裔作家斯蒂芬·茨威格 1881 年出生于维也纳，是欧洲最受欢迎和作品被翻译最多的作家之一。他一生作品颇丰，代表作有短篇小说《象棋的故事》《一个陌生女人的来信》、长篇小说《心灵的焦灼》、回忆录《昨日的世界》、传记《人类群星闪耀时》《三大师》和《一个政治性人物的肖像》等。德国纳粹上台后，他被迫流亡海外。因为对欧洲和人类文明的未来感到绝望，于 1942 年 2 月 23 日在巴西的居所和妻子自杀身亡。

　　《人类群星闪耀时》的十四篇传记，分别写于一战到二战期间，时间跨度长，这些篇章也反映了茨威格的思想变化。比如说，对于欧洲文明崛起与衰落的反思（《逃向不朽的亡命之徒》《拜占庭的陷落》《跨越大洋的第一句话》）、对于暴力和非暴力的思考（《逃向上帝：托尔斯泰的最后岁月》）、对和平与战争的反思（《威尔逊的理想与失败》）、对独裁与共和的思考（《西塞罗：挂在讲坛上的头颅》）……可以说，这十四篇文章多少可以理解为茨威格应时代而写的。因此，要理解他这些文章的深意，我们需要对茨威格本人的人生命运和思想观念的发展有更深入的了解。

要理解他的心路历程和体现于这些文章深处的意蕴，不妨读读他的回忆录《昨日的世界》。其次建议有条件的读者阅读一本英文书：乔治·普罗尼克著的茨威格传记《不可能的流亡：世界尽头的斯蒂芬·茨威格》(*The Impossible Exile: Stefan Zweig at the end of the world*，希望国内出版社能引进)。这本书巧妙而富于洞察力地研究了茨威格从 1935 年到生命终结的流放生涯。普尼罗克指出，离开奥地利后，茨威格觉得自己已经失去了自己的语言和文化。他感觉自己漂泊无根，无家可归，并且会被人遗忘，由此陷入了不可逆转的精神衰退，这是他最后自杀的最根本原因。许多欧洲著名的流亡者，能够在新的土地上扎根并茁壮成长，而他则不能，这是一个可悲的例子，他无法应对流亡的巨大挑战，他们这些流亡者就像小说家利翁·福伊希特万格所说的那样——"像过早从树上摘下的果实，不熟，却又干又苦"。

同样流亡的德语作家托马斯·曼在 20 世纪 30 年代的大部分时间里都在写他的名著《约瑟夫和他的兄弟》，他将茨威格的死亡模式（自杀）视为一种懦弱的行为："他（茨威格）不应该给予纳粹这种胜利，如果他对纳粹有更强烈的仇恨和蔑视，他就不会这么做。"

另一方面，托马斯·曼（他不是犹太人）和茨威格的许多犹太流亡同胞长期以来对茨威格不愿谴责纳粹感到愤怒。茨威格是一位世俗的犹太人，他同样拒绝犹太复国主义，尽管他的朋友西奥多·赫茨尔这么劝说过他。茨威格有一个国际主义者和人道主义者的信条，他是一个和平主义者，也是一个尼维利·张伯伦式的调解人。他无法想象一个没有受过教育的"啤酒厅煽动者"[1]只是一个暂时的威胁，他宣扬理解，并敦促他的同胞不要批评新形式的帝国，因为害怕激怒它。"我不会是锤子，也不会是铁砧……"茨威格在 1934 年写道，"我做的每

---

① 啤酒厅煽动者：希特勒，1923 年 11 月 8 日晚，阿道夫·希特勒率领一伙人走进慕尼黑东南侧一间拥挤的啤酒馆，发动了臭名昭著的"啤酒馆暴动"。这场未遂政变仅在十七个小时内就被粉碎。希特勒的十五名手下、四名警察，另外还有一名旁观者被击毙。两天后，希特勒被捕入狱。从 1923 年 11 月 11 日到 1924 年 12 月 20 日，他总共被关押了十三个月。

件事都尽量安静地做……我身上没有所谓的英雄气概。我生来就是个调解人，必须按照我的天性行事。"

茨威格的和平主义精神在第一次世界大战后写的一部早期反战戏剧中很明显。这部戏剧是根据《圣经》中的先知耶利米的生平写成的，在这部戏剧中，耶利米敦促古耶路撒冷的犹太人与被围困的迦勒底人讲和。在英国剧作家伊斯雷尔·赞格威尔 1908 年的戏剧《大熔炉》中，这个想法已经成了热门话题。在这部戏剧中，为了后代的利益，在一场血腥的大屠杀中幸存下来的犹太裔美国移民被敦促原谅肇事者。这多少也是茨威格的想法，如《逃向上帝：托尔斯泰的最后岁月》《威尔逊的理想与失败》和《西塞罗：挂在讲坛上的头颅》都反映了他的这种和平主义精神，值得深深体味。

不论他的主题是什么，茨威格总是把他的哲学观点大量地融入他的作品中，几乎就像他在对着镜子观照自己的灵魂。他在 20 世纪 30 年代写了几部长篇传记，讲的都是面临巨大危险的历史人物，如玛丽·安托瓦内特、苏格兰女王玛丽，以及伊拉斯谟。茨威格常常把自己处境的某些方面投射到他们身上，在《威尔逊的理想与失败》中，威尔逊和平主义理想的失败也反映了茨威格对失去和平的机会的巨大焦灼感，《西塞罗：挂在讲坛上的头颅》则反映了他对于独裁政权下知识分子悲剧命运的反思。茨威格和玛丽·安托瓦内特一样，出生在富裕的家庭（他的父亲是一位实业家），他似乎认同一个贵族被迫流亡，然后死亡。茨威格笔下的伊拉斯谟是一个人文主义者和国际主义者，与马丁·路德对抗，茨威格坦率地承认这个人物是他的"一幅薄薄的自画像"。

普罗尼克的传记将茨威格人生细分为三个不同的阶段：第一次世界大战之前、两次世界大战之间以及希特勒崛起之后。值得指出的是，《人类群星闪耀时》中的十四篇文章的写作时间，也恰好分别对应这三个阶段，显然反映了他不同时期的处境和感受。《西塞罗：挂在讲坛上的头颅》和《威尔逊的理想与失败》写于 1940 年二战正酣、纳粹大发淫威时，西塞罗和威尔逊的失败者形象掺入了和平主义者茨威格绝望和悲凉的心绪。

茨威格很早就敏感地意识到纳粹的危险及其对和平的威胁。在他生命的中途，有一段时间，茨威格住在萨尔茨堡山上的一所房子里，那里经常聚集着作家和艺术家。他和他的妻子及朋友们在那里度过了许多"温馨的时光"。他后来写道："从阳台上眺望美丽而宁静的风景，却没有想到，就在对面的贝希特斯加登山①上，坐着一个有朝一日会毁灭这一切的人。"

茨威格的流亡始于 1934 年，那天警察敲他的门，要求搜查他的家寻找武器。他很快就去了伦敦并一直待在那里，直到英国向德国宣战，他沦为"敌国人"。随后他流亡到纽约，最后落脚巴西。

茨威格写了许多作家的速写，从狄更斯到陀思妥耶夫斯基，从巴尔扎克到波德莱尔，他始终注重对人物性格的精妙刻画。他擅长巧妙地缩减叙事节奏，善于运用"省去读者不想读的部分"的艺术，这些特点也体现于《人类群星闪耀时》的十四篇历史速写中。

对于历史和历史人物的看法，作者在序言中进行了简短的说明，但限于篇幅没有展开。其实，1939 年，茨威格曾准备在斯德哥尔摩的国际笔会上做一场关于历史的演讲——《历史是位女诗人》，但活动被取消了。1942 年，茨威格和他的妻子夏洛特·阿尔特曼自杀前，茨威格发表了这篇文章，可以说是对本书序言的详细扩展。为助于读者理解本书，特翻译其演讲如下：

> 我们最初接触到历史是在学校里。我们这些孩子第一次被告知，世界并不是从我们开始或结束的，而是由所有的有机物形成的，它们是已经过去或正在成长的事物。因此，在我们之前很久就已经有了一个世界，再之前还有一个世界。
>
> 历史以这种方式拥抱着我们，用我们好奇的稚嫩之手带

---

① 贝希特斯加登山：希特勒的"鹰巢"是一座别墅，坐落于贝希特斯加登附近的阿尔卑斯山脉。

领着我们在五彩缤纷的岁月长廊中越走越远。她教诲我们
这些未成年的孩子，曾经有一个时代，整个人类都像孩子一
样依赖他人，我们的祖先像蝼蚁一样生活在洞穴里，没有火
和光。

但让我们感到惊奇和惊讶的是，历史也向我们展示了人
类是如何从最初分散的原始部落形成国家的。从东方到西方，
就像一团不断增长的火焰，一个国家的文化传递给了另一个
国家，照亮了世界——历史这位伟大的老师一步步展示了人
类的伟大道路，从埃及人到希腊人，从希腊人到罗马人，从
罗马帝国到今天的世界。

这就是历史的首要的永恒任务，她在我们的学校时代与
我们相遇：为成长中的年轻人构想全人类的历程和发展，并
在智力上将每一个个体编织入一系列伟大的祖先的谱系中，
使其他有尊严地完成其工作并获得成就。


### 历史是伟大的教育家

作为关于全世界的伟大教育家，历史在我们年轻的时候
与我们相遇。但作为教育家和老师，她几乎总是一脸严肃。
在我们看来，历史是一位无情的法官——面无表情，没有爱，
也没有恨，没有判断也没有偏见，只是用她的铁笔记录下事
件。她教诲我们将世界事件的巨大混乱想象成根据数字和群
体来排序，我们并不是很爱她。

我们不得不——我相信对每个人来说都是如此——被迫
学习历史，将它作为学校的一门课程，作为一种练习，然后
我们才开始寻找她，认识她，并自愿地爱她。在世界的伟大
编年史中，许多事情让我们感到厌烦，很少有事情让我们高
兴。即使是在学校时代，我们的态度也没有完全摆脱判断、
偏见和个人参照。

如若我们能准确地忆起那些学校岁月，那么我们也会记

得，我们并不总是以同样的热爱或兴趣来阅读历史在我们面前展开的世界编年史。在很长的一段时间内，读那些书时，我们总是勉强在读，我们没有同情心，没有快乐，没有爱，没有激情，我们学习它们就像学习其他教科书一样，是必须的，是被迫的。但是，我再说一遍，我们读时并没有内心的快乐，我们并没有发挥想象力。

然后，历史上出现了一些情节，我们像经历冒险一样激情澎湃。书中的一个个段落，使我们几乎不能快快翻阅就了事。在我们的内心深处，我们最隐秘的力量被激发出来，我们的想象力滑入了受人敬仰的人物本身。我们这些小伙子觉得自己像康拉丁①、像亚历山大，像恺撒和亚西比德②，我在这里所描述的差异是一种共同的体验。

## 伟大的胜利者和英勇的失败者

我相信，每个国家的青年都是自发地选择了历史上最喜爱的时代和最喜爱的人物，我甚至相信，在所有国家，在所有年轻一代中，这种热爱和热情都指向同样的人物和故事。恺撒和西比阿这样的伟大胜利者总是能激起年轻人的热情，而汉尼拔和查理十二世这样被打败的英勇者也总能激起人的热情，因为这里有一种强烈的同情，这种同情是如此强烈地鼓动着每一个年轻人。

总的来说，同样的戏剧性的历史事件使十二岁、十三岁和十五岁的人着迷，无论在北方和南方，东方还是西方，都具有同样的效果。而人类的某些活跃时期，如文艺复兴时期、宗教改革时期、法国大革命时期，其优势都在于它们以一种特殊的意象和立体的力量深深印刻在我们的感官上。

---

① 康拉丁：霍亨斯陶芬王朝最后一代君主。
② 亚西比德：古希腊时期雅典著名的将军、政治家。

　　但是，自普鲁塔克时代以来，历史上特别受欢迎的人物和受欢迎的观点对人类来说仍然具有同样有力的影响，这绝不是巧合，这种想象力的一致激发一定有特定的原因。我看到了这个秘密运作的规律，事实上，历史作为一位老师，作为一位不屈不挠的编年史家，有时也是一个女诗人。我强调是"有时"。

　　因而，她并不总是一个人，不是连续不断地是一个女诗人。就像没有一位诗人，没有一位艺术家，在他一天的二十四小时里都一直是诗人和艺术家。对于真正有创造力的人来说，几周和几个月通常是完全空闲的时间。在这段时间里，她作为公民和熟练工人，和其他人一样，无所事事地生活着。所有的兴奋都需要准备和收集的时间。

　　诗歌的力量，和其他任何力量一样，在它第一次强有力的尝试之前，必须先积累，必须休养生息和整理自己，然后激情才能突然地迸发和取得胜利。无论是对个人，还是对整个民族和国家，非凡的卓识、真正的创作状态都不可能是一种永久、正常的状态。因此，如果一个人一直不间断、不停歇地要求历史，也就是歌德所说的"上帝的神秘作坊"提供伟大、激动人心、震撼心灵、鲜活动人的人物和事件，那是毫无意义的。

　　**历史是位女诗人**

　　不，即使是历史也不能不断地创造出天才，以及卓越的、超人般的人物。她也会利用停顿来制造紧张感，停顿是为了产生效果。如果你想把她当成侦探小说来读，希望每一章都充满了左轮手枪般的高度紧张，那就你冒犯了她内心的崇高精神。

　　因此，我们可以得出这样的结论——历史不是一个不停歇的女诗人，她只是一位编年史家，一位事实的报告者。她很少会有崇高的时刻——而这些崇高时刻会成为每一代年轻人最喜爱的段落、最喜爱的人物——通常她只会讲述事实的编年史、未成形的世界事件、合乎逻辑的事件的冷静顺序。

但有时，就像大自然在没有人类帮助的情况下形成完美的水晶一样——有时历史上的单个事件、人物和时代，也会以如此高的兴奋度、如此戏剧性的完成度迎接我们，以至于它们作为艺术作品是无法超越的，在它们的历史中，世界精神的诗歌让所有其他诗人和所有世俗精神的诗歌蒙羞。

本书涉及人物众多，其中提及的作品，译者在力所能及的范围内都尽可能阅读并参考。此外，在书后附录了《马赛曲》的中文歌词和《马里恩浴场哀歌》全诗，供读者阅读时参考。这在其他译本是没有的。译者相信增加这些附录是必要的，会有助于读者更好地理解和把握这几篇传记，也有助于更好地理解文中所讲的几位名人的生平和命运。

限于译者的水平和能力，不妥和错误之处在所难免，欢迎读者批评和指正。最后，要感谢出版社，感谢责任编辑的辛劳，还要感谢捧读这本书的读者们。

张晖

2020 年 9 月 15 日

**图书在版编目（CIP）数据**

人类群星闪耀时 /（奥）斯蒂芬·茨威格著 ; 张晖
译 . —— 南京 : 江苏凤凰文艺出版社 , 2021.3 （2025.3 重印）
ISBN 978-7-5594-5536-9

Ⅰ . ①人… Ⅱ . ①斯… ②张… Ⅲ . ①历史人物 – 列
传 – 世界 Ⅳ . ① K811

中国版本图书馆 CIP 数据核字 (2020) 第 258339 号

# 人类群星闪耀时

[ 奥 ] 斯蒂芬·茨威格 著　张晖 译

| | | |
|---|---|---|
| 责任编辑 | 王昕宁 | |
| 特约编辑 | 苟新月　刘玉瑶 | |
| 装帧设计 | 王　娜 | |
| 责任印制 | 刘　巍 | |
| 出版发行 | 江苏凤凰文艺出版社 | |
| | 南京市中央路 165 号，邮编：210009 | |
| 网　　址 | http://www.jswenyi.com | |
| 印　　刷 | 北京永顺兴望印刷厂 | |
| 开　　本 | 880 毫米 × 1230 毫米 1/32 | |
| 印　　张 | 8 | |
| 字　　数 | 220 千字 | |
| 版　　次 | 2021 年 3 月第 1 版 | |
| 印　　次 | 2025 年 3 月第 2 次印刷 | |
| 书　　号 | ISBN 978-7-5594-5536-9 | |
| 定　　价 | 39.80 元 | |

江苏凤凰文艺版图书凡印刷、装订错误，可向出版社调换，联系电话 025-83280257